가장 쉬운 독학
알고리즘 첫걸음
C&자바편

개념 이해 → 코딩 → 계산 과정 추적으로 익히는 3단계 알고리즘 학습법

가장 쉬운 독학 알고리즘 첫걸음 - C&자바편

1판 1쇄 인쇄 | 2021년 10월 1일
1판 1쇄 발행 | 2021년 10월 15일

지은이 | 야자와 히사오
지은이 | 박광수(아크몬드)
발행인 | 김태웅
기획편집 | 이중민
교정교열 | 김진한
조판 | 김현미
디자인 | nu:n
마케팅 총괄 | 나재승
마케팅 | 서재욱, 김귀찬, 오승수, 조경현, 김성준
온라인 마케팅 | 김철영, 임은희, 장혜선, 김지식
인터넷 관리 | 김상규
제 작 | 현대순
총 무 | 윤선미, 안서현, 최여진, 강아담
관 리 | 김훈희, 이국희, 김승훈, 최국호

발행처 | (주)동양북스
등 록 | 제2014-000055호
주 소 | 서울시 마포구 동교로 22길 14 (04030)
구입 문의 | 전화 (02)337-1737 팩스 (02)334-6624
내용 문의 | 전화 (02)337-1734 이메일 dybooks2@gmail.com
ISBN 979-11-5768-746-6 93000

＊잘못된 책은 구입처에서 교환해드립니다.
＊(주)동양북스에서는 소중한 원고, 새로운 기획을 기다리고 있습니다.
＊http://www.dongyangbooks.com

가장 쉬운
독학

야자와 히사오 지음
박광수(아크몬드) 옮김

개념 이해→코딩→계산 과정 추적으로 익히는 단계별 알고리즘 학습법

알고리즘 첫걸음 C&자바편

동양북스

[지은이·옮긴이 소개]

지은이 야자와 히사오(Yazawa Hisao)

대형 전기 회사에서 PC 제조에 참여했고, 시스템 소프트웨어 회사에서 다양한 시스템 개발을 경험한 후, 현재는 본인이 설립한 회사에서 데이터 분석 애플리케이션을 개발하고 있습니다. 다수의 책 집필, 잡지 기사 작성 경험이 있고, IT 기업과 학교에서 적극적으로 강연하는 개발자 업계의 연예인이기도 합니다. 고객의 미소를 무엇보다 소중히 여기는 신사이기도 합니다.

주요 저서로 누적 69만 부가 팔린 대표 저서『프로그램은 어떻게 움직이는가 1~3판』(닛케이 BP)이 있습니다.

옮긴이 박광수(아크몬드)

박광수라는 이름보다 '아크몬드'라는 필명으로 더 잘 알려진 블로거입니다. 2004년부터 지금까지 최신 윈도우 정보를 꾸준히 나누고 있습니다. 지금까지 7회 마이크로소프트 MVP(Windows 부문)를 수상하기도 했습니다. 마이크로소프트 365, 애저(Azure) 등 마이크로소프트의 최신 기술에 열광합니다. 심리학에 관심이 많으며 현재 일본에서 개발자로 일하면서 딥러닝에 많은 관심을 두고 있습니다.

지은 책으로는『윈도우 10 마스터북』, 옮긴 책으로는『처음 배우는 딥러닝 수학』,『파이썬으로 배우는 머신러닝의 교과서』(이상 한빛미디어),『캐글 가이드』(동양북스) 등이 있습니다.

저는 학창 시절 선배에게 알고리즘의 기초를 배웠습니다. 선배는 다양한 문제를 냈습니다. 저는 문제를 푸는 알고리즘을 생각하고 프로그램을 작성해 동작을 확인했습니다. 기대한 결과가 나오지 않았을 때는 선배에게 조언을 받았습니다. 제대로 알았다고 생각될 때까지, 몇 번이나 프로그램을 다시 만들어 몇 번이고 조언을 받았습니다.

어느 날 선배가 "변수 A와 B에 저장된 값을 교환하라"는 문제를 냈습니다. 저자는 "A에 B값을 저장한다", "그리고 B에 A값을 저장한다"는 알고리즘으로 프로그램을 만들어 동작을 확인했습니다. 그 결과 A와 B는 값이 교환되지 않았고, 동일한 값이 되어 버렸습니다. 어떻게 할지 고민하던 저에게 선배는 "A에 B값을 저장하면 A값이 사라지니, 그 전에 A값을 다른 변수 TEMP에 저장하면 어떨까?"라고 조언했습니다.

"TEMP 같은 변수를 마음대로 써도 되나요?"라고 물으니 선배는 "왜 안 된다고 생각해?"라고 되물었습니다. 이 조언을 받았을 때 눈이 번쩍 뜨였습니다. 기초 학습의 중요성을 실감했기 때문입니다. 기초를 모르는 저는 A와 B에 저장된 값을 교환할 때, A와 B만 사용한다는 선입견을 갖고 있었습니다. 기초를 모르면 이런 잘못된 믿음으로 자신의 사고에 불필요한 제약을 줍니다.

그로부터 30년 이상이 지났습니다. 이번에는 제가 선배로서, 독자 여러분께 알고리즘의 기초를 알려드릴 차례입니다. 문제를 푸는 알고리즘은 특별한 재능을 가진 사람만이 떠올릴 수 있는 것이 아닙니다. 선배의 조언을 받으면서 단단히 기초를 마스터하면 누구나 풀 수 있습니다. 이 책으로 알고리즘을 처음 배울 때 알아야 할 내용을 완벽히 익히세요.

이 책을 쓰면서 기획부터 많은 도움을 준 기술평론사의 미츠하시 타이치 님 이하 편집부 여러분, 젊은 시절 저에게 알고리즘을 알려준 선배님들, 그리고 이 책을 읽어 준 독자 여러분께 깊이 감사드립니다.

2019년 1월 좋은 날에

야자와 히사오

일본에 온 지 벌써 5년째입니다. 처음엔 생활 방식도, 문화도 달라서 꽤나 고생했습니다. 한국에서 IT 편집자와 서버 엔지니어로 근무했었는데, 일본에서는 시스템 엔지니어로 꽤 오랜 시간 일하면서 실무에 익숙해졌습니다. 코로나 시국이라 원격 근무에 익숙해져 매너리즘에 빠질 즈음, 이래선 안 되겠다고 느껴 이직을 준비했습니다.

지난 7월부터 두 달 동안, 다양한 회사에 지원했습니다. 거의 2~3일에 한 번꼴로 참 많은 회사의 면접을 봤습니다. 경력직이더라도 통과해야 하는 코딩 테스트라는 관문에는 지원자의 기본기를 확인하는 알고리즘 구현 문제가 다양하게 출제되었습니다. 정렬, 문자열 조작 관련 문제가 많았습니다. 다행스럽게도 최근에 이 책을 번역하면서 다시 기본을 탄탄히 다질 수 있었고, 그 지식을 활용해 첫 관문을 잘 넘길 수 있었습니다.

대학 시절에 열심히 읽었던 자료구조와 알고리즘 관련 책보다 이 책이 더 실용적이라는 생각이 듭니다. 수업의 일환으로 어쩔 수 없이 교수님의 진도를 따라가기보다, 좀 더 진득하게 사고를 정리할 수 있는 '독학' 과정이 꼭 필요하다고 생각하기 때문입니다.

알고리즘은 수학 공부와 비슷하게 진득하게 개념을 정리하고 문제를 해결해 보는 공부 방법으로 큰 효과를 볼 수 있습니다. 이 책은 알고리즘을 C와 Java로 기본 알고리즘을 구현하면서 이론과 구현을 친절하게 설명합니다. 그리고 알고리즘의 결과를 하나씩 추적해 나가는 방식으로 진득하게 공부합니다. 또한 이 과정 중간과 마지막에 등장하는 퀴즈, 확인 문제를 해결하면서 소소한 재미를 느낄 수 있습니다. 칼럼은 조금 어려운 내용일지도 모르지만 꼭 손을 놓지 말고 이해해 보기 바랍니다. 초보자에게 아주 좋은 길잡이가 될 것으로 기대합니다.

번역에 많은 도움을 주신 이중민 님, 김진한 님, 그리고 츠카모토 유이(塚本 唯) 님께 감사드립니다.

옮긴이
2021.9.30 박광수(아크몬드)

이 책의 구성

이 책의 각 장은 알고리즘의 첫걸음을 무리하지 않고 확실하게 공략할 수 있도록 '워밍업' → '기본 알고리즘과 자료구조' → '중급 알고리즘과 자료구조' → '고급 알고리즘과 특수 알고리즘'이라는 순서로 설명합니다.

대상 독자

초급 엔지니어, 대학교 및 전문대 학생, 컴퓨터 프로그래밍 관련 자격 시험 응시자, C나 자바로 코딩 테스트를 준비하는 사람을 주요 대상으로 합니다. 또한 기본적인 프로그래밍의 학습 경험이 있고, 프로그래밍 기초를 가진 사람이라고 가정합니다. 이 책의 목표는 정답을 보지 않고 삽입 정렬이나 이진 탐색 프로그램을 만드는 것입니다. 자격 시험이나 코딩 테스트를 준비하기 전 탄탄한 기초를 쌓을 수 있을 것입니다.

이 책을 읽는 방법

1장에서 10장까지 서서히 수준이 높아지므로, 처음 알고리즘을 배우는 분은 1장부터 읽으세요. 각 장은 독립적인 내용이므로 어느 정도의 경험이 있는 분은 관심 가는 장부터 읽어도 좋습니다. 모든 장은 기본적으로 '알고리즘 설명' → '의사코드pseudocode 소개' → 'C와 자바 코드 소개' → '코드 설명' → '실행 결과 소개' → '그림과 함께 직접 알고리즘 실행 과정 추적하기' → 'C와 자바를 이용한 알고리즘의 실행 과정 확인'으로 구성됩니다.

또한 'C와 자바를 이용한 알고리즘의 실행 과정 확인'에서는 'C와 자바 코드 소개' → '코드 설명' → '실행 결과 소개'를 반복합니다.

각 장의 개요

이 책의 흐름은 다음과 같습니다. 각 장의 마지막에는 확인 문제와 칼럼이 있고, 본문 중간에는 지식의 폭을 넓히기 위한 Quiz를 준비했습니다.

01장 알고리즘 워밍업

1장은 비교적 간단한 내용이므로 30일이나 4개월 완성이라면 일찍 끝내고 다음 장으로 넘어가는 분도 많을 것입니다. 남은 시간은 본인이 어렵다고 생각하는 내용을 이해하는 데 더 쓰기 바랍니다.

1.2는 꼭 읽어야 이후 학습하는 데 문제가 없습니다. 여기에서도 C나 자바에서 공통으로 사용하는 문법 일부를 소개한다는 장점도 있습니다. 1.3은 앞으로 이 책에서 알고리즘을 설명하는 기본 학습법이므로 꼭 경험해 보기 바랍니다. 특히 의사코드는 처음에 익숙하지 않을 수 있지만, 주요 개념 설명은 의사코드에서 이루어지므로 꼭 한 번 살펴본 후 다음 코드를 살펴보기 바랍니다.

> **핵심 용어**: 알고리즘 구조를 생각하는 비결, 제어문과 반복문 4개, 연산자 3개, 유클리드 호제법

02장 반복문과 배열의 기본 및 선형 검색

이 책에서 알고리즘을 구현할 때는 배열을 자주 사용합니다. 반복문과 배열에 익숙하다면 2.1은 건너뛰어도 좋습니다. 알고리즘을 살펴볼 때는 제어문이나 반복문 안 실행 조건을 꼭 기억하기 바랍니다. 알고리즘의 핵심인 경우가 많습니다.

> **핵심 용어**: 반복문, 배열, 합계, 선형 검색, 추적

03장 이진 검색과 시간 복잡도

이진 검색 알고리즘을 설명할 때 while 문과 if~else if~else 문을 사용했습니다. while 문으로 반복하는 조건과 제어되는 조건이 무엇인지를 꼭 확인하세요. 알고리즘의 시간 복잡도는 알고리즘 문제 등에서 해결 조건으로 제시될 때도 있고, 면접 등에서도 묻는 중요한 개념입니다. 이 책으로 기본 개념을 잡은 후에도 다른 참고 자료 등으로 더 깊이 공부하기 바랍니다.

> **핵심 용어**: 오름차순, 내림차순, 이진 검색, 시간 복잡도, 빅 오 표기법, $O(\log_2 N)$
>
> **위키백과 시간 복잡도**: https://ko.wikipedia.org/wiki/시간_복잡도
>
> **나무위키 시간 복잡도**: https://namu.wiki/w/시간%20복잡도

04장 다중 반복문과 삽입 정렬

다중 반복문은 알고리즘을 구현하거나 알고리즘 관련 문제를 풀 때 필수로 사용한다고 해도 과언이 아닐 정도의 개념입니다. 특히 정렬 관련 문제는 다중 반복문을 활용하는 대표적인 예입니다.

이 책에서 소개하는 정렬 관련 코드의 다중 반복문 조건과 어떻게 요소를 대입하는지 잘 기억해두면 알고리즘 구현에 큰 도움이 될 것입니다.

> **핵심 용어**: 다중 반복문, 구구단 표, 삽입/버블/선택 정렬 알고리즘, 반복문의 조건

05장 연결 리스트의 구조와 사용

연결 리스트 자체는 사실 알고리즘보다 자료구조의 개념이지만 이를 모르면 효율적으로 알고리즘 코드를 작성하지 못하므로 알고리즘을 공부할 때도 알아야 합니다.

이 책에서는 알고리즘 관점에서 연결 리스트를 쉽게 설명하려고 C의 포인터, 자바의 참조 등을 거의 사용하지 않고 연결 리스트를 배웁니다. 단, 자료구조도 중요하다고 생각하는 분은 포인터와 참조를 사용하는 예제 코드도 제공하니 5장을 공부한 후 추가로 살펴보기 바랍니다.

또한 이 장부터는 몇 개의 함수(메소드)를 만든 후 main 함수(메소드)에서 이를 호출해 사용하는 방법을 본격적으로 도입하니 꼭 참고하기 바랍니다.

> **핵심 용어**: 자료구조, 연결 리스트, 구조체, 요소 삽입 및 삭제

06장 이진 탐색 트리의 추가와 탐색

트리 역시 연결 리스트와 마찬가지로 자료구조의 개념이지만 효율적으로 알고리즘 코드를 작성할 때 중요한 개념입니다.

이 책에서는 이진 탐색 트리를 중심으로 트리의 개념과 이진 탐색 트리의 탐색 방법 등을 배웁니다. 참고로 main 함수(메소드) 안에 호출한 함수(메소드)를 주석 처리하면서 다른 결과를 확인하는 방법을 눈여겨보기 바랍니다.

> **핵심 용어**: 이진 탐색 트리, 깊이 우선 탐색, 재귀 호출, 요소 추가 및 검색

07장 해시 테이블 탐색법

해시 테이블은 빠른 데이터 탐색과 해시 함수에 암호화 알고리즘 등을 적용해 보안성을 높이는 코드를 작성할 때 사용하는 알고리즘입니다. 알고리즘을 이해할 수 있도록 여기에서는 키와 값을 동일하게 설정합니다. 이 장을 다 읽은 후에는 예제 파일에서 제공하는 키와 값이 다른 해시 테이블 알고리즘도 꼭 살펴보기 바랍니다.

핵심 용어: 해시 테이블, 해시 함수, 해시값, 해시 충돌, 동의어, $O(1)$

08장 재귀 호출과 퀵 정렬

프로그램을 처음 공부할 때는 재귀 호출의 실행 구조에 대해 이해하기 어려워하는 사람이 많습니다. 하지만 알아두면 실제로 작성할 코드를 줄이고, 효율적으로 프로그램이 동작하도록 도움을 주는 개념입니다. 또한 퀵 정렬과 함께 재귀 호출을 어떻게 사용하는 것이 좋은지 확인하기 바랍니다.

핵심 용어: 재귀 호출, 계승(팩토리얼), 퀵 정렬, 기준값

09장 동적 계획법과 배낭 문제

재귀 호출을 너무 자주 사용하면 오히려 프로그램의 성능이 나빠지는 점도 있습니다. 이를 보완하는 것이 동적 계획법입니다. 동적 계획법과 재귀 호출의 차이와 이 둘을 함께 써서 프로그램의 효율을 높이는 방법도 살펴보기 바랍니다.

배낭 문제는 동적 계획법을 잘 설명하는 예제이자 주요 코딩 테스트의 기본을 설명할 때도 자주 등장하는 예입니다. 이 책의 마지막 응용 프로젝트와 같은 것이니 코드를 참고한 후 조건을 바꾼 다양한 프로그램을 스스로 작성해 보기 바랍니다.

핵심 용어: 동적 계획법, 재귀 호출, 피보나치 수, 배낭 문제

10장 유전 알고리즘과 배낭 문제

유전 알고리즘은 꼭 알아야 하는 기초 알고리즘으로 분류하지 않는 편입니다. 그런데 최근 머신러닝이나 딥러닝 등이 주목받으면서 과거의 인공지능 연구에 사용했던 기초 알고리즘을 이해하자는 측면에서 유전 알고리즘을 다루기도 합니다. 이 장에서는 유전 알고리즘의 기초 구

조를 설명한 후 9장에서 다루었던 배낭 문제를 유전 알고리즘으로 해결해 봅니다. 물론 배낭 문제를 유전 알고리즘으로 반드시 해결할 수 있다고 말할 수는 없습니다. 하지만 복습의 의미도 있고 알고리즘을 구현하는 코드가 제법 긴 편이니 중급 알고리즘 구현에 익숙해지는 데 도움을 줄 것입니다.

핵심 용어: 유전 알고리즘, 적응도, 교차, 돌연변이, 배낭 문제

부록 알고리즘 문제 해결로 실력 확인하기
여기에서는 두 가지 알고리즘 문제를 소개합니다. 직접 코드를 작성하는 것은 아니고 알고리즘의 개념을 설명하거나 의사코드의 빈 칸을 채우는 방식으로 문제를 풀어봅니다. 코드를 실제로 작성해야 한다는 부담 없이 내가 알고리즘의 주요 개념을 제대로 이해하는지 확인한다는 의미로 도전해 보기 바랍니다.

핵심 용어: 힙의 성질을 이용한 데이터 정렬, 문자열 오류 탐지

예제 코드 다운로드(C와 자바)

이 책에서 다루는 예제 코드(C와 자바)는 동양북스 깃허브에서 다운로드할 수 있습니다.

- https://github.com/dybooksIT/ESS-algorithm-C-Java

이 책의 예제 파일 구성은 다음과 같습니다.

```
CSamples                    C 예제 파일이 모여 있는 디렉터리입니다.
 └─ Chapter01               이 책의 각 장을 의미합니다.
     └─ Euclid.c            해당 장에서 사용하는 예제 파일입니다.
JavaSamples                 자바 예제 파일이 모여 있는 디렉터리입니다.
 └─ Chapter01               이 책의 각 장을 의미합니다.
     └─ Euclid.java         해당 장에서 사용하는 예제 파일입니다.
Readme                      이 책에 읽는 데 도움이 되는 자료가 있습니다.
```

이 책의 예제 파일을 실행할 코드 편집기 사용법은 다음 자료를 참고하기 바랍니다.

- https://dybit.tistory.com/13

일러두기

이 책을 읽을 때 다음 사항을 참고하기 바랍니다.

- 이 책에 등장하는 제품 이름 등은, 일반적으로 각 회사의 등록 상표 또는 상표입니다. 본문 중 ™ 및 ® 마크는 별도로 명시하지 않습니다.

- 이 책은 정보 제공을 목적으로 합니다. 이 책을 실제 업무에 적용하는 일 등은 독자 스스로의 책임과 판단에 따라 수행하세요. 이 책에서 소개하는 예제 프로그램을 실제 업무에 적용해 손해가 발생하더라도 저자와 출판사는 일체의 책임을 지지 않습니다.

이 책과 관련된 문의는 wizplan.dybooks.it@gmail.com으로 연락하기 바랍니다.

C나 자바 기반의 컴퓨터 알고리즘을 처음 접해서 이 책으로 어떻게 공부해야 할지 막막한 분은 다음에 제시하는 학습 진도표에 따라 공부하는 것을 추천합니다. 진도표에 따라 공부하기 전에는 '각 장의 개요'에서 설명하는 주요 핵심 용어나 학습 목표를 얼마나 미리 아는지 판단해 본 후 기간을 설정하면 도움이 될 것입니다.

학습 진도표에 따라 공부할 때 참고할 점

- 이 책으로 알고리즘을 처음 공부할 때는 C 혹은 자바 중 하나의 프로그래밍 언어를 선택하기 바랍니다. 해당 프로그래밍 언어를 선택했다면 자료형, 배열 선언, 출력 타입(%d, %s, %f 등), 제어문(if~else, if~else if~else), 반복문(for, while, do~while), break 키워드의 기본을 다시 숙지하는 것이 좋습니다.

- 참고로 C는 전처리기 지시자(#define)와 구조체, 구조체 배열, 포인터의 아주 기본적인 개념을 추가로 읽고 공부한다면 도움이 됩니다. 자바는 클래스, 함수와 메소드의 차이, 객체 배열, 참조의 개념을 추가로 읽고 공부한다면 도움이 될 것입니다. 이들은 완벽하게 깊이 이해하지 않아도 괜찮습니다. 단, 해당 개념을 처음 들어 보는 수준이면 안 됩니다. 공부할 때는 다양한 매체(책, 동영상 강의, 인터넷 자료) 중 자신에게 맞는 것을 선택해 살펴보면 됩니다.

- C와 자바를 모두 공부하려는 분은 각 기간 동안 프로그래밍 언어 하나를 선택해 공부하고 다른 프로그래밍 언어로 같은 기간을 다시 공부하면 자연스러운 복습 효과도 거둘 수 있습니다. 사실 처음에 16주를 공부했다면 다른 프로그래밍 언어를 공부할 때는 30일이나 14일, 30일을 공부했다면 14일 등 현재 본인이 이해하는 수준에 따라 단축된 기간으로 공부하기를 권합니다.

- Quiz와 확인 문제를 해결할 때 정말 막막하더라도 정답을 바로 보지 말고 인터넷 검색 등을 활용하면서 최대한 해결해 보도록 노력하기 바랍니다. 인터넷 검색을 잘 활용하는 것도 앞으로 프로그래밍을 공부할 때의 기술 중 하나입니다. 단, 코드나 정답 등을 그대로 찾는 것이 아니라 문제 해결의 열쇠가 되는 개념을 찾아본다는 마음가짐으로 검색하기 바랍니다.

• 이 책에서 소개하는 추적 코드의 출력문 위치는 앞으로 프로그래밍 코드의 문제가 발생했을 때 원인을 찾는 아주 기본적인 방법입니다. 책에서 제시하는 방법 이외에도 의심가는 부분은 출력문을 넣어 보면서 공부해 보기 바랍니다. 코드 구조에 익숙해져 알고리즘 이해도와 문제 해결 능력 향상에 도움을 줍니다.

학습 진도표 체크포인트!

항목	체크포인트(각 항목의 공부가 끝났다면 V를 표시하세요!)
C 혹은 자바 문법 살펴보기	☐ 자료형, 배열 선언, 출력 타입(%d, %s, %f 등)의 기본 숙지하기 ☐ 제어문(if~else, if~else if~else), 반복문(for, while, do~while), break 키워드의 기본 숙지하기 ☐ (선택) C: 전처리기 지시자(#define), 구조체, 구조체 배열, 포인터의 기본 개념 이해하기 ☐ (선택) 자바: 클래스, 함수와 메소드의 차이, 객체 배열, 참조의 기본 개념 이해하기
1장 읽고 Quiz와 확인 문제 해결하기	☐ 1.2 이 책의 알고리즘 설명 방법 정독하기 ☐ 이 책에서 알고리즘을 설명하는 기본 학습법인 1.3 정독하기 ☐ 의사코드에 익숙해지기
2장 읽고 Quiz와 확인 문제 해결하기	☐ 알고리즘의 제어문이나 반복문 안 실행 조건을 기억하기
3장 읽고 Quiz와 확인 문제 해결하기	☐ while 문 반복 조건과 if~else if~else 문 제어 조건 확인하기 ☐ 알고리즘의 시간 복잡도 이해하기
4장 읽고 Quiz와 확인 문제 해결하기	☐ 다중 반복문 이해하기 ☐ 정렬 관련 코드의 다중 반복문 조건과 요소 대입 확인하기
5장 읽고 Quiz와 확인 문제 해결하기	☐ 연결 리스트의 구조 이해하기 ☐ 포인터와 참조 개념을 이용한 예제 코드 살펴보기 ☐ 개별 함수(메소드) 작성과 main 함수(메소드)에서 실행하기
6장 읽고 Quiz와 확인 문제 해결하기	☐ 트리의 개념과 구조 이해하기 ☐ main 함수(메소드) 안에서 호출한 함수를 주석 처리하면서 실행 결과 차이 확인하기

항목	체크포인트(각 항목의 공부가 끝났다면 V를 표시하세요!)
7장 읽고 Quiz와 확인 문제 해결하기	☐ 해시 함수와 해시값의 중요성 이해하기 ☐ 키와 값이 같은 해시 테이블 살펴보기 ☐ 예제 파일을 참고해 키와 값이 다른 해시 테이블 살펴보기 ☐ 개방 주소법과 체이닝의 차이 확인하기
8장 읽고 Quiz와 확인 문제 해결하기	☐ 재귀 호출의 구조와 효율적인 코드 작성 방법 이해하기 ☐ 퀵 정렬에 재귀 호출을 적용하는 방법 이해하기
9장 읽고 Quiz와 확인 문제 해결하기	☐ 재귀 호출의 단점 이해하기 ☐ 동적 계획법과 재귀 호출을 혼합하는 코드 작성하기 ☐ 동적 계획법으로 배낭 문제 해결하기 ☐ 조건을 바꾼 배낭 문제 코드 작성하기
10장 읽고 Quiz와 확인 문제 해결하기	☐ 유전 알고리즘의 주요 개념 살펴보기 ☐ 유전 알고리즘으로 배낭 문제를 해결하는 코드 살펴보기
부록 문제 해결하기	☐ 인터넷 검색이나 정답을 보지 않고 부록 문제 풀어 보기
복습하기	☐ 장별로 체크포인트 항목을 정리한 노트 만들기

2주 완성

날짜	항목	완료 여부
1일	C 혹은 자바 문법 살펴보기	☐
2일	1장 읽고 Quiz와 확인 문제 해결하기	☐
3일	2장 읽고 Quiz와 확인 문제 해결하기	☐
4일	3장 읽고 Quiz와 확인 문제 해결하기	☐
5일	4장 읽고 Quiz와 확인 문제 해결하기	☐
6일	5장 읽고 Quiz와 확인 문제 해결하기	☐
7일	6장 읽고 Quiz와 확인 문제 해결하기	☐
8일	7장 읽고 Quiz와 확인 문제 해결하기	☐
9일	8장 읽고 Quiz와 확인 문제 해결하기	☐

날짜	항목	완료 여부
10~11일	9장 읽고 Quiz와 확인 문제 해결하기	☐
12~13일	10장 읽고 Quiz와 확인 문제 해결하기	☐
14일	부록 문제 해결하기	☐

30일 완성

날짜	항목	완료 여부
1~3일	C 혹은 자바 문법 살펴보기	☐
4일	1장 읽고 Quiz와 확인 문제 해결하기	☐
5~6일	2장 읽고 Quiz와 확인 문제 해결하기	☐
7~8일	3장 읽고 Quiz와 확인 문제 해결하기	☐
9~10일	4장 읽고 Quiz와 확인 문제 해결하기	☐
11~12일	5장 읽고 Quiz와 확인 문제 해결하기	☐
13~14일	복습하기	☐
15~17일	6장 읽고 Quiz와 확인 문제 해결하기	☐
18~19일	7장 읽고 Quiz와 확인 문제 해결하기	☐
20~21일	8장 읽고 Quiz와 확인 문제 해결하기	☐
22~23일	복습하기	☐
24~25일	9장 읽고 Quiz와 확인 문제 해결하기	☐
26~27일	10장 읽고 Quiz와 확인 문제 해결하기	☐
28~29일	부록 문제 해결하기	☐
30일	복습하기	☐

4개월 완성

날짜	항목	완료 여부
1주	C 혹은 자바 문법 살펴보기	☐
2주	1장 읽고 Quiz와 확인 문제 해결하기	☐
3주	2장 읽고 Quiz와 확인 문제 해결하기	☐
4주	3장 읽고 Quiz와 확인 문제 해결하기	☐
5주	4장 읽고 Quiz와 확인 문제 해결하기	☐
6~7주	5장 읽고 Quiz와 확인 문제 해결하기	☐
8주	복습하기	☐
9주	6장 읽고 Quiz와 확인 문제 해결하기	☐
10주	7장 읽고 Quiz와 확인 문제 해결하기	☐
11주	8장 읽고 Quiz와 확인 문제 해결하기	☐
12주	9장 읽고 Quiz와 확인 문제 해결하기	☐
13~14주	10장 읽고 Quiz와 확인 문제 해결하기	☐
15주	부록 문제 해결하기	☐
16주	복습하기	☐

Chapter

1

알고리즘 워밍업

이 장은 알고리즘을 본격적으로 학습하기 전의 워밍업입니다. 양동이로 물을 긷는 알고리즘을 통해 알고리즘이란 단어의 의미부터 알고리즘을 생각하는 다양한 요령을 터득해 봅니다. 다음으로는 컴퓨터 알고리즘을 생각할 때의 기초로 네 가지 처리와 세 가지 흐름을 학습합니다. 이러한 흐름을 계속 생각하다 보면 프로그래머가 갖춰야 할 '프로그래밍 사고력'을 발달시킬 수 있습니다. 마지막으로 알고리즘을 표기하기 위해 사용되는 순서도, 의사코드, C, 자바를 살펴봅니다. 이때 '유클리드 호제법'이라는 구체적인 예를 함께 듭니다.

1.1 알고리즘이란 무엇인가

- Point 알고리즘을 생각하는 비결
- Point 컴퓨터의 처리 및 흐름의 종류

1.1.1 여러 가지 자료로 살펴보는 알고리즘의 의미

알고리즘^{algorithm}은 무엇일까요? 먼저 알고리즘의 어원을 살펴보고 국립국어원이나 위키백과 등에서 알고리즘을 어떻게 설명하는지 살펴보겠습니다.

알고리즘의 어원

알고리즘은 9세기 페르시아의 수학자인 무하마드 알콰리즈미$^{Muhammad\ al-Kwarizmi}$의 이름을 라틴어화한 'algorismus'에서 따온 말입니다. 즉, 알고리즘의 어원은 수학자의 이름이며, 숫자를 다룬다는 점을 연상시키려는 의도를 담았습니다.

국립국어원의 설명

국립국어원에서는 알고리즘을 다음과 같이 정의합니다.

> 어떤 문제의 해결을 위해, 입력된 자료를 토대로 하여 원하는 출력을 유도하여 내는 규칙의 집합입니다. 여러 단계의 유한 집합으로 구성되며, 각 단계는 하나 또는 그 이상의 연산을 필요로 합니다.

즉, 알고리즘은 '규칙'이나 '연산'을 연상시킵니다.

위키백과의 정의

위키백과는 알고리즘을 다음처럼 정의하고 있습니다.

> 어떠한 문제를 해결하기 위해 정해진 일련의 절차나 방법을 공식화한 형태로 표현한 것이나 계산을 실행하기 위한 단계적 절차를 의미합니다.

지금까지 살펴본 세 가지 자료의 설명을 종합하면 알고리즘은 '수'에 대한 '문제를 푸는 방법'이고, 컴퓨터 분야에서는 '공식화된', '단계적'이라는 조건을 붙입니다. 애매모호하며 언제 끝날지 모르는 절차는 알고리즘으로 부를 수 없습니다.

이 책의 주제는 컴퓨터 프로그램에서 사용할 '알고리즘'입니다. 즉, 수에 대한 문제가 주어지면, 이를 풀기 위해 명확하며 유한한 방법을 생각합니다. 그리고 이를 프로그램으로 작성하고 컴퓨터에서 실행해 답을 얻습니다.

1.1.2 알고리즘을 만드는 비결

알고리즘은 특별한 재능을 가진 사람만 생각해낼 수 있는 문제가 아닙니다. 기본적인 알고리즘을 몇 가지 기억하고 요령을 터득한 후, 이를 응용하여 다양한 문제를 푸는 알고리즘을 만드는 것입니다. 영감inspiration을 얻으려면 기초를 알고 경험하는 것이 중요합니다.

지금부터 방금 설명한 내용을 실감할 수 있도록 IT 기업의 입사 면접에서도 사용되는 예 하나를 살펴보겠습니다.

> **문제** 3리터짜리 양동이와 5리터짜리 양동이를 하나씩 들고 강에 가서, 딱 4리터의 물을 길어 오려면 어떻게 하면 좋을까요?

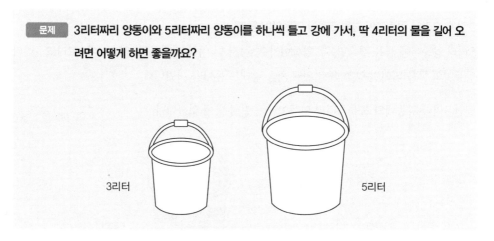

3리터   5리터

만약 "한 번에 4리터를 얻자"라고 생각한다면, '경험이 없는' 것입니다. 컴퓨터 세계에서 한 번의 처리만으로 답을 얻을 수 있는 문제는 거의 없습니다. 대부분 차근차근 처리를 거듭해 간신히 답을 얻을 수 있는 문제들입니다.

차근차근 처리를 거듭하려면 처리할 내용을 구분해야 합니다. 여기에도 경험이 필요합니다. "양동이로 물을 긷는다", "다른 양동이에 물을 옮긴다", "양동이의 물을 버린다"로 처리를 구분합니다. "뭔가 처리하면 거기서 한 숨 돌린다"는 감각을 가지면 처리를 구분할 수 있습니다. 서두르지 않는 것도 중요합니다. 바로 답을 얻지 못하더라도, 서두르지 말고 뭔가 처리해 봅시다.

1단계: 3리터 양동이에 물을 긷는다

두 양동이에 동시에 물을 길으면 이후 행동을 할 수 없기 때문에, 우선 3리터 양동이에 물을 긷는 것으로 시작합시다.

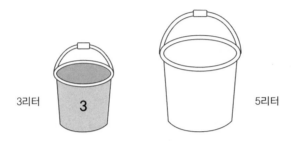

여기서 초조해하면 안 됩니다. 알고리즘에 서투르다고 생각하는 사람은 초조해합니다. 침착하고 천천히 생각해 봅시다.

2단계: 3리터 양동이의 물을 5리터 양동이에 옮긴다

5리터 양동이에 물을 길으면, 두 양동이가 꽉 차서 더 이상 진행할 수 없습니다. 그리고 3리터 양동이의 물을 버리면 양쪽 다 비워져 처음 상태로 돌아가 버립니다.

일단 3리터 양동이의 물을 5리터 양동이에 옮길 수밖에 없습니다.

일단 해 봅시다. 이 "일단 해 본다"가 중요합니다. 이를 통해 "알았다!"라고 아이디어가 번뜩이는 경우가 있기 때문입니다.

3단계: 3리터 양동이에 물을 긷는다

5리터 양동이의 물을 버리면 양쪽 양동이가 비워져 처음 상태로 돌아갑니다. 그렇다고 5리터 양동이에 물을 길으면 물을 옮긴 의미가 없습니다. 결국 3리터 양동이에 다시 물을 길을 수밖에 없습니다. 일단 해 봅시다.

이 시점에서 "알았다!"라고 영감이 번뜩이지 않았나요?

4단계: 3리터 양동이의 물을 5리터 양동이에 옮긴다

3리터 양동이의 물을 5리터 양동이에 옮기면 나머지는 1리터가 됩니다. 1리터와 3리터를 더하면 4리터입니다. 설레는 기분이겠지만, 3리터 양동이의 물을 5리터 양동이에 옮깁니다.

5단계: 5리터 양동이의 물을 버린다

5리터 양동이의 물은 필요 없으므로 버립시다. 거의 다 왔습니다.

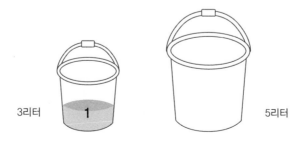

6단계: 3리터 양동이의 물을 5리터 양동이에 옮긴다

3리터 양동이의 물을 5리터 양동이에 옮깁시다.

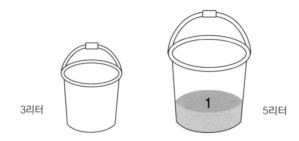

7단계: 3리터 양동이에 물을 긷는다

3리터 양동이에 물을 긷습니다.

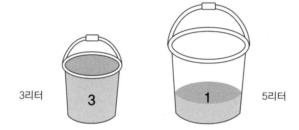

이 3리터와 1리터로 총 4리터가 되지만, 서두르지 마세요. 아직 4리터가 되지 않았습니다.

8단계: 3리터 양동이의 물을 5리터 양동이에 옮긴다

3리터 양동이의 물을 5리터 양동이로 옮깁니다.

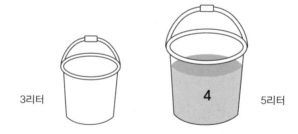

정확히 4리터의 물을 길을 수 있었습니다. 문제를 해결했습니다.

어떻습니까? 문제를 풀자 상쾌한 느낌이 들었을 겁니다. 이것이 알고리즘을 생각하는 묘미인 "알았다!"라는 상쾌함입니다. 만약 "이렇게 여러 가지 과정을 생각해야 하는 거야"라고 느낀다면 아직 '경험이 없기' 때문입니다.

방금 든 예는 프로그램을 작성해 컴퓨터로 푸는 문제는 아니었지만, 컴퓨터 알고리즘과 공통되는 부분이 있습니다. 처리가 진행될 때 꾸준히 '숫자의 변화를 뒤쫓는 것'입니다. 이것을 '추적trace'이라고 합니다. 영어 trace는 '쫓아간다'는 의미인데, 앞 예처럼 보통 숫자의 변화를 종이 위에 적거나, 이 변화를 머릿속으로 계산하니 적당한 표현이라고 생각합니다.

표 1-1은 추적의 예를 보여줍니다. 여기서는 표 형식으로 나타냈는데, 여러분이 알기 쉬운 형태로 작성해도 괜찮습니다.

표 1-1 "3리터 양동이에 물을 긷는다"에서 시작한 추적 결과

절차	3l 양동이	5l 양동이
초기 상태	0	0
1단계: 3리터 양동이에 물을 긷는다	3	0
2단계: 3리터 양동이의 물을 5리터 양동이에 옮긴다	0	3
3단계: 3리터 양동이에 물을 긷는다	3	3
4단계: 3리터 양동이의 물을 5리터 양동이에 옮긴다	1	5
5단계: 5리터 양동이의 물을 버린다	1	0
6단계: 3리터 양동이의 물을 5리터 양동이에 옮긴다	0	1
7단계: 3리터 양동이에 물을 긷는다	3	1
8단계: 3리터 양동이의 물을 5리터 양동이에 옮긴다	0	4

한편 이 문제는 알고리즘을 생각하는 요령을 소개할 때 아주 좋습니다. 바로 "더 나은 절차를 고려한다"는 중요한 비결을 배울 수 있기 때문입니다.

앞에서 총 8회 처리로 4리터의 물을 얻을 수 있었습니다. 더 나은 절차를 고려해, 8회보다 적은 횟수로 4리터의 물을 얻는 방법을 생각해 봅시다. 앞에서는 3리터 양동이에 물을 긷는 것으로 시작했는데, 이번에는 5리터 양동이에 물을 긷는 것에서 시작할 것입니다. 표 1-2는 추적의 예를 보여줍니다.

표 1-2 "5리터 양동이에 물을 긷는다"에서 시작한 추적 결과

절차	3*l* 양동이	5*l* 양동이
초기 상태	0	0
1단계: 5리터 양동이에 물을 긷는다	0	5
2단계: 5리터 양동이의 물을 3리터 양동이에 옮긴다	3	2
3단계: 3리터 양동이의 물을 버린다	0	2
4단계: 5리터 양동이의 물을 3리터 양동이에 옮긴다	2	0
5단계: 5리터 양동이에 물을 긷는다	2	5
6단계: 5리터 양동이의 물을 3리터 양동이에 옮긴다	3	4
7단계: 3리터 양동이의 물을 버린다	0	4

5리터 양동이에 물을 긷는 것으로 시작하여 7번 만에 4리터의 물을 얻을 수 있었습니다. 3리터 양동이에 물을 긷는 것으로 시작했을 때가 8회 처리였으므로, 5리터 양동이에 물을 길어 시작하는 것이 더 좋은 방법입니다. 이 책에서는 이러한 방식으로 알고리즘을 생각하는 요령을 경험해 볼 것입니다.

'알고리즘을 마스터하려면 반복 연습이 필요'합니다. 알고리즘은 달달 외워서 배우는 것이 아닙니다. 반복 연습하여 내 것으로 만드는 공부입니다. 자전거 타는 법이나 악기 연주를 익히는 것과 비슷합니다. 아직도 이해가 불충분하다고 느낀다면, 4리터 물을 얻는 절차를 여러 번 반복 (추적)하세요. 참고로 방금 소개한 양동이에 물을 긷는 문제에서 '알고리즘을 생각하는 비결' 을 다음처럼 정리할 수 있습니다.

- 처리를 구분하고 차근차근 거듭합니다.

- 서두르지 않고 천천히 생각하며, 일단 뭔가 처리해 봅니다.

- 처리에 의한 숫자의 변화를 추적합니다.

- 더 나은 절차를 생각합니다.

- 몇 번이고 반복 연습하여 내 것으로 만듭니다.

앞으로도 이러한 비결을 항상 의식해 주세요.

1.1.3 컴퓨터 알고리즘

지금 설명한 알고리즘의 개념을 컴퓨터에 적용하려면 컴퓨터가 알고리즘을 처리할 때 어떤 기능을 이용하는지 알아둘 필요가 있습니다. 사실 많지도 않습니다. '입력', '기억', '연산', '출력'이라는 네 가지입니다. 이것이 컴퓨터가 할 수 있는 전부입니다.

작은 마이크로컴퓨터microcomputer, 일반 PC, 심지어 거대 슈퍼 컴퓨터도 '입력 장치', '기억 장치', '연산 장치', '출력 장치'로 구성됩니다. 여기에 이러한 기능을 종합적으로 관리하는 '제어 장치'를 추가해 '컴퓨터 5대 장치(기능)'라고 부릅니다.

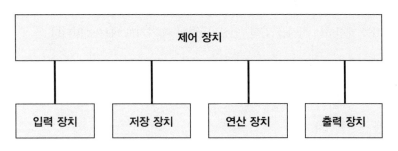

그림 1-1 컴퓨터 5대 장치

PC에서는 키보드와 마우스가 입력 장치이고, 메모리나 하드 디스크는 저장 장치입니다. CPU(프로세서processor)가 제어 장치 및 연산 장치를 겸합니다. 액정 디스플레이LCD나 프린터는 출력 장치입니다. 그리고 제어 장치가 프로그램의 내용을 해석하여 실행하면 그에 맞게 입력 장치, 기억 장치, 연산 장치, 출력 장치가 작동합니다.

따라서 프로그램에 작성하는 처리는 필연적으로 입력, 기억, 연산, 출력의 4개뿐입니다. 즉, 컴퓨터 알고리즘은 문제가 주어졌을 때 "무엇을 입력하면 좋은가?", "무엇을 기억하면 좋은가?", "어떤 연산을 하면 좋은가?", "무엇을 출력하면 좋은가?"라는 4개의 처리를 생각합니다. 이때 입력한 데이터를 기억하고, 연산하고, 결과를 저장해 출력할 때 '기억'은 기본적으로 하는 당연한 것이므로 입력, 연산, 출력의 3개 처리만 생각해도 좋습니다.

주어진 문제에서 컴퓨터의 처리를 찾아내는 연습을 해 봅시다.

BMI(Body Mass Index, 체질량 지수)를 구하는 프로그램을 만드세요. BMI는 건강 진단 결과에서 나타나는 값으로 kg 단위의 체중을 m 단위의 신장으로 2번 나누면 구할 수 있습니다. 참고로 22가 표준, 25 이상은 비만, 18.5 미만은 마른 것으로 판정됩니다.

앞 문제를 해결하는 처리를 입력, 기억, 연산, 출력의 네 가지 또는 입력, 연산, 출력의 세 가지로 나눠 보겠습니다.

입력, 연산, 출력의 세 가지 처리로 나눈 예

다음은 BMI를 계산하는 처리를 입력, 연산, 출력의 세 가지로 나눈 예입니다.

- 신장과 체중을 입력합니다.
- BMI를 계산합니다.
- BMI를 출력합니다.

프로그램에서는 변수에 대입(저장)하는 것으로 기억을 표현합니다. 따라서 신장, 체중, BMI를 height, weight, bmi라는 변수에 기억해 BMI를 구하는 프로그램의 순서는 다음과 같습니다. 프로그램의 내용이 입력, 연산, 출력 및 변수에 대한 기억인 것에 주목해 주세요.

먼저 의사코드로 작성한 프로그램을 살펴봅니다. /*와 */로 묶인 부분은 주석입니다.

코드 1-1 BMI를 구하는 프로그램의 의사코드

```
○ 실수형: height, weight, bmi          /* 변수 선언 */
· height ← 신장 입력                    /* 입력(과 저장) */
· weight ← 체중 입력                    /* 입력(과 저장) */
· bmi ← weight / height / height       /* 연산(과 저장) */
· bmi 표시하기                          /* 출력(과 저장) */
```

컴퓨터에서 처리를 입력, 기억, 연산, 출력의 네 가지 또는 입력, 연산, 출력의 세 가지로 나누어 생각하는 과정을 알 수 있습니다. 이것이 '프로그래밍 사고력(프로그래머의 감각)'이라고 할 수 있습니다.

그리고 또 하나 중요한 프로그래밍 사고력이 있습니다. 처리의 흐름을 '순차적', '분기(나누기)', '반복'의 세 가지로 나누어 생각하는 것입니다. 컴퓨터 알고리즘은 순서대로 처리가 진행됩니다. 이

것을 '처리의 흐름'이라고 합니다. 또한 처리 흐름은 기본적으로 위에서 아래로 순서대로 진행되며, 이를 '순차적'이라고 합니다.

필요에 따라, 조건에 따라 처리의 흐름을 분기하거나 반복할 수도 있습니다. 처리의 흐름을 나누는 분기는 해당 과정에서 무엇을 선택했다고 볼 수 있으므로 '선택'이라고 부르는 경우도 있습니다.

분기와 반복을 찾아 구분하는 예

다음 문제와 함께 컴퓨터 처리의 흐름을 생각하는 연습을 해 봅시다.

문제 사용자와 컴퓨터가 가위바위보하는 프로그램을 작성하세요. 가위, 바위, 보는 1, 2, 3의 숫자로 나타냅니다. 사용자가 숫자를 입력해 손을 선택합니다. 컴퓨터는 랜덤으로 손을 선택합니다. 결과 화면에는 '무승부', '사용자 승리', '사용자 패배' 중 하나를 표시합니다. '무승부'의 경우는 다시 승부합니다.

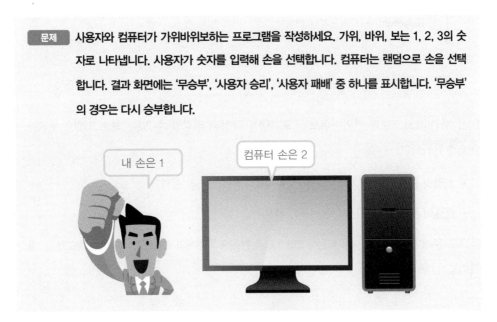

문제를 푸는 알고리즘으로 순차적, 분기(선택), 반복의 세 가지 흐름을 찾아내 보세요. 기본적으로 프로그램은 순차적이므로 분기와 반복만 찾아도 좋습니다.

다음은 분기와 반복을 찾아 구분하는 예를 나타냅니다.

- **분기**: ~중 하나를 표시
- **반복**: 다시 승부

문제에서 앞 예를 찾았다면 OK입니다. 그 외 처리는 순차적이므로 걱정할 필요 없습니다.

가위바위보 프로그램의 예도 살펴보겠습니다. 의사코드로 작성한 예는 다음과 같습니다.

○ 정수: user, computer
○ 문자열: judgement
 · user ← 사용자가 선택한 손
 · computer ← 컴퓨터가 선택한 손
 ■ user = computer
  · judgement ← "무승부"

   user = 1 And computer = 2 Or user = 2 And computer = 3 Or
   user = 3 And computer = 1
   · judgement ← "사용자의 승리"

   · judgement ← "사용자의 패배"

 · judgement를 표시한다

BMI 계산 프로그램과 가위바위보 프로그램을 작성해 경험할 수 있는 프로그래밍 사고력은
다음과 같습니다.

- **처리의 종류**: 입력, 기억, 연산, 출력(혹은 입력, 연산, 출력)
- **흐름의 종류**: 순차적, 분기(선택), 반복

앞으로 문제가 주어지면 4개 또는 3개의 처리로 분해한 후 3개의 흐름으로 실행하는 사고력을 계속
키워보기 바랍니다.

1.2 이 책의 알고리즘 설명 방법

- Point 처리 흐름 표기
- Point 연산자 표기

1.2.1 주요 요소 표기 방법

알고리즘을 그림으로 표시하는 경우 순서도^{flowchart}가 많이 사용되지만, 이 책에서는 알고리즘
을 프로그램으로 보여줍니다. 프로그래밍 언어로는 의사코드, C, 자바^{Java}를 사용합니다. 이

책의 소스 코드를 다운로드하면 작성된 프로그램을 확인할 수 있습니다(11페이지를 참고하세요).

여기서는 순서도, 의사코드, C, 자바에서의 프로그램 표기법을 각각 설명합니다. 여기에 나오지 않은 표기법을 사용할 경우에는 그때그때 의미를 설명하겠습니다. 먼저 기본 구문인 '주석', '변수 선언', '변수 대입', '함수 호출'을 알아봅니다.

주석

주석^{comment}은 프로그램 안에 임의로 작성한 부연 설명을 말합니다. 다음은 순서도, 의사코드, C, 자바에서 "이것이 주석입니다"라는 주석을 작성하는 예입니다.

- **순서도**

  ─────────────┐
  　　　　　　　 이것이 주석입니다

- **의사코드와 C**

  /* 이것이 주석입니다. */

- **자바**

  // 이것이 주석입니다.

순서도에서는 주석을 추가할 부분에 선을 그어 작성합니다. 의사코드, C, 자바는 프로그램 속에 주석을 씁니다. 참고로 자바에는 여러 주석 형식이 있지만 이 책에서는 //만 사용합니다.

변수 선언

변수의 선언이란 변수의 자료형^{data type}과 이름을 지정하여 메모리에 기억 공간을 확보하는 것입니다. 이 책에서는 자료형으로 정수형(int형), 실수형(double형), 문자형(char형), 논리형(boolean)을 사용합니다. 논리형 변수(불^{bool} 변수)는 true 또는 false 중 하나만을 저장할 수 있습니다. C에는 논리형이 없기 때문에, int형으로 대체하여 0을 false로, 0이 아닌 값을 true로 간주합니다.

다음은 정수형 변수 a를 선언하는 예입니다.

- **순서도**

  ┌─────────────────────┐
  │ 정수형 변수 a를 선언한다 │
  └─────────────────────┘

- **의사코드**
  - ○ 정수형: a
- **C와 자바**

  int a;

참고로 순서도에서는 변수 선언을 표기하지 않는 경우도 많습니다. 의사코드는 선언 시작 부분에 '○'를 표시합니다.

변수의 대입

변수의 대입이란 변수에 값을 저장하는 것입니다. 다음은 변수 a에 0이라는 값을 대입하는 예입니다.

- **순서도**

  ```
  a ← 0
  ```

- **의사코드**
  - · a ← 0
- **C와 자바**

  a = 0;

보통 왼쪽에 놓인 변수에 오른쪽에 있는 값을 저장합니다(순서도에서는 반대 방향으로 적는 경우도 있습니다). 오른쪽에는 숫자, 계산식, 함수 호출을 작성할 수 있습니다. 계산식 또는 함수 호출의 경우에 오른쪽의 작업이 먼저 이루어지고, 결괏값은 왼쪽의 변수에 저장됩니다. 의사코드는 처리의 맨 앞에 '·'를 표시합니다.

함수 호출

함수는 처리에 이름을 붙인 것입니다(자바에서는 함수를 '메소드method'라고 합니다). 이러한 함수를 사용하는 것을 "함수를 호출call한다"라고 합니다. 함수는 괄호 안에 지정된 '인수'를 사용하여 어떠한 처리를 하고, 그 결과를 '반환값'으로 돌려줍니다. 함수의 기능에 따라서는 인수가 없거나 반환값이 없는 경우도 있습니다. 다음은 변수 a와 b를 인수로 평균값을 반환하는 average 함수를 호출하고, 반환값을 변수 ave에 대입하는 예입니다.

- 순서도

```
ave ← average(a, b)
```

- 의사코드

  · ave ← average(a, b)

- C와 자바

  ave = average(a, b);

1.2.2 처리의 흐름

이번에는 처리 흐름인 순차적 분기(선택), 반복의 표기법을 설명합니다. 프로그램은 기본적으로 위에서 아래로 처리 흐름을 형성하기 때문에 순차적임을 나타내는 특별한 표기법은 없습니다. 하지만 분기와 반복은 특별한 표기법이 있습니다. 반복은 '루프loop'라고 부르기도 합니다.

if~else 문

if~else 문은 조건에 따라 두 가지 작업 중 하나로 분기(선택)합니다. 다음은 변수 **age**에 저장되는 연령이 20 이상이면 "성인입니다"를 표시하고, 그렇지 않으면 "미성년자입니다"라고 표시하는 예입니다.

- 순서도

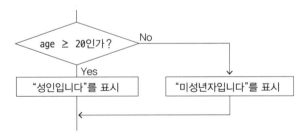

- 의사코드

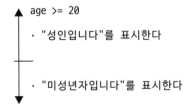

- C

```c
if (age >= 20) {
  printf("성인입니다\n");
} else {
  printf("미성년자입니다\n");
}
```

- 자바

```java
if (age >= 20) {
  System.out.println("성인입니다");
} else {
  System.out.println("미성년자입니다");
}
```

대부분의 경우 처리 흐름이 2개로 분기된 후에는 둘 중 하나의 흐름에 합류합니다. 따라서 if~else 문은 처리 2개 중 하나를 선택한다고 생각하면 됩니다.

if 문

if 문은 조건이 참이면 처리하고, 거짓이면 아무것도 처리하지 않습니다. 다음은 변수 a값이 마이너스라면(0 미만이면), 플러스로 바꾸는 예입니다.

- 순서도

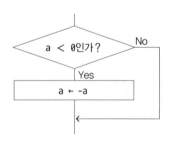

- 의사코드

- C

```c
if (a < 0) {

  a = -a;

}
```

- 자바

```java
if (a < 0) {

  a = -a;

}
```

앞 예에서는 변수 a의 절댓값^{absolute value}을 얻을 수 있습니다. '-a'는 변수 a값을 음수로 바꿨다는 의미입니다. 따라서 변수 a값이 음수라면 -a값은 음수에 음수를 곱한 것과 같으므로 양수가 됩니다.

while 문

while 문은 반복 조건을 확인하여 참이라면 처리를 반복합니다. 반복 조건은 "~라면 반복한다"라는 경우와, "~가 될 때까지 반복한다"는 두 가지 경우가 있습니다. C와 **자바**의 while은 "~라면 반복한다"라는 표현만 가능하므로, "~가 될 때까지 반복한다"라는 생각으로 알고리즘을 생각했다면 "~라면 반복한다"고 생각을 바꿔야 합니다. 이것은 반복을 '■'로 표기하는 의사코드에서도 마찬가지입니다.

다음 예에서는 돈을 저장한 변수 money가 0보다 크다면 '쇼핑'이라는 처리를 수행합니다(C와 자바에서는 처리 내용을 주석으로 나타내고 코드는 생략했습니다).

- 순서도

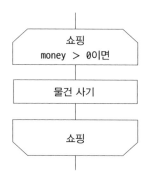

- **의사코드**

  - ■ money > 0
    - · 물건 사기
  - ■

- **C**

```c
while (money > 0) {
    /* 물건 사기 */
}
```

- **자바**

```java
while (money > 0) {
    // 물건 사기
}
```

순서도에서는 햄버거의 위아래를 감싸는 빵 같은 기호로 반복 범위를 묶습니다. 이 기호는 쌍임을 알 수 있도록 '쇼핑'을 반복적으로 적고 있습니다. 또한 while 문은 순서도의 상단 기호에 반복 조건을 쓰며, 의사코드는 반복의 범위를 '■'로 묶어 표기합니다.

do~while 문

do~while 문은 어떤 처리를 한 후 반복 조건을 확인하여 참이면 처리를 반복합니다. 처리 결과에 따라 반복 여부를 결정할 때 사용합니다. 의사코드, C, 자바에서 while 문과 마찬가지로 "~라면 반복한다"는 것입니다. 다음 예에서는 사용자가 입력한 문자가 'y'와 'n'이 아니라면 처리를 반복해 다시 입력합니다(C와 자바에서는 문자 입력 처리를 주석으로 나타냈습니다).

- **순서도**

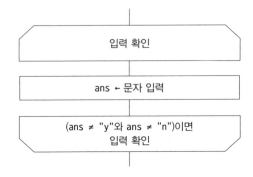

입력 확인

ans ← 문자 입력

(ans ≠ "y"와 ans ≠ "n")이면
입력 확인

- **의사코드**

      ▪
      | · ans ← 문자 입력
      ▪   ans != "y" and ans != "n"

- **C**

```
do {
  /* ans = 문자 입력 관련 코드 */
} while (ans != 'y' && ans != 'n');
```

- **자바**

```
do {
  // ans = 문자 입력 관련 코드
} while (ans != 'y' && ans != 'n');
```

즉, 처리 결과(여기서는 사용자가 입력한 문자)로 반복 여부를 판단하는 경우 do~while 문이 사용됩니다. 참고로 do~while 문의 순서도에서는 아래 기호에 반복 조건을 씁니다.

루프 카운터를 사용한 반복

반복 횟수를 세는 변수를 '**루프 카운터**loop counter'라고 합니다. 루프 카운터를 사용한 반복은 배열을 다룰 때 자주 사용됩니다. 배열의 요소 번호('인덱스'라고 함)와 루프 카운터를 매핑하여 배열 요소의 처음부터 끝까지 하나씩 순서대로 꺼내 처리할 수 있기 때문입니다. 다음 예에서는 요소 수 10개의 배열 a[0]~a[9]값을 하나씩 차례로 표시합니다(C 및 자바에서는 표시 처리를 주석으로 나타냈습니다).

- **순서도**

- **의사코드**

  ■ i: 0, i < 10, 1

  ·a[i]를 표시한다

- **C**
```
for (i = 0; i < 10; i++) {

  /* a[i]를 표시한다 */

}
```

- **자바**
```
for (i = 0; i < 10; i++) {

  // a[i]를 표시한다

}
```

여기서 변수 i는 루프 카운터입니다. 의사코드에서는 '■' 뒤에 **"루프 카운터: 기본값, 지속 조건, 갱신 방법"**을 작성합니다. C나 자바와 비슷한 표현입니다.

단, 의사코드에서는 'i++'라는 표현 대신 '갱신 방법'을 '1'로 작성하여 루프 카운터 i값을 하나 증가시킨다는 것을 나타냅니다.

1.2.3 연산자

연산자는 연산을 의미하는 기호나 문자열입니다. 연산자의 종류는 덧셈, 뺄셈, 곱셈, 나눗셈의 사칙 연산을 하는 '산술 연산자', 값의 크기를 비교하는 '비교 연산자', 조건을 연결하거나 부정하는 '논리 연산자' 등이 있습니다. 프로그래밍 언어의 종류에 따라 특수 연산자(C의 포인터 관련 연산자 등)도 있지만 이 책에서는 일반적인 연산자만을 사용합니다.

산술 연산자

표 1-3은 산술 연산자의 종류를 나타냅니다.

표 1-3 산술 연산자의 종류

연산	순서도	의사코드	C	자바
더하기	+	+	+	+
빼기	-	+	+	+
곱하기	×	*	*	*
나누기	÷	/	/	/
나머지	mod	%	%	%

정수형 데이터에서는 **나눗셈을 하면 소수점 이하가 버려집니다.**[1] '나머지 연산'은 정수형 데이터를 나눈 나머지를 구합니다.

비교 연산자

값의 크기를 비교하는 비교 연산자는 표 1-4와 같은 종류가 있습니다.

표 1-4 비교 연산자의 종류

연산	순서도	의사코드	C	자바
같다	=	=	==	==
같지 않다	≠	!=	!=	!=
보다 크다	>	>	>	>
이상	≥	>=	>=	>=
보다 작다	<	<	<	<
이하	≤	<=	<=	<=

비교 연산자의 연산 결과는 **참**true 또는 **거짓**false 중 하나입니다. C와 자바에서는 '같다'를 표기할 때 등호 (=)를 두 번 나란히 사용(==)하는 점에 주의하세요. 등호 하나(=)는 대입을 나타내므로 이와 구별 하기 위함입니다.

---

1 옮긴이: 7/2처럼 정수끼리 나누면 결과는 정수 3이 나옵니다.

논리 연산자

논리 연산자는 '그리고', '또는', '아니다'는 의미를 가진 연산자로 조건을 연결하거나 부정합니다. 표 1-5는 논리 연산자의 종류를 나타냅니다.

표 1-5 논리 연산자의 종류

연산	순서도	의사코드	C	자바
논리곱	그리고, and	and	&&	&&
논리합	또는, or	or	||	||
논리부정	아니다, not	not	!	!

논리부정, 논리곱, 논리합의 순으로 우선순위가 높다는 점에 주의하세요. 예를 들어 '조건 A and not 조건 B or not 조건 A and 조건 B'의 우선순위를 괄호로 묶어 나타내면 '(조건 A and(not 조건 B)) or ((not 조건 A) and 조건 B)'가 됩니다.

1.3 유클리드 호제법

- **Point** 알고리즘의 추적
- **Point** 알고리즘의 표기

1.3.1 유클리드 호제법

이번에는 순서도, 의사코드, C, 자바의 구체적인 예로 '유클리드 호제법' 알고리즘을 살펴보 겠습니다. 유클리드 호제법은 두 정수의 **최대공약수(모두를 나눌 수 있는 최댓값)를 구하는 알고리즘** 입니다.

여기서는 변수 a와 b에 저장된 정수의 최대공약수를 구해서 화면에 표시합니다. 다음은 유클 리드 호제법의 일반적인 알고리즘을 설명합니다.

1. 두 정수의 큰 쪽에서 작은 쪽을 빼는 것을, 양쪽이 같아질 때까지 반복합니다.

2. 같아진 값이 최대공약수가 됩니다.

"~가 될 때까지 반복한다"이므로 의사코드, C, 자바에서는 "~라면 반복한다"로 바꿀 필요가 있습니다. "양쪽이 같아질 때까지 반복한다"는 조건을 "~라면 반복한다"로 바꾸면 "양쪽이 동일하지 않으면 반복한다"가 됩니다. 즉, 앞의 1번을 다음처럼 바꿀 수 있습니다.

두 정수의 큰 쪽에서 작은 쪽을 빼는 것을, 양자가 동일하지 않으면 반복합니다.

유클리드 호제법은 이 장의 서두에서 언급한 "알고리즘이란 무엇인가?"를 설명하는 소재로 자주 거론됩니다. 알고리즘은 명확하고 유한해야 합니다. 인간의 직감에 의존해 애매모호한 부분이 있거나 언제 끝날지 모르는 절차는 알고리즘이라고 부를 수 없습니다.

예시로 30과 50의 최대공약수를 구해 봅시다. 중고등학교에서는 '30과 50을 소인수 분해(정수를 소수의 곱으로 표현)하여 공약수를 빼내는' 절차로 최대공약수를 구했습니다. 다음처럼 2×5가 공약수이므로 30과 50의 최대공약수는 $2 \times 5 = 10$이 됩니다.

$$30 = \boxed{2 \times 5} \times 3$$
$$50 = \boxed{2 \times 5} \times 5$$

공통인 약수(공약수)

그림 1-2 30과 50을 소인수 분해하기

그러나 이 절차에는 애매모호한 부분이 있습니다. 30을 나눌 수 있는 소수가 2, 5, 3인 것을 어떻게 알 수 있을까요? 50을 나누는 소수가 2, 5, 5임을 어떻게 알까요? 나눌 수 있는 숫자의 선택을 모두 인간의 직감에 의존했습니다. 그럼 "1234567과 7654321의 최대공약수를 구하라"는 문제라면 어떨까요? 인간의 직감으로는 30과 50의 예처럼 소인수 분해가 불가능하므로 문제를 해결할 수 없을 것입니다.

반면 유클리드 호제법은 애매모호한 부분이 없습니다. 첫 번째 단계로 1234567 및 7654321의 어느 쪽이 큰지를 명확하게 판단할 수 있습니다. 7654321입니다. 큰 쪽에서 작은 쪽을 빼는 것도 명확하게 수행할 수 있습니다. 7654321 − 1234567 = 6419754입니다. 다음 단계는 1234567과 6419754의 어느 쪽이 큰지를 명확하게 확인할 수 있습니다. 6419754입니다. 큰 쪽에서 작은 쪽을 빼는 것도 명확하게 수행할 수 있습니다. 6419754 − 1234567 = 5185187입니다. 다음에도 동일한 절차를 반복하여 서로 같아졌는지도 명확하게 확인할 수 있습니다.

결국 두 수가 모두 1과 1로 동일하므로 최대공약수는 1입니다. 즉 1234567 및 7654321은 '서로소(공약수가 1뿐임)'입니다.

또한 유클리드 호제법을 사용해 1234567과 7654321의 최대공약수를 구할 때 직접 손으로 계산하는 일은 하지 않는 편이 좋습니다. 프로그램을 만들어 조사한 결과 뺄셈을 총 8,837회 수행하기 때문입니다. 컴퓨터라면 즉시 처리할 수 있는 횟수지만 직접 계산할 때는 많은 시간이 걸립니다. 곧바로 30과 50의 최대공약수를 유클리드 호제법 알고리즘으로 직접 구해 볼 것입니다.

1.3.2 알고리즘의 추적

유클리드 호제법을 사용해 수작업으로 30과 50의 최대공약수를 구해 봅니다. 이미 여러분은 소인수 분해 절차를 통해 10임을 알고 있습니다. 유클리드 호제법으로도 10이 되는지를 확인합시다.

1단계

30과 50을 비교하면 50이 크므로, 50에서 30을 뺀 20으로 한다. 30은 아무것도 하지 않았으므로 그대로 둡니다.

<pre>
30   50
 ↓   ↓
30   20
</pre>

2단계

30과 20을 비교하면 30이 크기 때문에, 30에서 20을 뺀 10으로 한다. 20은 아무것도 하지 않았으므로 그대로 둡니다.

<pre>
30   20
 ↓   ↓
10   20
</pre>

3단계

10과 20을 비교하면 20이 크기 때문에, 20에서 10을 뺀 10으로 합니다. 10은 아무것도 하지 않았기 때문에 그대로 둡니다. 이 시점에서 두 수는 동일합니다. 따라서 최대공약수는 10입니다.

<pre>
10   20
 ↓   ↓
10   10
</pre>

그럼 어째서 유클리드 호제법으로 최대공약수를 구할 수 있을까요? 수학적인 증명이 아니라 그림으로 알고리즘 구조를 전달하는 방식으로 설명해 보겠습니다. **알고리즘 자체는 명확히 이해해야 하지만, 알고리즘 구조는 그림으로 이해해도 충분합니다.**

"알고리즘의 구조는 모르겠지만 제시된 순서대로 해 보니 답을 구할 수 있었다"는 찜찜할 것입니다. 그림으로 알고리즘 구조를 이해하면 "알았다!"라는 쾌감을 얻을 수 있습니다. 또한 다른 문제를 풀 때 응용할 수 있습니다. 응용 예제는 이후에 Quiz와 칼럼으로 소개합니다.

세로 30 × 가로 50의 사각형이 있다고 합시다. 이미 30과 50의 최대공약수가 10임을 알고 있으므로 세로 10 × 가로 10의 정사각형으로 나열하여 채울 수 있습니다.

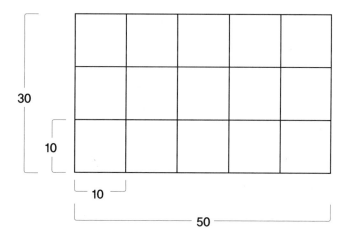

그림 1-3 0단계: 10 × 10 크기의 정사각형을 나열

유클리드 호제법은 세로 30×가로 50의 사각형에서 10×10의 정사각형을 잘라내는 것과 같습니다. 다음 그림처럼 세로와 가로로 긴 변을 잘라내 가면, 10×10의 정사각형을 얻습니다.

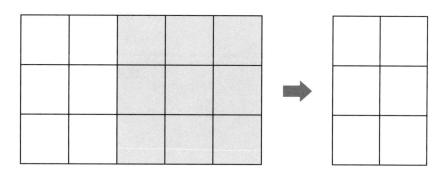

그림 1-4 단계 1: 50에서 30을 잘라낸다

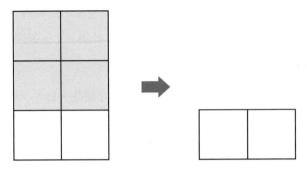

그림 1-5 단계 2: 30에서 20을 잘라낸다

그림 1-6 단계 3: 20에서 10을 잘라내면 10×10의 정사각형을 얻는다

이것이 유클리드 호제법의 개념입니다. 서로(互)를 제거(除)(긴 변을 잘라내는)하는 방법(法)이므로 호제법[2]이라고 부릅니다.

Quiz **최소공배수를 구하려면?**

중고등학교에서 최대공약수를 배울 때 최소공배수(정수 2개에 공통으로 존재하는 최소의 배수)도 배웠습니다. 최소공배수를 구하는 알고리즘을 생각해 보세요.

tip 중고등학교에서는 소인수 분해로 공통되는 항과 그렇지 않은 항을 곱함으로써 최소공배수를 구했습니다. 예를 들어 30 = 2 × 5 × 3, 50 = 2 × 5 × 5에서는 2 × 5가 공통되는 항이며, 30의 3과 50의 5가 공통되지 않은 항이므로 30과 50의 최소공배수는 2 × 5 × 3 × 5 = 150입니다. 참고로 최소공배수를 구하는 알고리즘은 소인수 분해 단계가 애매모호합니다. 명확한 알고리즘을 생각해 보세요.

정답은 396페이지에 있습니다.

---

2   옮긴이: 호제법이란 말은 두 수가 서로(互) 상대방 수를 나누어(除)서 결국 원하는 수를 얻는 알고리즘을 나타냅니다. https://ko.wikipedia.org/wiki/유클리드_호제법 참고.

1.3.3 알고리즘 구현

이제 순서도, 의사코드, C, 자바 각각의 형식으로 유클리드 호제법의 구현을 나타내 봅니다. 여기서는 변수 a와 b 각각에 키보드로 입력한 숫자를 저장합니다. 그리고 두 숫자의 최대공약수를 화면에 표시할 것으로 가정합니다.

순서도

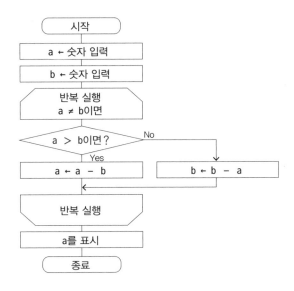

의사코드

코드 1-3 유클리드 호제법의 의사코드

○ 정수: a, b
· a ← 숫자 입력
· b ← 숫자 입력
■ a != b
　▲ a > b
　　· a ← a - b
　　· b ← b - a

· a를 표시한다

C

```c
#include <stdio.h>

int main() {
  int a, b;

  scanf("%d", & a);
  scanf("%d", & b);

  while (a != b) {
    if (a > b) {
      a -= b;
    } else {
      b -= a;
    }
  }

  printf("%d\n", a);

  return 0;
}
```

자바

코드 1-5 유클리드 호제법의 알고리즘

```java
import java.util.Scanner;

public class Euclid {
  public static void main(String[] args) {
    Scanner scn = new Scanner(System.in);
    int a, b;

    a = scn.nextInt();
    b = scn.nextInt();
    scn.close();
```

```
    while (a != b) {
      if (a > b) {
        a -= b;
      } else {
        b -= a;
      }
    }

    System.out.printf("%d\n", a);
  }
}
```

실행 결과

```
# '30' 입력
30

# '50' 입력
50

# 출력 결과
10

# '1234567' 입력
1234567

# '7654321' 입력
7654321

# 출력 결과
1
```

참고로 2장 이후에는 순서도를 사용하지 않을 것입니다.

확인 문제

정답은 402페이지에 있습니다.

문제 1 다음 설명이 맞으면 ○, 올바르지 않다면 ×를 표시하세요.

① 의사코드에서는 /*와 */로 둘러싸서 주석임을 나타낸다.

② 함수의 괄호 속에 지정하는 값을 인수라고 부른다.

③ 함수가 처리 결과로 돌려주는 값을 반환값이라고 부른다.

④ %는 의사코드, C, 자바에서 곱셈을 하는 연산자다.

⑤ ==는 C와 자바에서 좌변과 우변이 같은지 비교하는 연산자다.

정답은 402페이지에 있습니다.

문제 2 다음은 유클리드 호제법으로 변수 a와 변수 b의 최대공약수를 구하고, 그 값을 화면에 표시하는 의사코드 프로그램입니다. 빈칸에 적절한 단어와 연산자를 입력하세요.

○ 정수: a, b
- a ← 숫자 입력
- b ← 숫자 입력
- ■ a[　(1)　] b
  - a[　(2)　] b
    - a ← a-b
    - b ← b-a
  - ■
- a를 표시한다

정답은 402페이지에 있습니다.

이 장에서 알고리즘을 생각하는 비결 중 하나로 "더 나은 절차를 생각한다"를 소개했습니다. 유클리드 호제법에서도 더 나은 절차를 생각할 수 있습니다. 본문에서는 "큰 쪽에서 작은 쪽을 계속 뺀다"는 절차였지만, 이를 "큰 쪽에서 작은 쪽을 나눈 나머지를 계속 구한다"로 하면 더 적은 단계로 최대공약수를 구할 수 있습니다. 예를 들어 15와 50의 최대공약수를 구하는 경우 큰 쪽에서 작은 쪽을 빼면 다음처럼 5번 처리해야 합니다.

```
15    50
 ↓     ↓
15    35
 ↓     ↓
15    20
 ↓     ↓
15     5
 ↓     ↓
10     5
 ↓     ↓
 5     5
```

그에 비해 큰 쪽을 작은 쪽으로 나눈 나머지를 구하면 다음 두 번만에 처리됩니다.

1. 15와 50을 비교하면 50이 크므로, 50을 15로 나눈 나머지 5를 구합니다. 15는 아무것도 하지 않았기 때문에 그대로 둡니다.

2. 5와 15를 비교하면 15가 크므로, 15를 5로 나눈 나머지는 0이 됩니다. 나머지가 0일 때 나눈 수인 5가 최대공약수가 됩니다.

나머지를 구하는 것은 큰 쪽에서 작은 쪽을 반복해서 제거하는 것과 같습니다. 예를 들어 50을 15로 나눈 나머지 5를 구하는 것은 50에서 15를 세 번 제거하는 것과 같습니다. 한꺼번에 없앨 수 있으므로 처리 횟수가 더 적습니다.

Chapter

2

반복문과 배열의
기본 및 선형 검색

이 장의 전반부에는 반복문으로 배열을 처리하는 기본
적인 방법을 배우기 위해 배열의 합을 구하는 알고리
즘을 살펴봅니다. 간단한 알고리즘이지만 여러모로 고
려할 점이 많습니다. 후반부에는 임의의 배열에서 원
하는 데이터를 찾아내는 선형 검색 알고리즘을 학습합
니다. 전반부에서 배운 지식이 있으면 쉽게 이해할 수
있습니다. 의사코드로 단계를 세분화한 뒤 C와 자바
로 구현하여 동작을 확인합니다. 그리고 같은 절차를
직접 손으로 추적하여 알고리즘을 체득합니다. 마지막
으로 C와 자바 프로그램에 추적 코드를 추가하여 변
수의 변화를 확인합니다. 이 학습 방법은 3장 이후에
도 동일하게 적용할 것입니다.

2.1 반복문과 배열의 기본

- Point 루프 카운터와 배열의 인덱스를 대응시킨다
- Point 변수를 초기화한다

2.1.1 배열 요솟값의 합계를 구하는 알고리즘

이 장의 주요 주제는 임의의 배열에서 원하는 데이터를 찾는 '선형 검색sequential search'입니다. 선형 검색에서는 반복loop(루프)문을 이용하여 배열을 처리하므로 선형 검색 알고리즘을 설명하기 전에 반복문으로 배열을 처리하는 기본적인 절차를 설명합니다. 예를 들어 배열 a의 요소 합계값을 변수 sum에 저장하는 알고리즘을 생각해 봅시다.

a[0]	a[1]	a[2]	a[3]	a[4]	a[5]	a[6]	a[7]	a[8]	a[9]
72	68	92	88	41	53	97	84	39	55

그림 2-1 배열 a의 구조

프로그래밍 언어의 종류에 따라 배열의 인덱스index는 0부터 시작하기도, 1부터 시작하기도 합니다. C와 자바는 배열의 인덱스가 모두 0에서 시작합니다. 예제에서도 0부터 시작합니다.

Quiz **배열의 선두는 왜 0번인가?**

배열은 데이터를 넣을 수 있는 상자를 나열한 자료구조입니다. 일반적으로는 10개의 상자가 있다면 1~10번이라는 번호를 붙일 것입니다. 10개의 상자인데 끝이 9번이면 이상하기 때문입니다. 그런데 C와 자바에서는 10개의 상자에 0~9번을 지정합니다. 왜일까요?

tip C와 자바에서는 0~9가 번호와는 다른 의미가 있습니다.

배열 요소의 합을 구하는 알고리즘을 말로 설명하면 다음과 같습니다.

배열 a의 선두부터 끝까지, 하나씩 요소를 꺼내, 그 값을 합계를 저장하는 변수 sum에 더하는 것을 반복합니다.

먼저 의사코드로 명확하게 세분화한 후 C와 자바로 구현해 봅시다. **구현은 실제로 동작하는 프로그램을 만든다는 의미입니다.**

의사코드

코드 2-1은 배열 a의 요솟값 합계를 구해 변수 sum에 저장하는 알고리즘을 의사코드로 작성한 것입니다.

코드 2-1 배열 요소의 합계를 구하는 알고리즘의 의사코드

```
○ 정수형: a[] = {72, 68, 92, 88, 41, 53, 97, 84, 39, 55}
○ 정수형: sum, i
 · sum ← 0
■ i: 0, i < 10, 1
│  · sum ← sum + a[i]
■
 · sum값을 표시한다
```

'○ 정수형: a[] = { 72, 68, 92, 88, 41, 53, 97, 84, 39, 55}'라는 표기는, 요솟값을 지정하여 정수형의 배열 a를 선언한다는 의미입니다. 여기에는 10개의 요소가 있습니다. 정수 i는 루프 카운터입니다.

먼저 '· sum ← 0'이라는 처리에 주목하세요. 합계를 저장하는 변수 sum에 0을 대입하는 것입니다. sum에 올바른 합계를 저장하기 위해 필요한 작업입니다. '○ 정수형: sum'으로 변수 sum을 선언하면, 메모리에 변수 sum을 위한 공간을 만듭니다. 그런데 해당 공간에는 그때까지 다른 용도로 메모리를 사용했을 때의 데이터가 남아 있을 수도 있습니다. 만일 123이라는 값이 메모리에 남아 있다면, 변수를 선언한 직후 sum값은 123이 됩니다. 그 상태로 변수 sum에 배열 a의 요소를 더하면 123만큼 결과가 커져 버립니다. 그렇게 되지 않도록 변수 sum에 0을 대입합니다. 이렇게 변수에 적절한 초깃값을 대입하는 것을 '변수를 초기화한다'라고 합니다.

다음으로 '■ i: 0, i < 10, 1'에 주목하세요. 배열 a의 요소는 a[0]~a[9]이므로, 거기에 맞추면 '■ i: 0, i <= 9, 1'이라는 표기가 됩니다. 어느 쪽이든 올바른 결과를 얻을 수 있지만, C와 자바에서는 '■ i: 0, i < 10, 1'이라는 표기를 사용하는 것이 일반적입니다. 'i < 10'은 'i < 배열의 요소 수'를 의미합니다. C와 자바에서는 배열의 요소 수(여기서는 10)를 지정하는 경우가 많기 때문입니다.

이번에는 '· sum ← sum + a[i]'의 a[i] 부분에 주목하세요. 배열의 인덱스를 루프 카운터 i에 대응시킨 a[i]를 통해 반복문에서 배열을 처리한다는 것이 가장 중요한 포인트입니다. i값이 0~9까지 1씩 증가하므로 a[0]~a[9]를 순서대로 처리할 수 있습니다.

변숫값은 몇 번이고 덮어쓸 수 있습니다. 변수 sum에 a[0]~a[9]를 차례로 더하는 처리는, '현재 sum값에 a[i]값을 더해, sum을 그 결과로 덮어쓴다'를 반복하는 것입니다. 구체적으로는 '· sum ← sum + a[i]' 부분을 반복합니다. 우변의 덧셈을 먼저 계산한 후, 그 결과가 좌변의 변수에 대입되는 것입니다.

이러한 의사코드를 통해 반복문으로 배열을 처리하는 기본 절차를 잘 이해하기 바랍니다. 이제 C와 자바로 프로그램을 만들어 배열 요소의 합계를 얻을 수 있는지 확인해 보겠습니다.

C

코드 2-2는 의사코드로 나타낸 알고리즘을 C로 작성한 것입니다. SumOfArray.c라는 파일명으로 저장하세요.

코드 2-2 배열 요소의 합 구하기

```c
#include <stdio.h>
#define LENGTH 10

int main() {
  int a[] = { 72, 68, 92, 88, 41, 53, 97, 84, 39, 55 };
  int sum, i;

  sum = 0;

  for (i = 0; i < LENGTH; i++) {
    sum += a[i];
  }
  printf("sum = %d\n", sum);

  return 0;
}
```

자바

코드 2-3은 의사코드로 나타낸 알고리즘을 자바로 작성한 것입니다. SumOfArray.java라는 파일명으로 저장하세요.

코드 2-3 배열 요소의 합 구하기

```java
public class SumOfArray {
  public static void main(String[] args) {
    int[] a = { 72, 68, 92, 88, 41, 53, 97, 84, 39, 55 };
    int sum, i;
    sum = 0;

    for (i = 0; i < a.length; i++) {
      sum += a[i];
    }
    System.out.printf("sum = %d\n", sum);
  }
}
```

코드 설명

C에서는 LENGTH로 배열 a의 요소 수(여기서는 10)를 얻습니다. 그리고 i < LENGTH(i가 10 미만, 즉 9까지)라는 조건으로 반복합니다. 자바에서는 C의 LENGTH 대신 a.length로 배열 a의 요소 수(여기서는 10)를 얻습니다. 그리고 i < a.length(i가 10 미만, 즉 9까지)라는 조건으로 반복합니다. 의사코드의 ' sum ← sum + a[i]'를 sum = sum + a[i];라고 작성해도 되긴 하지만, sum += a[i];라고 짧게 작성하는 것이 일반적입니다.

실행 결과

```
 sum = 689
```

직접 손이나 계산기 등으로 계산하면 72 + 68 + 92 + 88 + 41 + 53 + 97 + 84 + 39 + 55 = 689이므로, 올바른 결과임을 알 수 있습니다. **프로그램의 실행 결과가 맞는지 직접 계산한 결과와 비교해 보세요.**

2.1.2 알고리즘의 추적

이 책의 2장부터는 '① 알고리즘 설명 → ② 알고리즘 추적 → ③ C와 자바에 의한 알고리즘 추적'의 순서로 학습합니다. 이렇게 하면 알고리즘을 확실히 이해할 수 있습니다.

- **알고리즘 설명**

  알고리즘의 개요를 설명하고, 의사코드로 세부를 명확하게 알아본 뒤 자바로 구현하여 실행 결과를 확인합니다. 이를 통해 알고리즘을 이해하고 적절한 결과를 얻는다는 사실을 체험할 수 있습니다.

- **알고리즘 추적**

  이 책에서 말하는 '알고리즘 추적'이란 값의 변화를 뒤쫓는다는 의미입니다. 즉, 값의 변화를 중심으로 의사코드와 C 및 자바의 처리 단계를 직접 살펴봅니다. 알고리즘의 동작을 직접 이해할 수 있습니다.

- **C와 자바를 이용한 알고리즘 추적**

  C와 자바의 처리 내용을 화면에 표시하는 코드를 추가합니다. 실행 결과 확인을 통해 알고리즘, C, 자바 코드 대응에 대한 이해가 깊어집니다.

이제 요소 수 10개인 배열 a의 요소 합계를 변수 sum에 저장하는 알고리즘을 직접 추적해 보겠습니다. 그림 2-2~13의 12단계를 하나씩 확인하세요. 참고로 배열의 요소나 변숫값이 변하면 색칠된 부분으로 나타냅니다. 표시할 대상은 '표시한다'라는 말풍선으로 나타냅니다.

1단계

sum값은 0, i값은 0으로 초기화합니다.

a[0]	a[1]	a[2]	a[3]	a[4]	a[5]	a[6]	a[7]	a[8]	a[9]
72	68	92	88	41	53	97	84	39	55

sum
| 0 |

i
| 0 |

그림 2-2 배열 요소의 합 구하기 1단계

2단계

sum에 a[0]값을 더하고, i를 1 증가시킵니다.

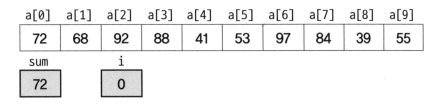

그림 2-3 배열 요소의 합 구하기 2단계

3단계

sum에 a[1]값을 더하고, i를 1 증가시킵니다.

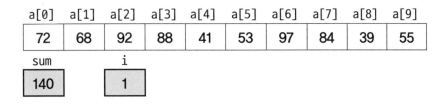

그림 2-4 배열 요소의 합 구하기 3단계

4단계

sum에 a[2]값을 더하고, i를 1 증가시킵니다.

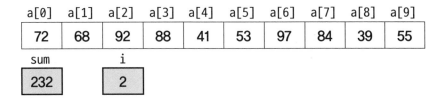

그림 2-5 배열 요소의 합 구하기 4단계

5단계

sum에 a[3]값을 더하고, i를 1 증가시킵니다.

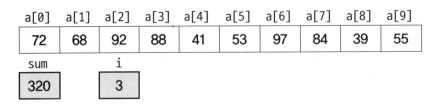

그림 2-6 배열 요소의 합 구하기 5단계

6단계

sum에 a[4]값을 더하고, i를 1 증가시킵니다.

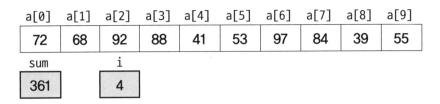

그림 2-7 배열 요소의 합 구하기 6단계

7단계

sum에 a[5]값을 더하고, i를 1 증가시킵니다.

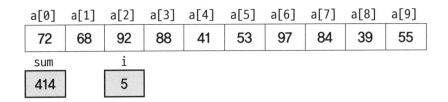

그림 2-8 배열 요소의 합 구하기 7단계

8단계

sum에 a[6]값을 더하고, i를 1 증가시킵니다.

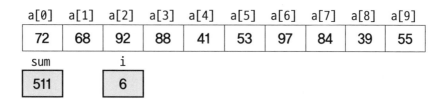

그림 2-9 배열 요소의 합 구하기 8단계

9단계

sum에 a[7]값을 더하고, i를 1 증가시킵니다.

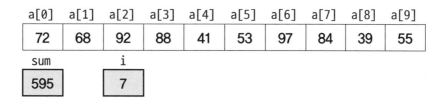

그림 2-10 배열 요소의 합 구하기 9단계

10단계

sum에 a[8]값을 더하고, i를 1 증가시킵니다.

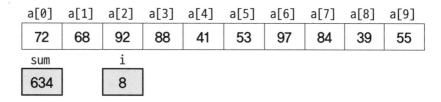

그림 2-11 배열 요소의 합 구하기 10단계

11단계

sum에 a[9]값을 더하고, i를 1 증가시킵니다.

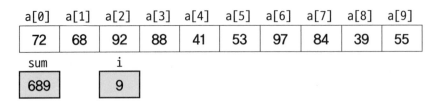

그림 2-12 배열 요소의 합 구하기 11단계

12단계

sum값을 표시합니다.

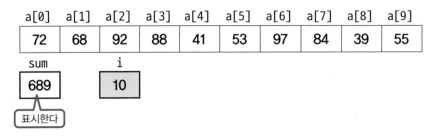

그림 2-13 배열 요소의 합 구하기 12단계

색칠된 부분에 주목하면, 배열 a의 요솟값은 변화하지 않은 상태로 변수 sum과 변수 i만 변한 것을 알 수 있습니다. 이러한 감각을 기초부터 단단히 잡는 것이 중요합니다.

12단계에서 루프 카운터 변수 i값이 9가 아니라 10인 것에 주목하세요. a[0]~a[9]의 요소를 차례로 sum에 더하므로, i는 0~9까지만 변하면 됩니다. 그런데 왜 i는 9를 넘어 10이 되었을 까요? 그 이유는 'i < a.length', 즉 'i < 10'이라는 조건에 주목하면 알 수 있습니다.

여기서는 'i < 10'이라는 조건이 참이면 반복합니다. 이 반복을 마치려면 'i < 10'이라는 조건이 거 짓이 되어야 합니다. i가 9면 'i < 10' 조건은 참이므로, i값이 1 증가해 10이 되어 'i < 10'이 라는 조건이 거짓인 상황까지 확인해야 반복을 멈춥니다. 따라서 반복을 마친 시점(12단계) 에 i값은 10인 것입니다. 이는 다음에 살펴볼 C와 자바 기반의 알고리즘 추적 코드에서 확인 할 수 있습니다.

2.1.3 프로그램을 이용한 알고리즘 추적

여기에서는 C와 자바 코드에 추적을 위한 코드(변숫값의 변화를 표시하는 코드)를 추가합니다. 직접 계산 절차 하나하나를 적는 것처럼 실행 결과에서 변수의 변화를 확인할 수 있습니다. 프로그램의 내용을 이해하기 위해, 추적용 코드를 추가하는 것은 알고리즘과 프로그램을 관련지어 이해할 때 매우 효과적입니다.

C

코드 2-4는 C 기반의 알고리즘 추적 코드 예입니다. SumOfArrayTrace.c라는 파일명으로 저장하세요.

코드 2-4 배열 요소의 합 계산 추적

```c
#include <stdio.h>
#define LENGTH 10

int main() {
  int a[] = { 72, 68, 92, 88, 41, 53, 97, 84, 39, 55 };
  int sum, i;
  sum = 0;
  printf("반복 실행 전: sum = %d\n", sum);

  for (i = 0; i < LENGTH; i++) {
    sum += a[i];
    printf("반복 실행 중: sum = %d, i = %d\n", sum, i);
  }

  printf("sum = %d\n", sum);
  printf("반복 실행 후: sum = %d, i = %d\n", sum, i);

  return 0;
}
```

자바

코드 2-5는 자바 기반의 알고리즘 추적 코드 예입니다. SumOfArrayTrace.java라는 파일명으로 저장하세요.

```java
public class SumOfArrayTrace {
  public static void main(String[] args) {
    int[] a = { 72, 68, 92, 88, 41, 53, 97, 84, 39, 55 };
    int sum, i;
    sum = 0;
    System.out.printf("반복 실행 전: sum = %d\n", sum);

    for (i = 0; i < a.length; i++) {
      sum += a[i];
      System.out.printf("반복 실행 중: sum = %d, i = %d\n", sum, i);
    }

    System.out.printf("sum = %d\n", sum);
    System.out.printf("반복 실행 후: sum = %d, i = %d\n", sum, i);
  }
}
```

코드 설명

반복문의 실행 전, 실행 중, 실행 후에 sum과 i값이 변하는 과정을 추적하는 출력문을 넣었습니다. 중간 결과를 확인하는 출력문의 기본 삽입 방법이니 잘 기억해두기 바랍니다.

실행 결과

```
반복 실행 전: sum = 0
반복 실행 중: sum = 72, i = 0
반복 실행 중: sum = 140, i = 1
반복 실행 중: sum = 232, i = 2
반복 실행 중: sum = 320, i = 3
반복 실행 중: sum = 361, i = 4
반복 실행 중: sum = 414, i = 5
반복 실행 중: sum = 511, i = 6
반복 실행 중: sum = 595, i = 7
반복 실행 중: sum = 634, i = 8
반복 실행 중: sum = 689, i = 9
sum = 689
반복 실행 후: sum = 689, i = 10
```

초깃값 0이 대입된 변수 sum에, 루프 카운터 i값을 0에서 9까지 변화시키는 반복을 통해, 배열 요소의 합계가 순서대로 저장되어 가는 모습을 확인할 수 있습니다. 또한 반복 실행을 마친 후 루프 카운터 i값이 10이 된 모습을 볼 수 있습니다.

2.2 선형 검색

- Point 반복을 도중에 종료하는 방법
- Point 원하는 값이 발견되지 않았음을 나타내는 방법

2.2.1 선형 검색 알고리즘

선형 검색linear search은 임의의 배열에서 원하는 데이터를 찾는 알고리즘입니다. '임의의' 배열이라고 한 이유는 (크기 순서로) 정렬된 배열이라면, 3장에서 설명할 이진 검색을 사용하는 것이 효율적이기 때문입니다. 여기에서는 그림 2-14처럼 요소 수가 10개인 임의의 배열 a에서 변수 x에 저장된 값과 동일한 값을 찾는 경우를 예로 들어 선형 검색 알고리즘을 설명합니다.

a[0]	a[1]	a[2]	a[3]	a[4]	a[5]	a[6]	a[7]	a[8]	a[9]
72	68	92	88	41	53	97	84	39	55

그림 2-14 요소 수가 10개인 임의의 배열 예

발견된 경우, 요소의 인덱스를 표시합니다. 예를 들어 x값이 53이면 a[5]와 같은 값이므로 '5'를 표시하고, 그 시점에서 처리를 종료합니다. 이것은 배열 a에서 x와 같은 값이 여러 개 있어도, 처음 발견한 시점에 처리를 종료한다는 의미입니다. 원하는 값이 발견되지 않은 경우는 '-1'을 표시합니다. -1은 요소의 인덱스로 사용할 수 없는 값이기 때문입니다.

선형 검색 알고리즘의 개요를 설명하면 다음과 같습니다.

1. pos를 -1로 초기화합니다.

2. 루프 카운터 i를 0~9까지 변화시키는 반복을 통해, a[i]와 x를 비교하여 같은 값이면, pos를 요소 번호 i로 변경한 후 반복을 종료합니다.

3. pos값을 표시합니다.

변수 pos는 발견된 위치를 저장하는 설정입니다. 원하는 값이 발견되지 않았음을 의미하는 −1로 pos값을 초기화하는 것이 검색 알고리즘의 핵심입니다. 원하는 값이 발견되지 않은 것으로 가정하여 검색을 시작해, 찾으면 pos값을 변경합니다.

의사코드

코드 2−6은 선형 검색 알고리즘을 의사코드로 작성한 것입니다.

코드 2−6 선형 검색 알고리즘의 의사코드

```
○ 정수형: a[] = {72, 68, 92, 88, 41, 53, 97, 84, 39, 55}
○ 정수형: x, pos, i
 · x ← 숫자 입력
 · pos ← -1
■ i: 0, i < 10 and pos = -1, 1
▲   a[i] = x
│    · pos ← i
▼
■
 · pos값을 표시한다
```

이 장의 앞에서 설명한 배열의 합을 구하는 프로그램과 비슷한 느낌을 줍니다. 비슷하므로 이해하기 쉬우리라 생각합니다. 여기에서는 x에 입력한 숫자 값을 검색합니다.

반복 조건 'i <10 and pos = -1'에 주목하세요. 'i < 10'과 'pos = -1'이라는 조건을 and(논리곱 conjunction, 그리고)로 연결하고 있습니다. 'i < 10'이라는 조건만으로는, x와 동일한 값을 발견하더라도 반복이 종료되지 않습니다. 'pos = -1'이라는 조건이 성립했을 때, x와 동일한 값을 발견하면 반복을 종료합니다.

pos에는 초깃값으로 −1이 저장되어 있습니다. −1은 원하는 값이 발견되지 않았음을 의미합니다. 만약 x와 동일한 값을 발견하면 '· pos ← i'에 의해, 배열의 인덱스(−1이 아닌 값)로 pos값을 변경합니다. 따라서 'pos = -1'이라는 조건은 '아직 x와 동일한 값이 발견되지 않았다'는 의미가 됩니다. 이를 'i < 10' 조건에 and로 연결하여 'i < 10 and pos = -1'로 하면, '배열의 끝까지 확인하지 않고, 원하는 값이 발견되지 않았다면 반복'이라는 의미가 됩니다.

C

프로그램을 만들어, 선형 검색으로 데이터를 찾을 수 있는지 확인해 봅시다. 코드 2-7은 의사코드로 나타낸 알고리즘을 C로 작성한 것입니다. SequentialSearch.c라는 파일명으로 저장하세요.

코드 2-7 선형 검색 알고리즘

```c
#include <stdio.h>
#define LENGTH 10

int main() {
  int a[] = { 72, 68, 92, 88, 41, 53, 97, 84, 39, 55 };
  int x, pos, i;

  printf("x = ");
  scanf("%d", &x);
  pos = -1;

  for (i = 0; i < LENGTH && pos == -1; i++) {
    if (a[i] == x) {
      pos = i;
    }
  }

  printf("pos = %d\n", pos);

  return 0;
}
```

자바

자바로 만든 선형 검색 프로그램은 코드 2-8과 같습니다. SequentialSearch.java라는 파일명으로 저장하세요.

```java
import java.util.Scanner;

public class SequentialSearch {
  public static void main(String[] args) {
    Scanner scn = new Scanner(System.in);
    int[] a = { 72, 68, 92, 88, 41, 53, 97, 84, 39, 55 };
    int x, pos, i;

    System.out.print("x = ");
    x = scn.nextInt();
    pos = -1;
    scn.close();

    for (i = 0; i < a.length && pos == -1; i++) {
      if (a[i] == x) {
        pos = i;
      }
    }

    System.out.printf("pos = %d\n", pos);
  }
}
```

코드 설명

의사코드에는 없었지만, 화면에 'x ='를 표시하는 처리를 추가합니다. 프로그램을 쉽게 사용할 수 있게 하기 위함입니다(다음 장에도 이러한 처리를 추가하는 경우가 있습니다). 의사코드의 'i < 10 and pos = -1' 조건은 'i < LENGTH && pos == -1'로 표기합니다. 의사코드의 'i < 10 and pos = -1' 조건을 자바에서는 'i < a.length && pos == -1'로 표기한다는 차이는 기억해 두기 바랍니다.

실행 결과

```
# '5' 입력
x = 53
pos = 5
```

```
# '99' 입력
x = 99
pos = -1
```

'53'을 입력하면 a[5]와 같은 값이므로 '5'가 표시됩니다. '99'를 입력하면 찾을 수 없으므로 '-1'이 표시됩니다. 모두 올바른 결과를 얻을 수 있습니다. 이 프로그램에서는 원하는 값이 발견되는 경우와 그렇지 않은 경우가 있으므로, 양쪽 동작을 모두 확인하세요.

> **Quiz** 선형 검색을 효율화하는 보초법의 값은?
>
> 선형 검색을 효율화하는 기술로써 보초병의 개념을 이용하는 '보초법sentinel method'이 있습니다. 일반적인 용어로의 보초병은 '문지기 병사'라는 뜻이지만, 알고리즘의 세계에서는 '대상 데이터'라는 뜻입니다. 선형 검색은 배열의 끝에 보초법의 값에 해당하는 데이터를 추가한 후 검색 횟수를 줄여 값을 빠르게 찾을 수 있습니다. 그럼 배열에서 '53'이라는 값을 찾을 경우에는 보초법의 값을 무엇으로 하면 좋을까요?
>
> **tip** 보초법의 값이 없을 때는 요소 하나에 대해 두 가지 검사가 이루어집니다.
>
> 정답은 397페이지에 있습니다.

2.2.2 알고리즘의 추적

선형 검색으로 요소 수 10개의 배열 a에서 변수 x와 같은 값을 찾고, 발견한 위치를 변수 pos에 저장하는 알고리즘을 직접 추적해 봅시다. 참고로 그림의 '?'는 정해져 있지 않은 (초기화되지 않은) 값을 나타내며, 입력할 대상은 '입력한다', 표시할 대상은 '표시한다'는 말풍선으로 나타냅니다.

입력한 값과 같은 요솟값이 발견된 경우

다음은 x와 같은 값이 발견된 경우의 예이며, '53'을 입력하고 있습니다. 원하는 값이 발견된 시점에 반복이 종료됨을 주목하세요.

1단계

x에 53을 입력합니다.

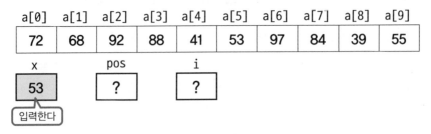

그림 2-15 선형 검색 알고리즘(같은 값 있음) 1단계

2단계

pos값을 −1, i값을 0으로 초기화합니다.

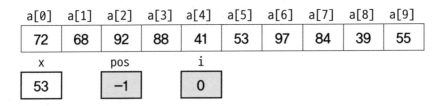

그림 2-16 선형 검색 알고리즘(같은 값 있음) 2단계

3단계

a[0]과 x를 비교하면 일치하지 않으므로 i를 1 증가시켜 반복합니다.

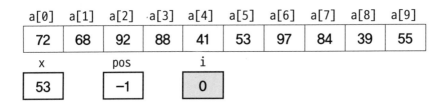

그림 2-17 선형 검색 알고리즘(같은 값 있음) 3단계

4단계

a[1]과 x를 비교하면 일치하지 않으므로 i를 1 증가시켜 반복합니다.

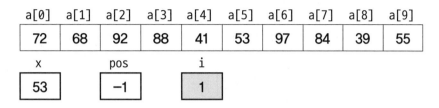

그림 2-18 선형 검색 알고리즘(같은 값 있음) 4단계

5단계

a[2]와 x를 비교하면 일치하지 않으므로 i를 1 증가시켜 반복합니다.

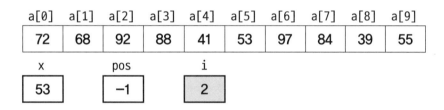

그림 2-19 선형 검색 알고리즘(같은 값 있음) 5단계

6단계

a[3]과 x를 비교하면 일치하지 않으므로 i를 1 증가시켜 반복합니다.

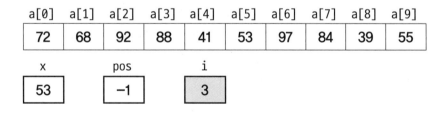

그림 2-20 선형 검색 알고리즘(같은 값 있음) 6단계

7단계

a[4]와 x를 비교하면 일치하지 않으므로 i를 1 증가시켜 반복합니다.

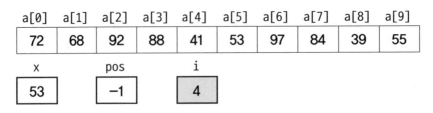

그림 2-21 선형 검색 알고리즘(같은 값 있음) 7단계

8단계

a[5]와 x를 비교하면 일치하므로 pos를 5로 변경하고, i를 1 증가시켜 반복합니다.

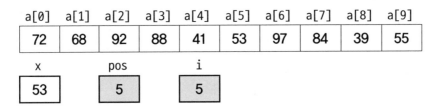

그림 2-22 선형 검색 알고리즘(같은 값 있음) 8단계

9단계

pos = -1이라는 조건이 거짓이므로 반복을 종료하고, pos값을 표시합니다.

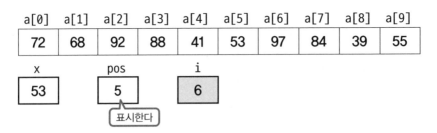

그림 2-23 선형 검색 알고리즘(같은 값 있음) 9단계

입력한 값과 같은 요솟값이 발견되지 않은 경우

x와 같은 값이 발견되지 않은 예로 '99'를 입력한 경우를 추적해 봅시다.

1단계

x에 99를 입력합니다.

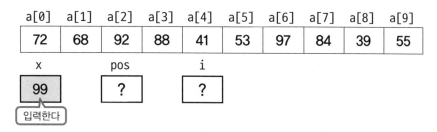

그림 2-24 선형 검색 알고리즘(같은 값 없음) 1단계

2단계

pos값을 −1, i값을 0으로 초기화합니다.

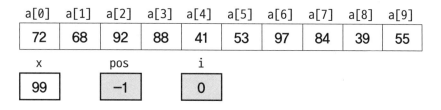

그림 2-25 선형 검색 알고리즘(같은 값 없음) 2단계

3단계

a[0]과 x를 비교하면 일치하지 않으므로 i를 1 증가시켜 반복합니다.

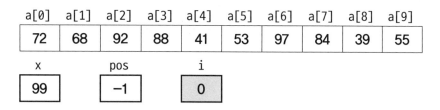

그림 2-26 선형 검색 알고리즘(같은 값 없음) 3단계

4단계

a[1]과 x를 비교하면 일치하지 않으므로 i를 1 증가시켜 반복합니다.

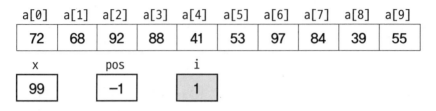

그림 2-27 선형 검색 알고리즘(같은 값 없음) 4단계

5단계

a[2]와 x를 비교하면 일치하지 않으므로 i를 1 증가시켜 반복합니다.

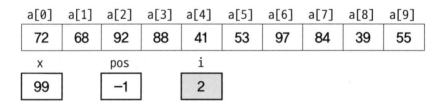

그림 2-28 선형 검색 알고리즘(같은 값 없음) 5단계

6단계

a[3]과 x를 비교하면 일치하지 않으므로 i를 1 증가시켜 반복합니다.

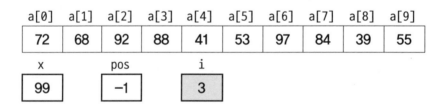

그림 2-29 선형 검색 알고리즘(같은 값 없음) 6단계

7단계

a[4]와 x를 비교하면 일치하지 않으므로 i를 1 증가시켜 반복합니다.

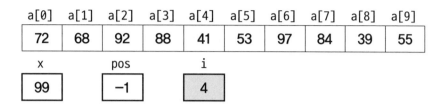

그림 2-30 선형 검색 알고리즘(같은 값 없음) 7단계

8단계

a[5]와 x를 비교하면 일치하지 않으므로 i를 1 증가시켜 반복합니다.

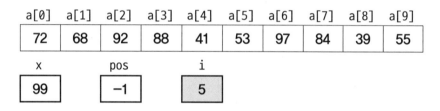

그림 2-31 선형 검색 알고리즘(같은 값 없음) 8단계

9단계

a[6]과 x를 비교하면 일치하지 않으므로 i를 1 증가시켜 반복합니다.

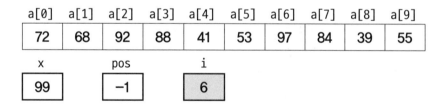

그림 2-32 선형 검색 알고리즘(같은 값 없음) 9단계

10단계

a[7]과 x를 비교하면 일치하지 않으므로 i를 1 증가시켜 반복합니다.

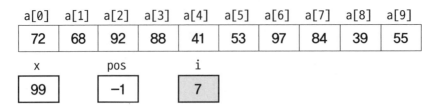

그림 2-33 선형 검색 알고리즘(같은 값 없음) 10단계

11단계

a[8]과 x를 비교하면 일치하지 않으므로 i를 1 증가시켜 반복합니다.

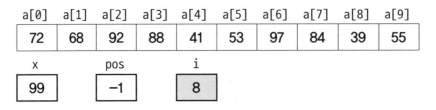

그림 2-34 선형 검색 알고리즘(같은 값 없음) 11단계

12단계

a[9]와 x를 비교하면 일치하지 않으므로 i를 1 증가시켜 반복합니다.

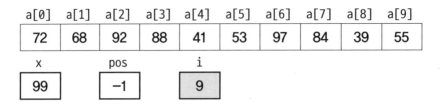

그림 2-35 선형 검색 알고리즘(같은 값 없음) 12단계

13단계

i < 10이라는 조건이 거짓이므로 반복을 종료하고, pos값을 표시합니다.

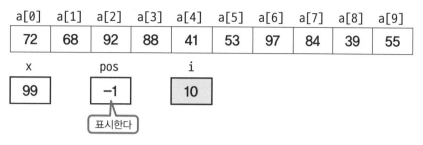

그림 2-36 선형 검색 알고리즘(같은 값 없음) 13단계

반복은 끝까지 이루어지며 pos는 초깃값 −1인 상태로 남는다는 것을 알 수 있습니다.

2.2.3 프로그램을 이용한 알고리즘의 추적

이제 추적 코드를 추가한 프로그램을 살펴보겠습니다.

C

코드 2-9는 C 기반의 선형 검색 알고리즘 추적 코드 예입니다. SequentialSearchTrace.c 라는 파일명으로 저장하세요.

코드 2-9 선형 검색 알고리즘 추적

```c
#include <stdio.h>
#define LENGTH 10

int main() {
  int a[] = { 72, 68, 92, 88, 41, 53, 97, 84, 39, 55 };
  int x, pos, i;

  printf("x = ");
  scanf("%d", &x);
  pos = -1;
  printf("반복 실행 전: x = %d\n", x);
  printf("반복 실행 전: pos = %d\n", pos);
```

```
  for (i = 0; i < LENGTH && pos == -1; i++) {
    if (a[i] == x) {
      pos = i;
    }

    printf("반복 실행 중: pos = %d, i = %d\n", pos, i);
  }

  printf("pos = %d\n", pos);
  printf("반복 실행 후: pos = %d, i = %d\n", pos, i);

  return 0;
}
```

자바

코드 2-10은 자바 기반의 선형 검색 추적 코드 예입니다. SequentialSearchTrace.java라는 파일명으로 저장하세요.

코드 2-10 선형 검색 알고리즘 추적

```
import java.util.Scanner;

public class SequentialSearchTrace {
  public static void main(String[] args) {
    Scanner scn = new Scanner(System.in);
    int[] a = { 72, 68, 92, 88, 41, 53, 97, 84, 39, 55 };
    int x, pos, i;

    System.out.print("x = ");
    x = scn.nextInt();
    pos = -1;
    System.out.printf("반복 실행 전: x = %d\n", x);
    System.out.printf("반복 실행 전: pos = %d\n", pos);
    scn.close();

    for (i = 0; i < a.length && pos == -1; i++) {
      if (a[i] == x) {
        pos = i;
```

```
        }

        System.out.printf("반복 실행 중: pos = %d, i = %d\n", pos, i);
    }

    System.out.printf("pos = %d\n", pos);
    System.out.printf("반복 실행 후: pos = %d, i = %d\n", pos, i);
  }
}
```

코드 설명

출력문을 넣는 위치는 배열 요솟값의 합계를 구하는 방법과 비슷하게 반복문의 실행 전, 실행 중, 실행 후입니다. 그리고 언제 원하는 값이 발견되었는지 확인하려고 pos의 초깃값 및 값의 변화, i값의 변화를 확인하도록 했습니다.

실행 결과

```
# x에 '53' 입력
x = 53
반복 실행 전: x = 53
반복 실행 전: pos = -1
반복 실행 중: pos = -1, i = 0
반복 실행 중: pos = -1, i = 1
반복 실행 중: pos = -1, i = 2
반복 실행 중: pos = -1, i = 3
반복 실행 중: pos = -1, i = 4
반복 실행 중: pos = 5, i = 5
pos = 5
반복 실행 후: pos = 5, i = 6

# x에 '99' 입력
x = 99
반복 실행 전: x = 99
반복 실행 전: pos = -1
반복 실행 중: pos = -1, i = 0
반복 실행 중: pos = -1, i = 1
반복 실행 중: pos = -1, i = 2
```

```
반복 실행 중: pos = -1, i = 3
반복 실행 중: pos = -1, i = 4
반복 실행 중: pos = -1, i = 5
반복 실행 중: pos = -1, i = 6
반복 실행 중: pos = -1, i = 7
반복 실행 중: pos = -1, i = 8
반복 실행 중: pos = -1, i = 9
pos = -1
반복 실행 후: pos = -1, i = 10
```

53을 입력하면 x와 같은 값이 발견된 경우의 예를 보여주며, 99를 입력하면 x와 같은 값이 발견되지 않은 경우를 보여줍니다. 원하는 값이 발견된 경우, 그 시점에 반복이 종료됨을 주목하세요.

확인 문제

문제 1 다음 설명이 맞으면 ○, 올바르지 않다면 ×를 표시하세요.

① 반복 횟수를 세는 변수를 '루프 카운터'라고 부른다.

② 의사코드로 '■ i: 0, i < 10, 1'이라는 반복을 마지막까지 수행하면, 변수 i값은 9가 된다.

③ 변수에 초깃값을 대입하는 것을 '초기화'라고 부른다.

④ 선형 검색에서는 정렬된 배열을 탐색할 수 없다.

⑤ 의사코드 'i < 10 and pos = -1'이라는 조건으로 반복 실행을 할 경우, pos가 −1이 아닌 값으로 변경되면 반복이 종료된다.

정답은 402페이지에 있습니다.

문제 2 다음은 선형 검색으로 배열 a에서 변수 x와 같은 값을 찾으면 인덱스를, 찾지 못하면 −1을 표시하는 의사코드 프로그램입니다. 빈칸에 적절한 단어와 연산자를 입력하세요.

○ 정수형: a[] = {72, 68, 92, 88, 41, 53, 97, 84, 39, 55}
○ 정수형: x, pos, i
· x ← 숫자 입력
· pos ← [(1)   ]
■ i: 0, i < 10 and pos = -1, 1
  ▲ a[i] = x
  │ · pos ← [(2)   ]
  ▼
■
· [(3)   ]의 값을 표시한다

정답은 402페이지에 있습니다.

[Column] 배열의 최댓값과 최솟값을 구하기

이 장의 전반부에서 배운 반복 실행으로 배열을 처리할 때의 기본 절차를 응용하여, 배열 a의 최댓값과 최솟값을 찾아봅시다. 다음은 의사코드로 나타낸 알고리즘의 예입니다. 변수 max에 최댓값을, 변수 min에 최솟값을 저장하며, 변수 i는 루프 카운터입니다.

○ 정수형: a[] = {72, 68, 92, 88, 41, 53, 97, 84, 39, 55}
○ 정수형: max, min, i
· max ← a[0]   /* 선두의 요소를 임시로 최댓값으로 한다 */
· min ← a[0]   /* 선두의 요소를 임시로 최솟값으로 한다 */
■ i: 1, i < 10, 1
  ▲ a[i] > max   /* 임시 최댓값을 갱신한다 */
  │ · max ← a[i]
  ▼
  ▲ a[i] < min   /* 임시 최솟값을 갱신한다 */
  │ · min ← a[i]
  ▼
■
· max를 표시한다
· min을 표시한다

반복 실행에 들어가기에 앞서, max와 min의 초깃값으로 배열의 첫 번째 요소인 a[0]값을 대입하고 있습니다. 이 시점에서 max에는 임시 최댓값이, min에는 임시 최솟값이 저장됩니다. 반복할 때는 맨 처음 이후의

요솟값을 순차적으로 확인하여 'a[i] > max'라면 max를 a[i]로, 'a[i] < min'이라면 min을 a[i]로 변경합니다. 이로써 반복 실행 종료 시 max와 min은 임시값이 아닌, 실제 최댓값과 최솟값을 얻을 수 있습니다.

이 알고리즘의 핵심은 배열의 첫 번째 요소인 a[0]만 반복 실행 밖에서 처리하는 점입니다. 따라서 루프 카운터의 초깃값이 0이 아닌 1로 되어 있습니다. 의사코드의 '■ i: 1, i < 10, 1'에서 'i: 1' 부분에 해당합니다. 이렇게 배열의 첫 번째 요소만 별도로 취급하는 알고리즘도 있습니다.

Chapter

3

이진 탐색과
시간 복잡도

이 장의 전반부에서는 정렬된 배열에서 원하는 데이터를 찾는 이진 검색 알고리즘을 배웁니다. 주요 학습 내용은 배열 중앙 요소의 인덱스를 구하는 방법, 검색 범위를 좁히는 방법 및 반복 조건입니다. 이진 검색 알고리즘을 익힌 뒤에는 이 책의 도움 없이 스스로 이진 검색 프로그램을 만드는 것을 목표로 삼아 보세요.

후반부에서는 알고리즘이 얼마나 효율적인가를 비교할 때 사용하는 시간 복잡도를 배웁니다. 시간 복잡도를 구하는 방법은 여러 가지가 있습니다만, 여기서는 N개의 데이터를 처리할 때의 최대 처리 횟수로 나타내겠습니다.

3.1 이진 검색

- **Point** 배열 중앙 요소의 인덱스를 구하는 방법
- **Point** 검색 범위를 좁히는 방법 및 반복의 조건

3.1.1 이진 검색 알고리즘

이 장의 주제는 정렬된 배열에서 원하는 데이터를 찾는 '이진 검색^{binary search}'입니다. 작은 것에서 큰 것으로 정렬하는 법을 '오름차순'이라고 합니다. 처음부터 끝으로 갈수록 값이 점점 커지므로, 언덕을 오르는 것과 같습니다. 큰 것에서 작은 것으로 정렬하면 '내림차순'이라고 합니다. 처음부터 끝으로 갈수록, 값이 점점 작아지므로 언덕을 내려가는 것과 같습니다.

오름차순

a[0]	a[1]	a[2]	a[3]	a[4]	a[5]	a[6]	a[7]	a[8]	a[9]
39	41	53	55	68	72	84	88	92	97

내림차순

a[0]	a[1]	a[2]	a[3]	a[4]	a[5]	a[6]	a[7]	a[8]	a[9]
97	92	88	84	72	68	55	53	41	39

그림 3-1 배열 요소를 오름차순과 내림차순으로 정렬한 예

여기서는 오름차순으로 정렬된 배열을 대상으로 이진 검색 알고리즘을 설명합니다. 이진 검색 알고리즘의 개요는 다음과 같습니다.

1. 검색 대상 배열의 중앙 요소를 확인하여, 다음 중 하나를 실행합니다.

    A. 찾는 값과 같다면, 인덱스를 표시하고 종료합니다.

    B. 찾는 값보다 크다면, 검색 대상을 앞쪽으로 좁힙니다(한정합니다).

    C. 찾는 값보다 작으면, 검색 대상을 뒤쪽으로 좁힙니다.

2. B 또는 C의 경우 검색 대상이 없어질 때까지 처리를 반복합니다.

여기서는 변수를 명시하지 않고 알고리즘의 개념을 먼저 설명합니다. 다소 복잡한 알고리즘이므로 개념을 먼저 파악하는 것이 중요합니다.

> **Quiz** **처음에 어떤 수를 말하면 합격입니까?**
>
> 한 IT 기업의 입사 면접에서 면접관이 "지금부터 1~100 중 한 숫자를 떠올리겠습니다. 어떤 수인지 맞춰 주세요. 여러분이 말한 숫자가 맞지 않으면 '더 크다', 혹은 '더 작다'는 힌트를 드립니다. 가능하면 적은 횟수로 맞춰보세요"라는 문제를 냈습니다.
>
> 이 문제는 이진 검색을 알고 있는지를 확인하는 것입니다. 숫자를 직접 맞춰 보지 않더라도, 처음에 어떤 수를 말하느냐에 따라 이진 검색을 알고 있는지 여부를 확인할 수 있습니다. 그 숫자는 무엇일까요?
>
> **tip** 숫자를 효율적으로 맞추는 방법을 생각해 보세요.

정답은 398페이지에 있습니다.

다음으로 이진 검색에 필요한 변수를 설명합니다. 2장의 선형 검색과 마찬가지로 검색 대상 배열 a, 찾아낼 값이 저장된 변수 x, 찾은 요소의 인덱스를 저장하는 변수 pos가 필요합니다. pos의 초깃값으로는 발견되지 않았음을 나타내는 -1을 저장합니다. x에는 찾아낼 값을 입력합니다.

또한 검색 대상의 왼쪽 끝 요소의 인덱스를 저장한 변수 left, 오른쪽 끝 요소의 인덱스를 저장한 변수 right, 배열 중앙 요소의 인덱스를 저장한 변수 middle이 필요합니다. left의 초깃값은 배열 요소의 첫 번째 인덱스 0입니다. right의 초깃값은 배열 요소의 마지막 인덱스 9입니다(배열 a의 요소는 10개입니다).

middle값은 '∴ middle ← (left + right) / 2'라는 계산으로 구할 수 있습니다. 이는 이진 검색에서 중요한 부분입니다. 요소 수가 10개인 배열 a[0]~a[9]는 짝수 개이므로 정중앙은 없습니다. a[4] 또는 a[5]가 중앙의 후보가 됩니다. '∴ middle ← (left + right) / 2'는 정수형의 계산이므로 나눈 결과의 소수점 이하를 버립니다. left가 0, right가 9인 경우 (left + right) / 2 = (0 + 9) / 2 = 9 / 2 = 4이므로, a[4]가 중앙이 됩니다.

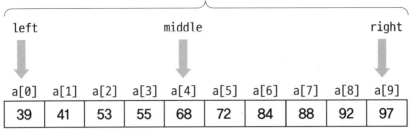

검색 대상의 초기 상태

left   middle   right

a[0] a[1] a[2] a[3] a[4] a[5] a[6] a[7] a[8] a[9]

| 39 | 41 | 53 | 55 | 68 | 72 | 84 | 88 | 92 | 97 |

그림 3-2 배열의 왼쪽, 중앙, 오른쪽 요소

지금까지 필요한 변수를 알아봤습니다. 변수를 사용하여 이진 검색 알고리즘의 개요를 말로 설명하면 다음과 같습니다.

1. pos를 −1로 초기화합니다.

2. left를 0으로 초기화합니다.

3. right를 9로 초기화합니다.

4. left와 right로 middle을 구합니다.

5. a[middle]과 x를 비교하여, 다음 중 하나를 수행합니다.

   A. a[middle] = x라면, pos를 middle로 덮어씁니다.

   B. a[middle] > x라면, right를 middle - 1로 변경하고 검색 대상을 앞쪽으로 좁힙니다 (한정합니다).

   C. a[middle] < x라면, left를 middle + 1로 변경하고 검색 대상을 뒤쪽으로 좁힙니다.

6. B 또는 C일 경우 원하는 값이 발견되지 않았고, 검색 대상이 남아 있으면 처리를 반복합니다.

의사코드

코드 3-1은 이진 검색 알고리즘을 의사코드로 작성한 것입니다.

코드 3-1 이진 검색 알고리즘의 의사코드

```
/* 오름차순으로 정렬됨 */
◯ 정수형: a[] = {39, 41, 53, 55, 68, 72, 84, 88, 92, 97}
◯ 정수형: x, pos left, right, middle
```

```
· x ← 숫자 입력
· pos ← -1
· left ← 0
· right ← 9
■ pos = -1 and left <= right
  · middle = (left + right) / 2
  ▲ a[middle] = x
    · pos ← middle

  ▲ a[middle] > x
    · right ← middle - 1

    · left ← middle + 1    /* a[middle] < x라면 */
```

· pos값을 표시한다

---

x에 입력한 숫자 값을 저장해 검색합니다. 반복 조건이 'pos = -1 and left <= right'인 점에 주목하세요. 'pos = -1'은 '아직 발견되지 않았다'는 뜻이고, 'left <= right'는 '검색 대상이 남아 있다'는 뜻입니다. 검색 대상의 왼쪽 끝인 left와 오른쪽 끝인 right는 처음에는 left < right이지만, 탐색 범위를 좁혀 마지막 하나가 되면, left = right가 됩니다. 따라서 left <= right라면 검색 대상이 남아 있다는 뜻입니다. 이처럼 'pos = -1 and left <= right' 즉 '아직 **발견되지 않았고, 검색 대상이 남아 있다'는 조건으로 반복하는 점도 이진 검색의 중요한 점입니다.**

또한 앞에서 설명한 이진 검색 알고리즘 개요에서는 '5-C'에서 'a[middle] < x라면'이라는 조건을 확인하고 있습니다. 그런데 의사코드에서는 'a[middle] < x'라는 조건이 없습니다. 이는 '5-A의 a[middle] = x라면'이 아니고, '5-B의 a[middle] > x라면'도 아니라면, 나머지를 'a[middle] < x라면'이라고 여기는 것입니다. 그래서 의사코드에는 '/* a[middle] < x라면 */'으로 주석 처리한 부분은 있지만 'a[middle] < x라면'의 조건 확인은 생략합니다.

C

코드 3-2는 의사코드로 나타낸 알고리즘을 C로 작성한 것입니다. BinarySearch.c라는 파일명으로 저장하세요.

```c
#include <stdio.h>
#define LENGTH 10

int main() {
  int a[] = { 39, 41, 53, 55, 68, 72, 84, 88, 92, 97 };
  int x, pos, left, right, middle;

  printf("x = ");
  scanf("%d", &x);
  pos = -1;
  left = 0;
  right = LENGTH - 1;

  while (pos == -1 && left <= right) {
    middle = (left + right) / 2;
    if (a[middle] == x) {
      pos = middle;
    } else if (a[middle] > x) {
      right = middle - 1;
    } else {
      left = middle + 1;
    }
  }

  printf("pos = %d\n", pos);

  return 0;
}
```

자바

코드 3-3은 의사코드로 나타낸 알고리즘을 자바로 작성한 것입니다. BinarySearch.java라는 파일명으로 저장하세요.

```java
import java.util.Scanner;

public class BinarySearch {
  public static void main(String[] args) {
    Scanner scn = new Scanner(System.in);
    int[] a = { 39, 41, 53, 55, 68, 72, 84, 88, 92, 97 };
    int x, pos, left, right, middle;

    System.out.print("x = ");
    x = scn.nextInt();
    pos = -1;
    left = 0;
    right = a.length - 1;
    scn.close();

    while (pos == -1 && left <= right) {
      middle = (left + right) / 2;
      if (a[middle] == x) {
        pos = middle;
      } else if (a[middle] > x) {
        right = middle - 1;
      } else {
        left = middle + 1;
      }
    }

    System.out.printf("pos = %d\n", pos);
  }
}
```

코드 설명

의사코드의 'pos = -1 and left <= right'라는 조건은 프로그램에서 'pos == -1 && left <= right'로 표기합니다. 이진 검색의 반복은 루프 카운터를 사용하지 않고, 조건만 지정하므로 for가 아닌 while 문을 사용한다는 점을 기억하기 바랍니다.

실행 결과

```
# '53' 입력
x = 53
pos = 2

# '54' 입력
x = 54
pos = -1
```

'53'을 입력하면 a[2]값과 같으므로 '2'가 표시됩니다. '54'를 입력하면 배열 요소 중 값을 찾을 수 없으므로 '−1'이 표시됩니다. 모두 올바른 결과를 얻을 수 있습니다. 이 프로그램에서는 원하는 값이 발견되는 경우와 그렇지 않은 경우가 있으므로, 양쪽 동작을 모두 확인하세요.

3.1.2 알고리즘의 추적

이진 검색을 사용해 오름차순으로 정렬된 요소 수 10개의 배열 a에서 변수 x와 같은 값을 찾아, 발견된 위치를 변수 pos에 저장하는 알고리즘을 직접 추적해 봅시다.

입력한 값과 같은 요솟값이 발견된 경우

여기에서는 x와 같은 값이 발견되는 경우의 예로 '53'을 입력했다고 가정합니다.

1단계

pos를 −1, left를 0, right를 9로 초기화합니다.

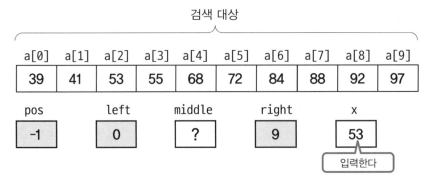

그림 3-3 이진 검색 알고리즘(같은 값 있음) 1단계

2단계

middle에 (0 + 9) / 2 = 4를 대입합니다. a[4]와 x를 비교하면 a[4] > x이므로, right를 4 − 1 = 3으로 변경하고 검색 대상을 앞쪽으로 좁힙니다.

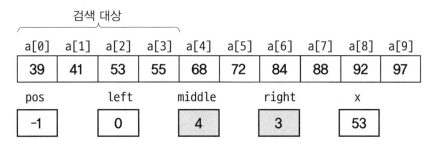

그림 3-4 이진 검색 알고리즘(같은 값 있음) 2단계

3단계

middle을 (0 + 3) / 2 = 1로 변경합니다. a[1]와 x를 비교하면 a[1] < x이므로, left를 1 + 1 = 2로 변경하고 검색 대상을 뒤쪽으로 좁힙니다.

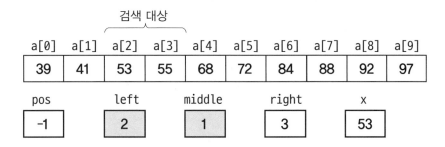

그림 3-5 이진 검색 알고리즘(같은 값 있음) 3단계

4단계

middle을 (2 + 3) / 2 = 2로 변경합니다. a[2]와 x를 비교하면 a[2] = x이므로 pos를 2로 변경합니다.

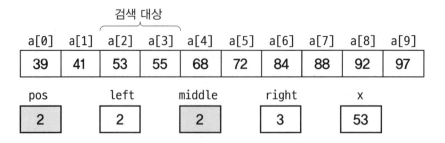

검색 대상

그림 3-6 이진 검색 알고리즘(같은 값 있음) 4단계

5단계

pos = -1이 거짓이므로 반복을 종료하고, pos값을 표시합니다.

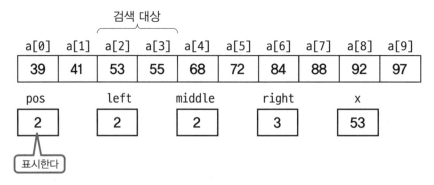

검색 대상

표시한다

그림 3-7 이진 검색 알고리즘(같은 값 있음) 5단계

입력한 값과 같은 요솟값이 발견되지 않은 경우

x와 같은 값이 발견되지 않는 경우의 예로 '54'를 입력한 경우도 추적해 봅시다. 이 경우에는 반복 실행이 끝까지 이루어지고, pos는 초깃값인 −1인 채로 남습니다. 마지막에는 left는 3, right는 2가 되고, left <= right 조건은 거짓이 됩니다.

left = right인 마지막의 요소를 확인해도 원하는 값을 찾을 수 없습니다. 또한 left 또는 right값을 변경하면 왼쪽 끝 left값이 오른쪽 끝 right값보다 큽니다. 이렇게 되면 검색 대상이 더 이상 존재하지 않습니다.

1단계

pos를 −1, left를 0, right를 9로 초기화합니다.

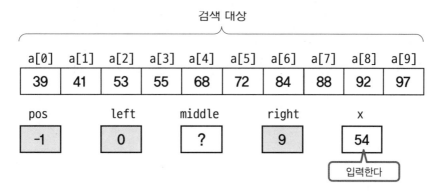

그림 3-8 이진 검색 알고리즘(같은 값 없음) 1단계

2단계

middle에 (0 + 9) / 2 = 4를 대입합니다. a[4]와 x를 비교하면 a[4] > x이므로 right를 4 − 1 = 3으로 변경하고, 검색 대상을 앞쪽으로 좁힙니다.

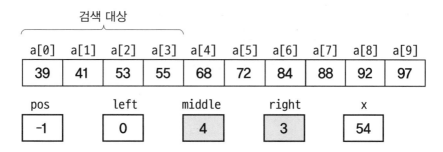

그림 3-9 이진 검색 알고리즘(같은 값 없음) 2단계

3단계

middle을 (0 + 3) / 2 = 1로 변경합니다. a[1]와 x를 비교하면 a[1] < x이므로, left를 1 + 1 = 2로 변경하고 검색 대상을 뒤쪽으로 좁힙니다.

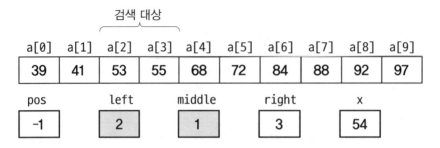

그림 3-10 이진 검색 알고리즘(같은 값 없음) 3단계

4단계

middle을 (2 + 3) / 2 = 2로 변경합니다. a[2]와 x를 비교하면 a[2] < x이므로, left를 2 + 1 = 3으로 변경하고 검색 대상을 뒤쪽으로 좁힙니다.

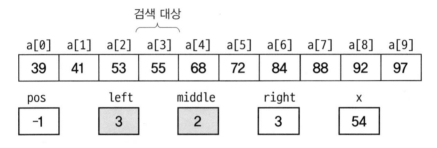

그림 3-11 이진 검색 알고리즘(같은 값 없음) 4단계

5단계

middle을 (3 + 3) / 2 = 3으로 변경합니다. a[4]와 x를 비교하면 a[3] > x이므로, right를 3 − 1 = 2로 변경하고 검색 대상을 앞쪽으로 좁힙니다. 그럼 이제 검색 대상이 없습니다.

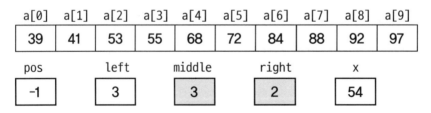

그림 3-12 이진 검색 알고리즘(같은 값 없음) 5단계

6단계

left <= right가 거짓이므로 반복을 종료하고, pos값을 표시합니다.

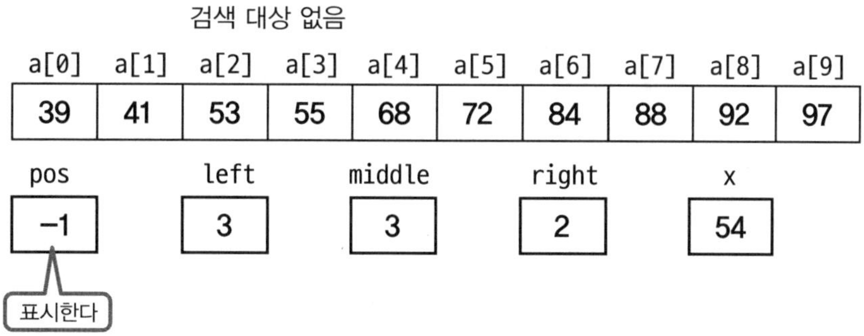

검색 대상 없음

a[0]	a[1]	a[2]	a[3]	a[4]	a[5]	a[6]	a[7]	a[8]	a[9]
39	41	53	55	68	72	84	88	92	97

pos	left	middle	right	x
-1	3	3	2	54

표시한다

그림 3-13 이진 검색 알고리즘(같은 값 없음) 6단계

3.1.3 프로그램을 이용한 알고리즘 추적

C와 자바로 구성된 이진 검색 알고리즘의 추적 코드를 살펴보겠습니다. 직접 계산 절차 하나하나를 적는 것처럼 실행 결과에서 변수의 변화를 확인할 수 있습니다.

C

코드 3-4는 C 기반의 알고리즘 추적 코드를 추가한 프로그램입니다. BinarySearchTrace.c라는 파일명으로 저장하세요.

코드 3-4 이진 검색 알고리즘 추적

```c
#include <stdio.h>
#define LENGTH 10

int main() {
  int a[] = { 39, 41, 53, 55, 68, 72, 84, 88, 92, 97 };
  int x, pos, left, right, middle;

  printf("x = ");
  scanf("%d", &x);
  pos = -1;
  left = 0;
  right = LENGTH - 1;
```

```
        printf("반복 실행 전: x = %d\n", x);
        printf("반복 실행 전: pos = %d, left = %d, middle = ?, right = %d\n",
            pos, left, right);

        while (pos == -1 && left <= right) {
            middle = (left + right) / 2;

            if (a[middle] == x) {
                pos = middle;
            } else if (a[middle] > x) {
                right = middle - 1;
            } else {
                left = middle + 1;
            }

            printf("반복 실행 중: pos = %d, left = %d, middle = %d, right = %d\n",
                pos, left, middle, right);
        }

        printf("pos = %d\n", pos);

        return 0;
    }
```

자바

코드 3-5는 자바 기반의 추적 코드를 추가한 프로그램입니다. BinarySearchTrace.java라
는 파일명으로 저장하세요.

코드 3-5 이진 검색 알고리즘 추적

```
import java.util.Scanner;

public class BinarySearchTrace {
    public static void main(String[] args) {
        Scanner scn = new Scanner(System.in);
        int[] a = { 39, 41, 53, 55, 68, 72, 84, 88, 92, 97 };
        int x, pos, left, right, middle;
```

```java
      System.out.printf("x = ");
      x = scn.nextInt();
      pos = -1;
      left = 0;
      right = a.length - 1;
      System.out.printf("반복 실행 전: x = %d\n", x);
      System.out.printf("반복 실행 전: pos = %d, left = %d, middle = ?, right = %d\n",
                  pos, left, right);

      while (pos == -1 && left <= right) {
        middle = (left + right) / 2;

        if (a[middle] == x) {
          pos = middle;
        } else if (a[middle] > x) {
          right = middle - 1;
        } else {
          left = middle + 1;
        }

        System.out.printf(
          "반복 실행 중: pos = %d, left = %d, middle = %d, right = %d\n",
                    pos, left, middle, right);
      }

      System.out.printf("pos = %d\n", pos);
    }
}
```

코드 설명

출력문을 넣는 위치는 while 문의 실행 전, 실행 중, 실행 후입니다. 그리고 언제 원하는 값이 발견되었는지 확인하려고 x의 입력값, pos값의 변화, left, middle, right값의 변화를 확인하도록 했습니다.

참고로 반복 실행 중 위치는 if~else 문이 끝난 후에 넣는다는 점을 기억하기 바랍니다. 또한 반복 실행 중 if~else 문의 어떤 조건을 만족하는지도 알고 싶다면 if 문과 else 문에 각각 'if 문 조건을 만족합니다', 'else 문 조건을 만족합니다'와 같은 출력문을 삽입해도 좋습니다.

실행 결과

```
# '53' 입력
x = 53
반복 실행 전: x = 53
반복 실행 전: pos = -1, left = 0, middle = ?, right = 9
반복 실행 중: pos = -1, left = 0, middle = 4, right = 3
반복 실행 중: pos = -1, left = 2, middle = 1, right = 3
반복 실행 중: pos = 2, left = 2, middle = 2, right = 3
pos = 2

# '54' 입력
x = 54
반복 실행 전: x = 54
반복 실행 전: pos = -1, left = 0, middle = ?, right = 9
반복 실행 중: pos = -1, left = 0, middle = 4, right = 3
반복 실행 중: pos = -1, left = 2, middle = 1, right = 3
반복 실행 중: pos = -1, left = 3, middle = 2, right = 3
반복 실행 중: pos = -1, left = 3, middle = 3, right = 2
pos = -1
```

x와 같은 값이 발견된 경우는 '53'을 입력했을 때고, x와 같은 값이 발견되지 않은 경우는 '54'를 입력했을 때입니다. 원하는 값이 발견된 경우, 그 시점에서 반복이 종료됨에 주목하세요.

이진 검색 알고리즘은 배열의 중앙 요솟값을 확인한 후 검색 범위를 줄이는 방식으로 원하는 값을 발견하므로, 발견된 위치의 pos값은 middle과 같습니다. 원하는 값이 발견되지 않은 경우는, pos가 -1이고 왼쪽 끝 left값이 오른쪽 right값보다 커진 것에 주목해 주세요.

3.2 알고리즘의 시간 복잡도

- **Point** 빅오 표기법의 시간 복잡도 의미
- **Point** 주요 알고리즘의 시간 복잡도

3.2.1 선형 검색과 이진 검색의 시간 복잡도

2장에서 설명한 선형 검색과 이 장에서 설명한 이진 검색은 모두 데이터 검색을 목적으로 사용하는 알고리즘입니다. 보통 배열의 처음부터 끝까지 요소를 순차적으로 확인하는 선형 검색보다 배열을 2개로 나누면서 검색 범위를 좁히는 이진 검색이 더 효율적입니다. 그런데 구체적으로는 얼마나 효율적일까요?

알고리즘의 효율성을 나타내는 방법으로 '시간 복잡도'가 있습니다. 시간 복잡도를 구하는 데는 몇 가지 방식이 있지만, 이 책에서는 N개의 데이터를 처리하는 최대 처리 횟수를 N의 식으로 나타내는 방식을 사용할 것입니다. 이 방식으로 선형 검색과 이진 검색의 시간 복잡도를 구하면, 서로를 명확하게 비교할 수 있습니다.

사실 최대 처리 횟수보다 평균 처리 횟수를 비교하는 것이 더 실용적이긴 합니다. 하지만 알고리즘의 종류에 따라 평균 처리 횟수를 구하기 어려울 수 있으므로, 구하기 쉬운 최대 처리 횟수를 활용하는 편입니다. 예를 들어 검색 알고리즘이라면, 마지막 요소까지 확인할 때의 처리 횟수입니다.

그럼 선형 검색과 이진 검색의 시간 복잡도를 살펴보겠습니다. 먼저 선형 검색의 시간 복잡도를 구해 봅시다. 요소가 10개인 배열을 선형 검색하는 경우, 마지막 하나를 확인할 때까지 10번 처리가 이루어집니다. 요소 수가 100개라면 100번, 1,000개라면 1,000번입니다. 원소의 개수가 N개라면 N번 처리됩니다. 따라서 선형 검색의 시간 복잡도는 N입니다.

그런데 N으로 표기한 것만으로는 시간 복잡도를 의미하는지 알기 어려우므로 보통 O( )로 둘러싸 O(N)으로 표기합니다. 이것을 '빅오 표기법^{big-O notation}'이라고 합니다. 이 O(오)는 '차수'나 '규모'를 의미하는 order의 약자입니다. 선형 검색의 시간 복잡도는 빅오 표기법으로 O(N)입니다.

알고리즘의 처리 횟수는 엄밀히 말하면 $3N^2 + 5N + 8$과 같은 식이지만, 빅오 표기법의 시간 복잡도는 차수가 가장 큰 것만 나타내고, 계수를 생략합니다. $3N^2 + 5N + 8$의 경우 가장 차수가 높은 것은 $3N^2$입니다. $3N^2$의 계수 3을 생략하면 빅오 표기법의 시간 복잡도는 O(N^2)이 됩니다.

이진 검색의 시간 복잡도는 $O(\log_2 N)$입니다. $\log_2 N$은 N개의 데이터를 계속 분할하여, 마지막 하나가 될 때까지 처리한 횟수입니다. log값은 계산기로 구할 수 있습니다. 예를 들어 윈도우 10에 기본 탑재된 계산기 앱의 경우, 메뉴에서 '공학용'을 선택하면 [log] 버튼이 있는 계산기가 나옵니다. 이 계산기에서 $\log_2 N$값을 구할 때에는 $\log_2 N = \log N \div \log 2$이므로 [N](실제로 N에 해당하는 숫자를 누릅니다), [log], [÷], [2], [log], [=] 버튼을 차례로 누릅니다. 예를 들어 $\log_2 8$의 값을 구하려면 [8], [log], [÷], [2], [log], [=]을 누릅니다. $\log_2 8$의 값은 3이 나옵니다.

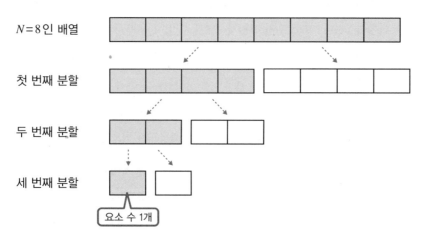

그림 3-14 윈도우 10의 공학용 계산기로 $\log_2 8$을 구하기

$\log_2 8 = 3$은 요소 수 8개의 배열을 이진 검색하는 경우, 3회 분할하면 요소 수는 1개가 된다는 의미입니다. 직접 손으로 확인하면, 다음처럼 3회 분할하여 요소 수는 1개가 됩니다. 이 1개는 이진 검색에서 마지막에 확인하는 요소입니다. 따라서 이진 검색의 시간 복잡도는 $O(\log_2 N)$입니다.

$N=8$인 배열

첫 번째 분할

두 번째 분할

세 번째 분할

요소 수 1개

그림 3-15 요소 수가 8개인 배열의 이진 검색 분할 과정

3.2.2 검색 및 정렬 관련 주요 알고리즘의 시간 복잡도

표 3-1은 검색^{search} 및 정렬^{sort} 관련 주요 알고리즘의 시간 복잡도를 정리한 것입니다.

표 3-1 검색 및 정렬 관련 주요 알고리즘의 시간 복잡도

분류	알고리즘	시간 복잡도
검색(search)	선형 검색	O(N)
	이진 검색	O(N)
	해시 테이블 탐색	이상적일 경우, O(N)
정렬(sort)	버블 정렬	N^2
	선택 정렬	N^2
	삽입 정렬	N^2
	병합 정렬	$\log_2 N \times N$
	퀵 정렬	$\log_2 N \times N$

먼저 검색입니다. 단순히 N회 반복하는 선형 검색의 시간 복잡도는 O(N)입니다. 분할을 실시하는 이진 검색의 시간 복잡도는 O($\log_2 N$)입니다. 이들은 다른 알고리즘의 시간 복잡도를 이해하기 위한 기초 지식이 됩니다.

다음은 정렬입니다. 버블 정렬, 선택 정렬, 삽입 정렬(4장에서 설명합니다)은 시간 복잡도가 O(N^2)입니다. 이 알고리즘은 N회 반복 속에서 다시 N회를 반복하므로 N회×N회 = N^2회의 처리 횟수입니다. 병합 정렬과 퀵 정렬(8장에서 설명합니다)의 시간 복잡도는 O($\log_2 N \times N$)입니다. 이 알고리즘은 분할을 N회 반복하므로, $\log_2 N$회×N회 = $\log_2 N \times N$회의 처리 횟수입니다.

검색 알고리즘인 해시 테이블 검색(7장에서 설명합니다)의 시간 복잡도는 이상적인 경우 O(1)임에 주목하세요. 데이터의 개수 N에 관계없이 한 번의 처리만으로 발견한다는 뜻입니다. 그러나 이는 '이상적일 경우'에 한정하며, 한 번에 찾을 수 없는 경우도 있습니다.

3.2.3 데이터량과 시간 복잡도

앞에서 선형 검색의 시간 복잡도가 O(N)이고, 이진 검색의 시간 복잡도가 O($\log_2 N$)임을 설명했습니다. 하지만 실제 차이가 얼마인지는 상상하기 어렵습니다. 이러한 경우 N에 구체적인 숫자를 넣어서 최대 처리 횟수를 구해 보면 좋습니다.

표 3-2는 데이터 수를 의미하는 N에 다양한 숫자를 대입해 각각의 처리 횟수를 구한 것입니다. 단, 이진 검색의 처리 횟수를 쉽게 구하도록, N은 2의 거듭제곱으로 하고 있습니다.

표 3-2 검색 알고리즘의 처리 횟수 비교

데이터 수 N	선형 검색의 처리 횟수	이진 검색의 처리 횟수
2	2	1
4	4	2
8	8	3
16	16	4
32	32	5
64	64	6
128	128	7
256	256	8
512	512	9
1024	1024	10

이진 검색은 데이터의 수가 2배가 되더라도, 처리 횟수는 1만 증가합니다. 1회 처리에 분할을 실시하므로 당연한 결과입니다. 또한 데이터 수가 많아질수록 선형 검색과 이진 검색의 처리 횟수의 차이가 커집니다. 따라서 데이터 수가 많은 경우에는 데이터를 일정 기준으로 정렬하여 이진 검색을 사용해야 합니다. 반대로 데이터 수가 적은 경우에는 이진 검색을 사용하는 의미가 옅어집니다. 차라리 데이터 정렬을 생략하고 현재 상태 그대로 선형 검색을 사용하는 것이 좋습니다.

이번에는 시간 복잡도가 $O(N^2)$인 버블 정렬, 선택 정렬, 삽입 정렬과 시간 복잡도가 $O(\log_2 N \times N)$인 병합 정렬, 퀵 정렬의 처리 횟수를 비교해 봅시다(표 3-3 참고).

표 3-3 정렬 알고리즘의 처리 횟수 비교

데이터 수 N	버블 정렬, 선택 정렬, 삽입 정렬의 처리 횟수	병합 정렬, 퀵 정렬의 처리 횟수
2	4	2
4	16	8
8	64	24
16	256	64

데이터 수 N	버블 정렬, 선택 정렬, 삽입 정렬의 처리 횟수	병합 정렬, 퀵 정렬의 처리 횟수
32	1024	160
64	4096	384
128	16384	896
256	65536	2048
512	262144	4608
1024	1048576	10240

데이터 수가 많아질수록 $O(N^2)$와 $O(\log_2 N \times N)$의 처리 횟수 차이가 커지는 것을 알 수 있습니다.

확인 문제

문제 1 다음 설명이 맞으면 ○, 올바르지 않다면 ×를 표시하세요.

① 작은 것에서 큰 것으로 순서가 정렬된 것을 오름차순이라고 부른다.

② 임의의 배열을 이진 검색할 수 있다.

③ 배열의 중앙은 (왼쪽 − 오른쪽) / 2로 구할 수 있다.

④ 선형 검색의 시간 복잡도는 $O(N^2)$이다.

⑤ 이진 검색의 시간 복잡도는 $O(\log_2 N)$이다.

정답은 402페이지에 있습니다.

다음은 이진 검색으로 배열 a에서 변수 x와 같은 값을 찾아, 찾아내면 인덱스를, 찾을 수 없는 경우에는 −1을 표시하는 의사코드 프로그램입니다. 빈칸에 적절한 단어와 연산자를 입력하세요.

```
/* 오름차순으로 정렬되어 있음 */
○ 정수형: a[] = {39, 41, 53, 55, 68, 72, 84, 88, 92, 97}
○ 정수형: x, pos, left, right, middle
· x ← 키보드로 입력
· pos ← -1
· left ← 0
· right ← 9
■ pos = -1 and [   (1)   ]
   · middle = (left + right) / 2
      a[middle] = x
      · [   (2)   ]

         a[middle] > x
         · [   (3)   ]

         · left ← middle + 1    /* a[middle] < x라면 */

· pos값을 표시한다
```

정답은 402페이지에 있습니다.

[Column] 더 좋은 방법을 고안하면 빨라진다! 소수 판정 알고리즘의 시간 복잡도

'변수 N에 저장된 자연수가 소수인지를 판정하세요'라는 문제를 푸는 알고리즘을 생각해 봅시다. 자연수는 1 이상의 정수입니다. 소수는 다른 숫자로 나눌 수 없는 숫자(다른 수의 곱으로 나타낼 수 없는 수)입니다. 1은 소수가 아니라고 약속되어 있으므로 2, 3, 5, 7, 11, 13 등이 소수가 됩니다.

소수임을 판정하는 별도의 공식은 없습니다. 다양한 숫자로 나누어 보고, 나눠지는 수가 발견되면 '소수가 아니다'라고 판정하고, 나눠지는 수가 없으면 '소수다'라고 판정할 수밖에 없습니다. 예를 들어 $N = 100$이 소수인지를 판정하려면, 1과 100으로 나눠지는 것은 당연하므로, 그 외의 2~99로 나누어 봅니다. 이것이 첫 번째 알고리즘입니다. 실제로는 최초의 2로 나눠집니다만 최대 98회 나눗셈을 하게 됩니다. N으로 나타내면 2~N이며, 처리 횟수는 $N - 2$회가 됩니다. 이 장에서 설명하는 시간 복잡도의 표기에서는 O(N)입니다.

그런데 숫자 크기만큼의 처리 횟수는 효율적이지 않으므로 좀 더 좋은 알고리즘을 고안해 봅시다. 숫자는 자신의 절반보다 큰 숫자로 나눠지지 않습니다. 예를 들어 100은 50보다 큰 숫자로 나눠지지 않습니다. 따라서

2~50으로 나누어 보면 충분합니다. 이것이 두 번째 알고리즘입니다. 최대 49회 나눗셈을 하게 되며, N으로 나타내면 처리 횟수는 $(N/2) - 1$회입니다. 그런데 시간 복잡도는 똑같이 $O(N)$입니다. 왜냐하면 $N/2$의 1/2 요소를 제외하기 때문입니다. 즉, 시간 복잡도를 비교하면 두 번째 알고리즘은 첫 번째와 동일합니다.

좀 더 궁리해 봅시다. 100을 나누는 수가 있다면 $100 = \square \times \triangle$와 같이 두 수의 곱으로 나타낼 수 있습니다. 예를 들어 $100 = 10 \times 10 = \sqrt{100} \times \sqrt{100}$ 이므로, $\square$와 $\triangle$가 모두 10을 넘지 않습니다. 따라서 2~10으로 나누어 보면 충분합니다. 이것이 세 번째 알고리즘입니다. 최대 9회 나눗셈을 하게 되며, N으로 나타내면 처리 횟수는 $\sqrt{N} - 1$회입니다. 시간 복잡도는 $O(\sqrt{N})$이 됩니다. 시간 복잡도의 차이에서 알 수 있듯이 다른 방법에 비해 매우 효율적인 알고리즘입니다.

소수를 구하는 알고리즘의 처리 횟수 비교

데이터 수 N	100	10,000	100만	1억	100억
$O(N)$	100	10,000	100만	1억	100억
$O(\sqrt{N})$	10	100	1,000	10,000	10만

Chapter

4

다중 반복문과
삽입, 버블, 선택
정렬

이 장의 주제는 데이터를 정렬하는 방법 중 하나인 삽입 정렬입니다. 삽입 정렬의 알고리즘은 반복문 속에 반복문이 있는 다중 반복문 구조입니다. 다중 반복문의 감각을 익히려면 시간이 좀 걸립니다. 이 장의 전반부에서는 구구단 같은 간단한 예제로 다중 반복문에 익숙해지는 연습을 합니다.

후반부에서는 삽입 정렬 알고리즘을 배웁니다. 중요한 학습 포인트는 다중 반복문을 구성하는 외부와 내부의 반복문이 각각 어떤 반복 조건을 갖는지입니다. 이를 잘 파악한 후 3장에서 설명한 이진 검색과 마찬가지로 이 책의 도움 없이 스스로 삽입 정렬 프로그램을 작성하는 것을 목표로 삼아 보세요.

4.1 다중 반복문의 기초

- **Point** 일상 생활의 단순 반복문과 다중 반복문
- **Point** 다중 반복문의 처리 흐름

4.1.1 구구단 알고리즘

코드 4-1의 의사코드 프로그램은 일상 생활에 존재하는 것을 나타냅니다. 무엇일까요?

코드 4-1 어떤 의사코드 1

○ 정수형: month
■ month: 1, month <= 12, 1
  · 'month월'을 표시

변수 month를 루프 카운터로 하여 '단순 반복문(한 번 반복)'으로 'month월'을 반복해서 표시합니다. month값은 1부터 12까지 변화하므로, '1월~12월'이 표시됩니다. 따라서 이 프로그램은 한 해의 '월'을 나타냅니다.

코드 4-2의 의사코드 프로그램도 일상 생활에 존재하는 것을 나타냅니다. 무엇일까요?

코드 4-2 어떤 의사코드 2

○ 정수형: hour, minute
■ hour: 0, hour < 24, 1
  ■ minute: 0, minute < 60, 1
    · "hour시 minute분"을 표시

이 프로그램은 ■로 둘러싼 반복 처리 속에 ■의 반복 처리가 있습니다. 이러한 반복 처리를 '다중 반복문(중첩 반복문)'이라고 합니다. 외부 반복문에서는 변수 hour값이 0에서 24 미만(0~23)까지 변합니다. 내부 반복문에서는 변수 minute값이 0에서 60 미만까지(0~59까지) 변합니다. 그리고 'hour시 minute분'으로 표시하므로, '0시 0분~23시 59분'이 표시됩니다. 즉, 이 프로그램은 하루의 시간을 나타냅니다.

컴퓨터 알고리즘은 필요에 따라 단순 반복문이나 다중 반복문이 사용됩니다. 단순 반복문 때문에 골머리를 앓는 일은 적다고 생각합니다만, 다중 반복문을 감각적으로 이해하려면 시간이 약간 걸립니다. 갑자기 컴퓨터 알고리즘을 이해하려 하는 것보다 앞서 설명한 시계의 예처럼 일상 생활에 가까운 예로 다중 반복문의 이미지를 파악하는 것이 중요합니다.

일상 생활에 존재하는 다중 반복문의 예로 구구단 표를 화면에 표시하는 프로그램을 만들어 봅시다. 표 4-1처럼 실행 결과가 표시되도록 합니다(단, 실제 프로그램에는 표 4-1처럼 테두리를 표시할 필요가 없습니다).

표 4-1 구구단 표

1단	1	2	3	4	5	6	7	8	9
2단	2	4	6	8	10	12	14	16	18
3단	3	6	9	12	15	18	21	24	27
4단	4	8	12	16	20	24	28	32	36
5단	5	10	15	20	25	30	35	40	45
6단	6	12	18	24	30	36	42	48	54
7단	7	14	21	28	35	42	49	56	63
8단	8	16	24	32	40	48	56	64	72
9단	9	18	27	36	45	54	63	72	81

다중 반복문에서는 외부와 내부 각각에 루프 카운터가 있습니다. 먼저 외부 루프 카운터가 첫 번째 값으로 설정되어, 그 상태 그대로 내부 루프 카운터가 처음부터 마지막 값까지 변합니다. 다음으로 외부 루프 카운터가 변하고, 그 상태 그대로 내부 루프 카운터가 처음부터 끝까지 변합니다. 이후에도 외부 루프 카운터가 마지막 값이 될 때까지 반복합니다. '외부를 고정하여 내부가 변한다'는 감각을 얻는 것이 중요합니다.

이 책에서는 외부 루프 카운터에 구구단 표의 '단'을 의미하는 step이라는 변수 이름을 붙이고, 내부 루프 카운터에 단에 '곱할 수'를 의미하는 num이라는 변수 이름을 붙일 것입니다. step은 1~9까지 변하며, '1~9단'을 나타냅니다. num도 1~9까지 변해 '× 1~× 9'를 나타냅니다.

이제 다중 반복문은 외부의 step을 '1단'에 고정한 상태에서 내부의 num이 1~9까지 변해 '1 × 1'~'1 × 9'를 계산합니다. 다음으로 외부의 step을 '2단'에 고정한 상태에서 내부의 num이

1~9까지 변해 '2 × 1' ~ '2 × 9'를 계산합니다. 동일하게 '3단'의 '3 × 1' ~ '3 × 9'에서 '9 단'의 '9 × 1' ~ '9 × 9'까지 계산합니다.

의사코드

코드 4-3은 구구단 표 알고리즘을 의사코드로 작성한 것입니다.

코드 4-3 구구단 알고리즘의 의사코드

```
○ 정수형: step, num
■ step: 1, step <= 9, 1
  · "step단"을 표시한다
  ■ num: 1, num <= 9, 1
    · step × num값을 표시한다

  · 줄 바꿈한다
```

외부 및 내부에서 각각 9번이 반복되므로, 내부 반복문의 '· step × num값을 표시한다'의 처리 는 모두 9 × 9 = 81번 반복됩니다. 외부 반복문의 '· step단을 표시한다'와 '· 줄 바꿈한다'는 각각 9번 반복됩니다.

C

코드 4-4는 의사코드로 나타낸 구구단 알고리즘을 C로 작성한 것입니다. MultiplicationTable.c라는 파일명으로 저장하세요.

코드 4-4 구구단 알고리즘

```c
#include <stdio.h>

int main() {
  int step, num;

  for (step = 1; step <= 9; step++) {
    printf("%d단", step);
    for (num = 1; num <= 9; num++) {
      printf("\t%2d", step * num);
```

```
  }
  printf("\n");
}

return 0;
}
```

자바

코드 4-5는 의사코드로 나타낸 알고리즘을 자바로 작성한 것입니다. MultiplicationTable.
java라는 파일명으로 작성하세요.

코드 4-5 구구단 알고리즘

```java
public class MultiplicationTable {
  public static void main(String[] args) {
    int step, num;

    for (step = 1; step <= 9; step++) {
      System.out.printf("%d단", step);
      for (num = 1; num <= 9; num++) {
        System.out.printf("\t%2d", step * num);
      }

      System.out.printf("\n");
    }
  }
}
```

코드 설명

C나 자바에서는 줄 바꿈(개행)을 "\n"으로 나타내므로, printf("\n")과 System.out.
printf("\n")은 줄 바꿈입니다. "\t%2d"에 있는 '\t'는 탭^{tab}을 나타냅니다. 이는 'ㅇㅇ단' 다음
에 오는 숫자를 탭으로 구분하여 정렬하는 것입니다.

코드에는 for 문 안에 또 다른 for 문이 있습니다. for 문 안에 while 문, while 문 안에 for
문, while 문 안에 while 문이 있는 경우는 모두 다중 반복문입니다.

실행 결과

1단	1	2	3	4	5	6	7	8	9
2단	2	4	6	8	10	12	14	16	18
3단	3	6	9	12	15	18	21	24	27
4단	4	8	12	16	20	24	28	32	36
5단	5	10	15	20	25	30	35	40	45
6단	6	12	18	24	30	36	42	48	54
7단	7	14	21	28	35	42	49	56	63
8단	8	16	24	32	40	48	56	64	72
9단	9	18	27	36	45	54	63	72	81

다중 반복문으로 표 4-1과 똑같은 구구단 표를 화면에 표시했습니다.

4.1.2 알고리즘의 추적

구구단 표를 화면에 표시하는 알고리즘을 직접 추적해 봅시다. 단계를 하나씩 확인하세요(처리 횟수가 많으므로 일부는 생략합니다).

1단계

step에 초깃값 1을 대입합니다. step <= 9는 참이므로 외부 반복문을 처리합니다.

그림 4-1 구구단 알고리즘 1단계

2단계

'step단'(여기에서는 1)을 표시합니다.

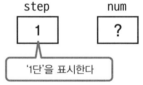

그림 4-2 구구단 알고리즘 2단계

3단계

num에 초깃값 1을 대입합니다. num <= 9는 참이므로 내부 반복문을 처리합니다.

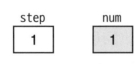

그림 4-3 구구단 알고리즘 3단계

4단계

'step * num'(여기에서는 1)을 표시합니다.

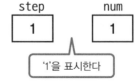

그림 4-4 구구단 알고리즘 4단계

5단계

num값을 1 증가시킵니다. num <= 9는 참이므로 내부 반복문을 처리합니다.

그림 4-5 구구단 알고리즘 5단계

6단계

'step * num'(여기에서는 2)을 표시합니다.

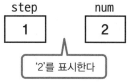

그림 4-6 구구단 알고리즘 6단계

7단계

num값을 1 증가시킵니다. num <= 9는 참이므로 내부 반복문을 처리합니다.

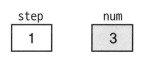

그림 4-7 구구단 알고리즘 7단계

8단계

'step * num'(여기에서는 3)을 표시합니다.

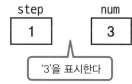

그림 4-8 구구단 알고리즘 8단계

9단계

num값을 1 증가시킵니다. num <= 9는 참이므로 내부 반복문을 처리합니다.

그림 4-9 구구단 알고리즘 9단계

10단계

'step * num'(여기에서는 4)을 표시합니다.

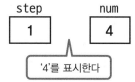

그림 4-10 구구단 알고리즘 10단계

11단계

num값을 1 증가시킵니다. num <= 9는 참이므로 내부 반복문을 처리합니다.

그림 4-11 구구단 알고리즘 11단계

12단계

'step * num'(여기에서는 5)을 표시합니다.

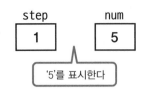

그림 4-12 구구단 알고리즘 12단계

13단계

num값을 1 증가시킵니다. num <= 9는 참이므로 내부 반복문을 처리합니다.

그림 4-13 구구단 알고리즘 13단계

14단계

'step * num'(여기에서는 6)을 표시합니다.

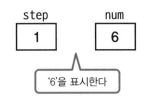

그림 4-14 구구단 알고리즘 14단계

15단계

num값을 1 증가시킵니다. num <= 9는 참이므로 내부 반복문을 처리합니다.

그림 4-15 구구단 알고리즘 15단계

16단계

'step * num'(여기에서는 7)을 표시합니다.

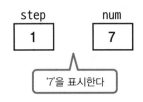

그림 4-16 구구단 알고리즘 16단계

17단계

num값을 1 증가시킵니다. num <= 9는 참이므로 내부 반복문을 처리합니다.

그림 4-17 구구단 알고리즘 17단계

18단계

'step * num'(여기에서는 8)을 표시합니다.

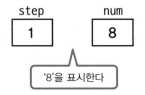

그림 4-18 구구단 알고리즘 18단계

19단계

num값을 1 증가시킵니다. num <= 9는 참이므로 내부 반복문을 처리합니다.

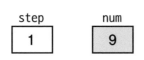

그림 4-19 구구단 알고리즘 19단계

20단계

'step * num'(여기에서는 9)을 표시합니다.

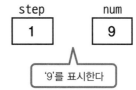

그림 4-20 구구단 알고리즘 20단계

21단계

num값을 1 증가시킵니다. num <= 9는 거짓이므로 내부 반복문 처리를 종료합니다.

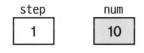

그림 4-21 구구단 알고리즘 21단계

22단계

step값을 1 증가시킵니다. step <= 9는 참이므로 외부 반복문을 처리합니다.

그림 4-22 구구단 알고리즘 22단계

23단계

'step단'(여기에서는 2)을 표시합니다.

그림 4-23 구구단 알고리즘 23단계

24단계

num에 초깃값으로 1을 대입합니다. num <= 9는 참이므로 내부 반복문을 처리합니다.

그림 4-24 구구단 알고리즘 24단계

25단계

'step * num'(여기에서는 2)을 표시합니다.

··· (중간 처리 생략) ···

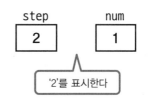

그림 4-25 구구단 알고리즘 25단계

188단계

'step * num'(여기에서는 81)을 표시합니다.

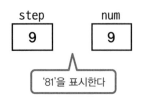

그림 4-26 구구단 알고리즘 188단계

189단계

num값을 1 증가시킵니다. num <= 9는 거짓이므로 내부 반복문 처리를 종료합니다.

그림 4-27 구구단 알고리즘 189단계

190단계

step값을 1 증가시킵니다. step <= 9는 거짓이므로 외부 반복문 처리를 종료합니다.

그림 4-28 구구단 알고리즘 190단계

외부 루프 카운터값이 고정된 상태에서 내부 루프 카운터가 처음부터 끝까지 변하는 것에 주목하세요. 내부 반복문이 끝나면 외부 루프 카운터가 갱신되고, 그 값이 고정된 상태에서 내부 루프 카운터가 처음부터 끝까지 변합니다.

4.1.3 프로그램을 이용한 알고리즘의 추적

C와 자바로 구성된 구구단 알고리즘의 추적 코드를 살펴보겠습니다. 직접 계산 절차 하나하나를 적는 것처럼 실행 결과에서 변수의 변화를 확인할 수 있습니다.

C

코드 4-6은 C 기반의 구구단 알고리즘 추적 프로그램입니다. MultiplicationTableTrace.c라는 파일명으로 저장하세요.

```c
#include <stdio.h>

int main() {
  int step, num;
  for (step = 1; step <= 9; step++) {
    // printf("%d단", step);
    for (num = 1; num <= 9; num++) {
      // printf("\t%2d", step * num);
      printf("step = %d, num = %d, step * num = %d\n", step, num, step * num);
    }
    // printf("\n");
  }

  return 0;
}
```

자바

코드 4-7은 자바 기반의 구구단 알고리즘 추적 프로그램입니다. MultiplicationTableTrace.java라는 파일명으로 저장하세요.

코드 4-7 구구단 알고리즘 추적

```java
public class MultiplicationTableTrace {
  public static void main(String[] args) {
    int step, num;
    for (step = 1; step <= 9; step++) {
      // System.out.printf("%d단", step);
      for (num = 1; num <= 9; num++) {
        // System.out.printf("\t%2d", step * num);
        System.out.printf("step = %d, num = %d, step * num = %d\n",
                      step, num, step * num);
      }
      // System.out.printf("\n");
    }
  }
}
```

코드 설명

이번에는 구구단의 결과만이 아닌 2×2 = 4와 같은 형태로 실행 결과를 보기 위해 기존 출력문은 주석 처리했습니다. 그리고 '단', '곱하는 숫자', '곱한 결과'를 나타내는 step, num, step * num을 모두 출력하도록 했습니다.

기존의 구구단 출력 처리를 코멘트 아웃^{comment out}(코드 앞에 //를 붙이는 주석 처리하여 실행을 막는 것)한 후 내부 반복문 처리 안에 step, num, step * num값을 표시합니다. 외부 루프 카운터인 step값이 고정된 상태에서 내부 루프 카운터 num이 1에서 마지막 9까지 변화하는 것에 주목하세요.

실행 결과

```
step = 1, num = 1, step × num = 1
step = 1, num = 2, step × num = 2
step = 1, num = 3, step × num = 3
step = 1, num = 4, step × num = 4
step = 1, num = 5, step × num = 5
step = 1, num = 6, step × num = 6
step = 1, num = 7, step × num = 7
step = 1, num = 8, step × num = 8
step = 1, num = 9, step × num = 9
step = 2, num = 1, step × num = 2
step = 2, num = 2, step × num = 4
step = 2, num = 3, step × num = 6
step = 2, num = 4, step × num = 8
step = 2, num = 5, step × num = 10
step = 2, num = 6, step × num = 12
step = 2, num = 7, step × num = 14
step = 2, num = 8, step × num = 16
step = 2, num = 9, step × num = 18
step = 3, num = 1, step × num = 3
step = 3, num = 2, step × num = 6
(중간 실행 결과 생략)
step = 8, num = 8, step × num = 64
step = 8, num = 9, step × num = 72
step = 9, num = 1, step × num = 9
step = 9, num = 2, step × num = 18
```

```
step = 9, num = 3, step × num = 27
step = 9, num = 4, step × num = 36
step = 9, num = 5, step × num = 45
step = 9, num = 6, step × num = 54
step = 9, num = 7, step × num = 63
step = 9, num = 8, step × num = 72
step = 9, num = 9, step × num = 81
```

먼저 step이 1의 상태에서 num이 1~9까지 변합니다. 다음에는 step이 2인 채로 num이 1~9까지 변합니다. 이후는 동일합니다. 외부 루프 카운터값이 고정된 상태에서 내부 루프 카운터가 처음부터 끝까지 변하는 것이 다중 반복문의 흐름입니다.

다중 반복문에는 몇 가지 변형이 있으므로 이 책에서 소개하는 구구단 이외의 간단한 예제로 기초를 잡아 보세요.

4.2 삽입 정렬

- **Point** 다중 반복문의 외부 및 내부 루프 카운터의 역할
- **Point** 반복 실행을 지속하는 조건

4.2.1 삽입 정렬 알고리즘

삽입 정렬insertion sort은 배열을 정렬하는 알고리즘입니다. 여기서는 요소 수 5개의 배열 a를 오름차순(작은 것에서 큰 것 순)으로 정렬합니다. 정렬 전후 상태는 그림 4-29~30과 같습니다.

a[0]	a[1]	a[2]	a[3]	a[4]
90	34	78	12	56

그림 4-29 정렬되지 않은 상태

a[0]	a[1]	a[2]	a[3]	a[4]
12	34	56	78	90

그림 4-30 정렬 후 상태(오름차순)

오름차순으로 정렬한다는 기준일 때 삽입 정렬 알고리즘의 개요를 말로 설명하면 다음과 같습니다. 여기에서는 변수를 명시하지 않고 알고리즘의 개요만을 설명합니다.

1. 배열 첫 번째 요소는 이미 존재한다고 가정하고, 나머지 요소를 하나씩 삽입해 나갑니다.

2. 삽입할 때 이미 존재하는 요소와 크기를 비교하여 삽입 위치를 결정합니다.

3. 마지막 요소를 삽입하면 전체 배열의 정렬이 완료됩니다.

다소 복잡한 알고리즘이므로 **배열 요소를 하나씩 삽입하면서 정렬한다는** 핵심을 파악하는 것이 중요합니다.

삽입 정렬 알고리즘은 다중 반복문을 사용합니다. **다중 반복문은 외·내부 루프 카운터가 무엇을 나타내며, 각각 어떻게 변하는지 이해하는 것이 중요합니다.** 예를 들어 앞에서 설명한 시계 알고리즘에서 외부 루프 카운터 hour는 '시'를 나타내며 0~23까지 변하고, 내부 루프 카운터 minute는 '분'을 나타내며 0~59까지 변합니다.

구구단 표를 화면에 표시하는 알고리즘은 외부 루프 카운터 step이 '단'을 나타내며 1~9까지 변화하고, 내부 루프 카운터 num은 '곱할 수'를 나타내며 1~9까지 변합니다.

그럼 삽입 정렬에서 다중 반복문의 루프 카운터는 어떻게 동작할까요? **삽입 정렬에서는 외부 루프 카운터가 삽입할 데이터의 인덱스를 나타냅니다.** 여기서는 요소 수 5개의 배열 요소 a[0]~a[4]가 있으며, 배열의 맨 앞 a[0]은 이미 존재한다고 가정하고, 나머지 a[1]~a[4]를 차례로 삽입해 갑니다.

내부 루프 카운터는 삽입할 요소와 비교할 요소의 인덱스를 나타냅니다. a[1]을 삽입할 때는 그 앞에 있는 a[0]과 비교하므로 인덱스는 0뿐입니다. a[2]를 삽입할 때는 그 앞에 있는 a[1], a[0]과 비교하므로 인덱스가 1, 0으로 변합니다. a[3]을 삽입할 때는 a[2], a[1], a[0]과 비교하므로 인덱스가 2, 1, 0으로 변합니다. a[4]를 삽입할 때는 a[3], a[2], a[1], a[0]과 비교하므로 인덱스가 3, 2, 1, 0으로 변합니다.

이제 외부 루프 카운터를 ins(insert = "삽입")으로, 내부 루프 카운터를 cmp(compare = "비교")라고 이름 붙입니다. 그림 4-31과 같이 ins는 1~4까지 변하고 cmp는 (ins - 1)~0까지 변합니다. cmp가 변하는 범위에 ins값이 사용되는 것이 핵심입니다.

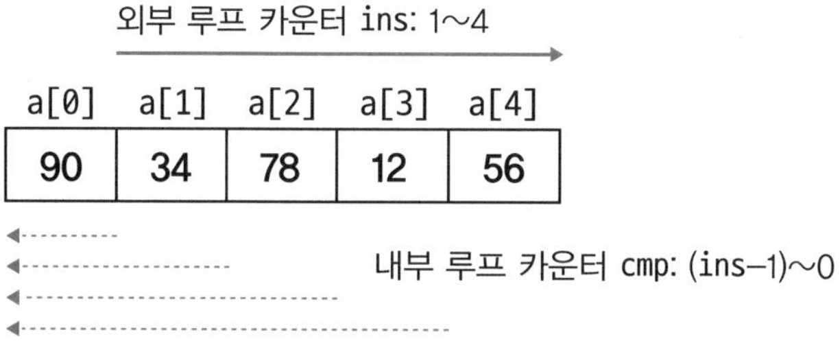

그림 4-31 삽입 정렬의 외내부 루프 카운터의 동작

알고리즘의 이미지를 파악했다면 삽입 정렬을 위한 변수를 정리합니다. 정렬 대상인 요소 수 5개의 배열 a, 외부 루프 카운터 ins, 내부 루프 카운터 cmp는 지금까지 설명한 대로지만, 삽입할 값을 일시적으로 저장(대입)하는 변수도 필요합니다. 임시^{temporary} 변수이므로 temp라는 이름으로 합니다.

이 변수들로 삽입 정렬의 알고리즘 개요를 설명하면 다음과 같습니다.

1. 외부 반복문에서 ins를 1~4까지 변화시킵니다.

2. 내부 반복문에 들어가기 전의 처리로써, 삽입할 a[ins]값을 temp에 저장(대입)합니다.

3. 내부 반복문에서 cmp를 (ins − 1)~0까지 변화시킵니다.

4. 내부 반복문의 처리로 a[cmp] > temp를 만족한다면, a[cmp]값을 하나 뒤로 이동하여 삽입 위치를 비웁니다. 만족하지 않으면 내부 반복문을 도중에 종료합니다.

5. 내부 반복문의 실행이 끝난 뒤 삽입 위치에 temp값을 저장합니다.

팔짱을 끼고 생각하기보다 이렇게 직접 배우고 기억하는 것이 좋습니다.

삽입 정렬에서 다중 반복문의 루프 카운터를 익히면 해당 지식을 이 장의 칼럼에서 소개할 버블 정렬과 선택 정렬의 루프 카운터에 응용할 수 있습니다. **처음 경험하는 것은 배움으로 기억해야 합니다.**

의사코드

다음은 삽입 정렬의 알고리즘을 의사코드로 작성한 것입니다.

코드 4-8 삽입 정렬 알고리즘의 의사코드

○ 정수형: a[] = {90, 34, 78, 12, 56}
○ 정수형: ins, cmp, temp
■ ins: 1, ins < 5, 1
　· temp ← a[ins]
　■ cmp: ins - 1, cmp >= 0, -1
　　　a[cmp] > temp
　　　· a[cmp + 1] ← a[cmp]

　　　· break

　· a[cmp + 1] ← temp

여기에서는 다음과 같은 부분에 주목하기 바랍니다.

- '· temp ← a[ins]' 부분에 삽입할 a[ins]값을 temp에 저장(대입)하고 있습니다. 이후 처리에서 배열 요소를 뒤로 이동할 때 a[ins]값을 덮어써 변경되어 버리기 때문입니다.

- cmp값은 1씩 감소하므로 '■ cmp: ins - 1, cmp >= 0, -1'의 끝에 있는 증가해야 하는 값이 −1로 되어 있습니다. 배열을 뒤에서 앞으로 처리할 때 음수로 증가합니다.

- '· a[cmp + 1] ← a[cmp]'는 a[cmp]값을 하나 뒤로 이동해 삽입 위치를 비우고 있습니다.

- break는 반복문을 종료하는 것을 의미합니다. a[cmp] > temp가 거짓이면 break가 있는 내부 반복문이 종료됩니다. 특정 조건으로 반복문을 중단할 때 break를 사용합니다.

- 내부 반복문을 종료한 시점에 temp값을 삽입할 위치는 cmp + 1입니다. break로 도중에 종료한 경우 a[cmp] > temp가 거짓이므로, a[cmp]의 하나 뒤인 cmp + 1에 삽입합니다. break로 도중에 종료하지 않고 cmp >= 0이 거짓이라 종료한 경우, 배열의 맨 앞 요소에 삽입합니다. 이 시점에서는 cmp가 −1이기 때문에 cmp + 1로 cmp를 0(배열의 맨 앞 요소)으로 합니다. 두 경우 모두 삽입할 위치는 cmp + 1입니다.

C

코드 4-9는 의사코드로 나타낸 알고리즘을 C로 작성한 것입니다. InsertionSort.c라는 파일명으로 저장하세요.

```c
#include <stdio.h>
#define LENGTH 5

void printArray(int a[], int len) {
  for (int i = 0; i < len; i++) {
    printf("[%d]", a[i]);
  }
  printf("\n");
}

int main() {
  int a[] = { 90, 34, 78, 12, 56 };
  int ins, cmp, temp;

  // 정렬 전의 배열 내용을 표시
  printf("정렬 전 배열\n");
  printArray(a, LENGTH);
  printf("\n");

  // 삽입 정렬로 오름차순 정렬
  for (ins = 1; ins < LENGTH; ins++) {
    temp = a[ins];
    for (cmp = ins - 1; cmp >= 0; cmp--) {
      if (a[cmp] > temp) {
        a[cmp + 1] = a[cmp];
      } else {
        break;
      }
    } a[cmp + 1] = temp;
  }

  // 정렬 후의 배열 내용을 표시
  printf("정렬 후 배열\n");
  printArray(a, LENGTH);

  return 0;
}
```

자바

코드 4-10은 의사코드로 나타낸 알고리즘을 자바로 작성한 것입니다. InsertionSort.java 라는 파일명으로 작성하세요.

코드 4-10 삽입 정렬 알고리즘

```java
public class InsertionSort {
  public static void printArray(int[] a) {
    for (int i = 0; i < a.length; i++) {
      System.out.printf("[" + a[i] + "]");
    }
    System.out.printf("\n");
  }

  public static void main(String[] args) {
    int[] a = { 90, 34, 78, 12, 56 };
    int ins, cmp, temp;

    // 정렬 전의 배열 내용을 표시
    System.out.printf("정렬 전 배열\n");
    printArray(a);
    System.out.printf("\n");

    // 삽입 정렬로 오름차순 정렬
    for (ins = 1; ins < a.length; ins++) {
      temp = a[ins];
      for (cmp = ins - 1; cmp >= 0; cmp--) {
        if (a[cmp] > temp) {
          a[cmp + 1] = a[cmp];
        } else {
          break;
        }
      } a[cmp + 1] = temp;
    }

    // 정렬 후의 배열 내용을 표시
    System.out.printf("정렬 후 배열\n");
    printArray(a);
  }
}
```

코드 설명

여기에서는 정렬 전후 배열의 내용을 표시하기 위해 printArray라는 함수(메소드)를 추가했습니다. 코드의 주요 부분은 의사코드의 주목할 부분을 확인하기 바랍니다. 의사코드의 −1씩 감소하는 부분은 cmp--라는 후위 감소 연산자로 나타냈다는 점을 기억해두기 바랍니다.

또한 C에서는 클래스의 개념이 없으므로 별도의 함수를 사용했는데, 자바는 메소드라는 개념이 있으므로 InsertionSort 클래스 안에 printArray 메소드를 포함시켰습니다.

실행 결과

```
정 렬 전 배 열
[90][34][78][12][56]

정 렬 후 배 열
[12][34][56][78][90]
```

배열 요소가 오름차순으로 정렬되었음을 확인할 수 있습니다.

> **Quiz** **오름차순을 내림차순으로 변경하려면?**
>
> 방금 살펴본 삽입 정렬 프로그램은 배열 요소를 오름차순으로 정렬했습니다. 이를 내림차순으로 정렬하는 프로그램으로 바꿔 보세요.
>
> **tip** 한 글자만 바꾸면 됩니다.
>
> 정답은 398페이지에 있습니다.

> **Quiz** **break를 사용하지 않고 반복문을 도중에 종료하려면?**
>
> 방금 살펴본 삽입 정렬 프로그램은 break로 반복문을 도중에 종료하고 있습니다. break를 사용하지 않고 반복문을 도중에 종료하는 프로그램으로 바꿔 보세요.
>
> **tip** 내부 반복문을 고칩니다. 반복 조건이 주목할 부분입니다.
>
> 정답은 398페이지에 있습니다.

4.2.2 알고리즘의 추적

삽입 정렬로 요소 수 5개의 배열 a를 오름차순으로 정렬하는 알고리즘을 추적해 봅시다. 다음에 설명하는 단계를 하나씩 확인하세요.

조금 길더라도 차분히 살펴보면 이해할 수 있습니다.

1단계

ins에 초깃값으로 1을 대입합니다. ins < 5가 참이므로 외부 반복문을 처리합니다.

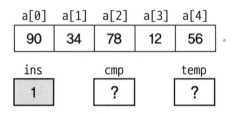

그림 4-32 삽입 정렬 알고리즘(오름차순 정렬) 1단계

2단계

삽입할 a[ins]값을 temp에 대입(저장)합니다(여기에서는 34).

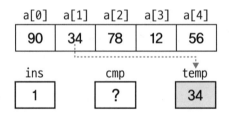

그림 4-33 삽입 정렬 알고리즘(오름차순 정렬) 2단계

3단계

cmp의 초깃값으로 ins - 1을 대입(대입되는 값은 0)합니다. cmp >= 0이 참이므로 내부 반복문을 처리합니다.

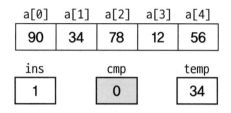

그림 4-34 삽입 정렬 알고리즘(오름차순 정렬) 3단계

4단계

a[cmp] > temp가 참이므로 a[cmp + 1]에 a[cmp]를 대입(여기에서는 90)하여 a[cmp]를 하나 뒤로 이동시킵니다.

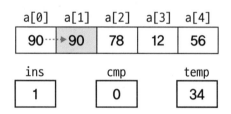

그림 4-35 삽입 정렬 알고리즘(오름차순 정렬) 4단계

5단계

cmp값을 1 감소(여기에서는 −1)시킵니다. cmp >= 0이 거짓이므로 내부 반복문 처리를 종료합니다.

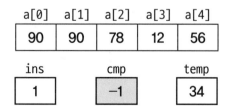

그림 4-36 삽입 정렬 알고리즘(오름차순 정렬) 5단계

6단계

a[cmp + 1]에 temp에 저장했던 값을 대입(삽입)합니다(여기에서는 34).

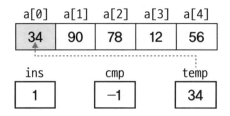

그림 4-37 삽입 정렬 알고리즘(오름차순 정렬) 6단계

7단계

ins값을 1 증가(여기에서는 2)시킵니다. ins < 5가 참이므로 외부 반복문을 처리합니다.

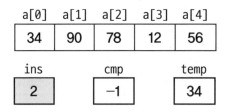

그림 4-38 삽입 정렬 알고리즘(오름차순 정렬) 7단계

8단계

삽입할 a[ins]값을 temp에 대입(저장)합니다(여기에서는 78).

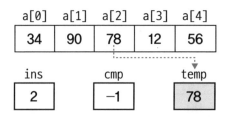

그림 4-39 삽입 정렬 알고리즘(오름차순 정렬) 8단계

9단계

cmp의 초깃값으로 ins - 1을 대입(여기에서는 1)합니다. cmp >= 0이 참이므로 내부 반복문을 처리합니다.

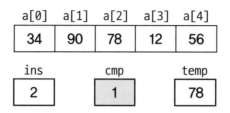

그림 4-40 삽입 정렬 알고리즘(오름차순 정렬) 9단계

10단계

a[cmp] > temp가 참이므로 a[cmp + 1]에 a[cmp]를 대입(여기에서는 90)하여 a[cmp]를 하나 뒤로 이동시킵니다.

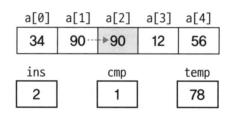

그림 4-41 삽입 정렬 알고리즘(오름차순 정렬) 10단계

11단계

cmp값을 1 감소(여기에서는 0)시킵니다. cmp >= 0이 참이므로 내부 반복문을 처리합니다.

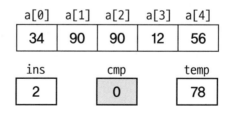

그림 4-42 삽입 정렬 알고리즘(오름차순 정렬) 11단계

12단계

a[cmp] > temp가 거짓이므로 break로 내부의 반복문 처리를 종료합니다.

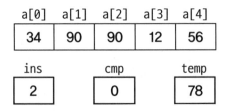

그림 4-43 삽입 정렬 알고리즘(오름차순 정렬) 12단계

13단계

a[cmp + 1]에 temp에 저장했던 값(여기에서는 78)을 대입(삽입)합니다.

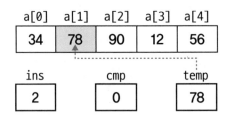

그림 4-44 삽입 정렬 알고리즘(오름차순 정렬) 13단계

14단계

ins값을 1 증가(여기에서는 3)시킵니다. ins < 5가 참이므로 외부 반복문을 처리합니다.

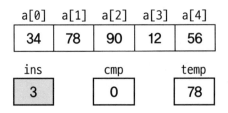

그림 4-45 삽입 정렬 알고리즘(오름차순 정렬) 14단계

15단계

삽입했던 a[ins]값을 temp에 우회해 대입(저장)합니다(여기에서는 12).

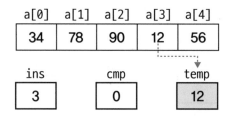

그림 4-46 삽입 정렬 알고리즘(오름차순 정렬) 15단계

16단계

cmp의 초깃값으로 ins - 1을 대입(여기에서는 2)합니다. cmp >= 0이 참이므로 내부 반복문을
처리합니다.

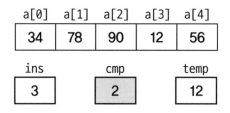

그림 4-47 삽입 정렬 알고리즘(오름차순 정렬) 16단계

17단계

a[cmp] > temp가 참이므로 a[cmp + 1]에 a[cmp]를 대입(여기에서는 90)하여 a[cmp]를 하나
뒤로 이동시킵니다.

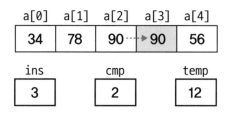

그림 4-48 삽입 정렬 알고리즘(오름차순 정렬) 17단계

18단계

cmp값을 1 감소(여기에서는 1)시킵니다. cmp >= 0이 참이므로 내부 반복문을 처리합니다.

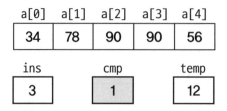

그림 4-49 삽입 정렬 알고리즘(오름차순 정렬) 18단계

19단계

a[cmp] > temp가 참이므로 a[cmp + 1]에 a[cmp]를 대입(여기에서는 78)하여 a[cmp]를 하나 뒤로 이동시킵니다.

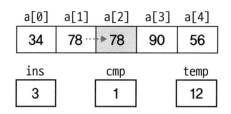

그림 4-50 삽입 정렬 알고리즘(오름차순 정렬) 19단계

20단계

cmp값을 1 감소(여기에서는 0)시킵니다. cmp >= 0이 참이므로 내부 반복문을 처리합니다.

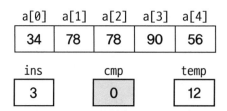

그림 4-51 삽입 정렬 알고리즘(오름차순 정렬) 20단계

21단계

a[cmp] > temp가 참이므로 a[cmp + 1]에 a[cmp]를 대입(여기에서는 34)하여 a[cmp]를 하나 뒤로 이동시킵니다.

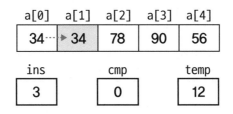

그림 4-52 삽입 정렬 알고리즘(오름차순 정렬) 21단계

22단계

cmp값을 1 감소(여기에서는 −1)시킵니다. cmp >= 0이 거짓이므로 내부 반복문 처리를 종료합니다.

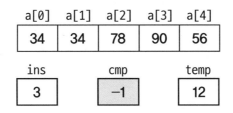

그림 4-53 삽입 정렬 알고리즘(오름차순 정렬) 22단계

23단계

a[cmp + 1]에 temp에 저장했던 값(여기에서는 12)을 대입(삽입)합니다.

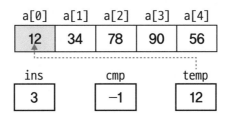

그림 4-54 삽입 정렬 알고리즘(오름차순 정렬) 23단계

24단계

ins값을 1 증가(여기에서는 4)시킵니다. ins < 5가 참이므로 외부 반복문을 처리합니다.

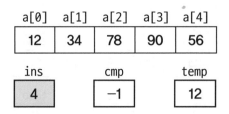

그림 4-55 삽입 정렬 알고리즘(오름차순 정렬) 24단계

25단계

삽입했던 a[ins]값을 temp에 우회해 대입(저장)합니다(여기에서는 56).

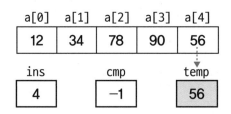

그림 4-56 삽입 정렬 알고리즘(오름차순 정렬) 25단계

26단계

cmp의 초깃값으로 ins - 1을 대입(여기에서는 3)합니다. cmp >= 0이 참이므로 내부 반복문을
처리합니다.

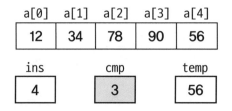

그림 4-57 삽입 정렬 알고리즘(오름차순 정렬) 26단계

27단계

a[cmp] > temp가 참이므로 a[cmp + 1]에 a[cmp]를 대입(여기에서는 90)하여 a[cmp]를 하나 뒤로 이동시킵니다.

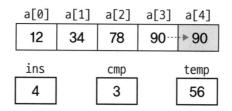

그림 4-58 삽입 정렬 알고리즘(오름차순 정렬) 27단계

28단계

cmp값을 1 감소(여기에서는 2)시킵니다. cmp >= 0이 참이므로 내부 반복문을 처리합니다.

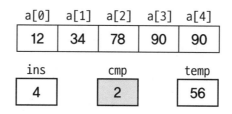

그림 4-59 삽입 정렬 알고리즘(오름차순 정렬) 28단계

29단계

a[cmp] > temp가 참이므로 a[cmp + 1]에 a[cmp]를 대입(여기에서는 78)하여 a[cmp]를 하나 뒤로 이동시킵니다.

그림 4-60 삽입 정렬 알고리즘(오름차순 정렬) 29단계

30단계

cmp값을 1 감소(여기에서는 1)시킵니다. cmp >= 0이 참이므로 내부 반복문을 처리합니다.

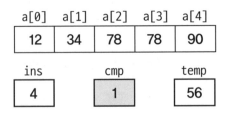

그림 4-61 삽입 정렬 알고리즘(오름차순 정렬) 30단계

31단계

a[cmp] > temp가 거짓이므로 break 내부의 반복문 처리를 종료합니다.

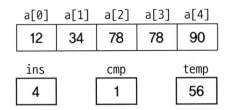

그림 4-62 삽입 정렬 알고리즘(오름차순 정렬) 31단계

32단계

a[cmp + 1]에 temp에 저장했던 값(여기에서는 56)을 대입(삽입)합니다.

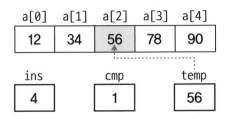

그림 4-63 삽입 정렬 알고리즘(오름차순 정렬) 32단계

33단계

ins값을 1 증가(여기에서는 5)시킵니다. ins < 5가 거짓이므로 외부 반복문 처리를 종료합니다.

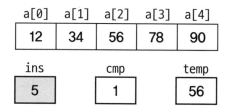

그림 4-64 삽입 정렬 알고리즘(오름차순 정렬) 33단계

4.2.3 프로그램을 이용한 알고리즘의 추적

C와 자바로 구성된 삽입 정렬 알고리즘의 추적 코드를 살펴보겠습니다. 직접 손으로 계산 절차 하나하나를 적는 것처럼 실행 결과에서 변수의 변화를 확인할 수 있습니다.

C

코드 4-11은 C 기반 삽입 정렬 알고리즘에 추적 코드를 추가한 것입니다. InsertionSortTrace.c라는 파일명으로 저장하세요.

코드 4-11 삽입 정렬 알고리즘 추적

```c
#include <stdio.h>
#define LENGTH 5

void printArray(int a[], int len) {
  for (int i = 0; i < len; i++) {
    printf("[%d]", a[i]);
  }
  printf("\n");
}

int main() {
  int a[] = { 90, 34, 78, 12, 56 };
  int ins, cmp, temp;
```

```c
// 정렬 전 배열 내용을 표시
printf("정렬 전 배열\n");
printArray(a, LENGTH);
printf("\n");

// 삽입 정렬로 오름차순 정렬
for (ins = 1; ins < LENGTH; ins++) {
  printf("외부 반복문: temp ← a[%d] = %d\n", ins, a[ins]);
  temp = a[ins];
  for (cmp = ins - 1; cmp >= 0; cmp--) {
    printf("내부 반복문: ins = %d, cmp = %d, temp = %d\n", ins, cmp, temp);
    if (a[cmp] > temp) {
      a[cmp + 1] = a[cmp];
    } else {
      printf("break로 중단\n");
      break;
    }

    // 내부 반복문 1회 실행 후 정렬 중간 결과 내용을 표시
    printArray(a, LENGTH);
  }

  printf("외부 반복문: ins = %d, cmp = %d, temp = %d\n", ins, cmp, temp);
  printf("외부 반복문: 확정된 삽입 위치 = a[%d] ← temp\n\n", cmp + 1);
  a[cmp + 1] = temp;

  // 삽입 위치 확정 후 정렬 중간 결과 내용을 표시
  printf("삽입 위치 확정 후 중간 결과\n");
  printArray(a, LENGTH);
  printf("\n");
}

// 정렬 후 배열 내용을 표시
printf("정렬 후 배열\n");
printArray(a, LENGTH);

return 0;
}
```

자바

코드 4-12는 자바 기반 삽입 정렬 알고리즘에 추적 코드를 추가한 것입니다. InsertionSort
Trace.java라는 파일명으로 저장하세요.

코드 4-12 삽입 정렬 알고리즘 추적

```java
public class InsertionSortTrace {
  public static void printArray(int[] a) {
    for (int i = 0; i < a.length; i++) {
      System.out.printf("[" + a[i] + "]");
    }
    System.out.printf("\n");
  }

  public static void main(String[] args) {
    int[] a = { 90, 34, 78, 12, 56 };
    int ins, cmp, temp;

    // 정렬 전 배열 내용을 표시
    System.out.printf("정렬 전 배열\n");
    printArray(a);
    System.out.printf("\n");

    // 삽입 정렬로 오름차순 정렬
    for (ins = 1; ins < a.length; ins++) {
      System.out.printf("외부 반복문: temp ← a[%d] = %d\n", ins, a[ins]);
      temp = a[ins];
      for (cmp = ins - 1; cmp >= 0; cmp--) {
        System.out.printf("내부 반복문: ins = %d, cmp = %d, temp = %d\n",
                          ins, cmp, temp);
        if (a[cmp] > temp) {
          a[cmp + 1] = a[cmp];
        } else {
          System.out.printf("break로 중단\n");
          break;
        }

        // 내부 반복문 1회 실행 후 정렬 중간 결과 내용을 표시
        printArray(a);
      }
```

```java
        System.out.printf("외부 반복문: ins = %d, cmp = %d, temp = %d\n",
                    ins, cmp, temp);
        System.out.printf("외부 반복문: 확정된 삽입 위치 = a[%d] ← temp\n\n",
                    cmp + 1);
        a[cmp + 1] = temp;

        // 삽입 위치 확정 후 정렬 중간 결과 내용을 표시
        System.out.printf("삽입 위치 확정 후 중간 결과\n");
        printArray(a);
        System.out.printf("\n");
    }

    // 정렬 후 배열 내용을 표시
    System.out.printf("정렬 후 배열\n");
    printArray(a);
  }
}
```

코드 설명

다중 반복문의 동작을 파악할 수 있도록 외부 반복문과 내부 반복문의 맨 앞에 추적 코드를 넣어 ins, cmp, temp의 값 변화를 확인할 수 있도록 했습니다. 또한 어떤 시점에 break가 동작하는지 알 수 있도록 else 문에도 별도의 추적 코드를 넣었습니다.

내부 반복문 1회 실행 후 정렬 중간 결과를 표시하는 printArray 함수(메소드)도 기억하기 바랍니다. 이 코드를 활용하면 내부 반복문이 한 번 실행되었을 때마다 배열 요소의 변화를 확인할 수 있습니다.

마지막으로 외부 반복문이 종료되기 전 최종적으로 전달되는 결과와 확정된 요소의 삽입 위치를 알 수 있는 추적 코드를 넣었습니다. 삽입 위치 확정 후 정렬 중간 결과를 표시하는 printArray 함수의 위치와 사용법도 잘 기억하기 바랍니다.

참고로 자바의 경우는 추적 코드를 넣을 때 temp의 위치에 주목해야 합니다. temp는 지역 변수 Local variable이므로 temp의 범위를 벗어나는 곳에서는 정상적으로 추적 코드가 동작할 수 없다는 점에 주의하기 바랍니다.

실행 결과

```
정렬 전 배열
[90][34][78][12][56]

외부 반복문: temp ← a[1] = 34
내부 반복문: ins = 1, cmp = 0, temp = 34
[90][90][78][12][56]
외부 반복문: ins = 1, cmp = -1, temp = 34
외부 반복문: 확정된 삽입 위치 = a[0] ← temp
삽입 위치 확정 후 중간 결과
[34][90][78][12][56]

외부 반복문: temp ← a[2] = 78
내부 반복문: ins = 2, cmp = 1, temp = 78
[34][90][90][12][56]
내부 반복문: ins = 2, cmp = 0, temp = 78
break로 중단
외부 반복문: ins = 2, cmp = 0, temp = 78
외부 반복문: 확정된 삽입 위치 = a[1] ← temp
삽입 위치 확정 후 중간 결과
[34][78][90][12][56]

외부 반복문: temp ← a[3] = 12
내부 반복문: ins = 3, cmp = 2, temp = 12
[34][78][90][90][56]
내부 반복문: ins = 3, cmp = 1, temp = 12
[34][78][78][90][56]
내부 반복문: ins = 3, cmp = 0, temp = 12
[34][34][78][90][56]
외부 반복문: ins = 3, cmp = -1, temp = 12
외부 반복문: 확정된 삽입 위치 = a[0] ← temp
삽입 위치 확정 후 중간 결과
[12][34][78][90][56]

외부 반복문: temp ← a[4] = 56
내부 반복문: ins = 4, cmp = 3, temp = 56
[12][34][78][90][90]
내부 반복문: ins = 4, cmp = 2, temp = 56
[12][34][78][78][90]
```

```
내부 반복문: ins = 4, cmp = 1, temp = 56
break로 중단
외부 반복문: ins = 4, cmp = 1, temp = 56
외부 반복문: 확정된 삽입 위치 = a[2] ← temp
삽입 위치 확정 후 중간 결과
[12][34][56][78][90]


정렬 후 배열
[12][34][56][78][90]
```

내부 반복문은 cmp값이 0이 될 때까지 반복되는 경우와 중간에 break에 의해 중단되는 경우가 있음에 주목하세요. 두 경우 모두 삽입 위치는 cmp + 1입니다. 4.2.2에서 소개했던 그림들과 배열의 정렬 중간 결과를 비교해서 보면 원리를 더 잘 이해할 수 있을 것입니다.

4.3 버블 정렬

- **Point** 다중 반복문의 외부 및 내부 루프 카운터의 역할
- **Point** 반복 실행을 지속하는 조건

4.3.1 버블 정렬 알고리즘

버블 정렬bubble sort은 연못 바닥에서 수면으로 거품bubble이 올라오듯 정렬합니다. 정렬의 결과 자체는 삽입 정렬과 뒤에 설명할 선택 정렬 모두가 같으므로 소개하지는 않겠습니다.

오름차순으로 정렬할 때를 기준으로 버블 정렬의 알고리즘 개요를 말로 설명하면 다음과 같습니다. 삽입 정렬과 마찬가지로 여기에서는 변수를 명시하지 않고 알고리즘의 개요만을 설명합니다.

1. 배열의 끝에서 처음까지 이웃 사이의 요소를 비교하여 작은 값이 앞으로 오도록 요소를 교체합니다.
2. 이를 반복하면 배열의 시작 부분에 가장 작은 값을 갖는 요소가 위치합니다.
3. 다음으로 나머지 요소에 대해 같은 과정을 거치면 두 번째로 작은 요소가 위치합니다.
4. 이같은 절차를 반복하여 배열 전체를 정렬합니다.

버블 정렬의 외·내부 루프 카운터의 동작은 그림 4-65와 같습니다.

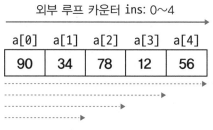

그림 4-65 버블 정렬의 외·내부 루프 카운터의 동작

주요 변수는 삽입 정렬 알고리즘과 같은 의미를 담은 외부 루프 카운터 ins, 내부 루프 카운터 cmp, 삽입할 값을 일시적으로 저장(대입)하는 임시 변수 temp를 사용합니다. length는 배열의 요소 수(크기)입니다.

의사코드

코드 4-13은 버블 정렬의 알고리즘을 의사코드로 작성한 것입니다.

코드 4-13 버블 정렬의 의사코드

```
○ 정수형: a[] = {90, 34, 78, 12, 56}
○ 정수형: ins, cmp, temp
■ ins: 0, ins < 5 - 1, 1
    ■ cmp: 0, cmp < 5 - ins - 1, 1
        ▲ a[cmp] > a[cmp + 1]
          · temp ← a[cmp]
          · a[cmp] ← a[cmp + 1]
          · a[cmp + 1] ← temp
```

여기에서는 다음과 같은 부분에 주목하기 바랍니다.

- cmp값은 1씩 증가하는데 비교하는 값은 '5 - ins - 1'보다 작아야 하므로 ins값이 증가할 수록 내부 반복문의 검색 범위는 점점 줄어듭니다. 이는 내부 반복문을 이용해 이웃 사이

의 요소를 비교하여 작은 값이 앞으로 오도록 요소를 교체하고 나면 현재 검색 범위에서 가장 큰 숫자가 위치한 요소를 하나씩 제외해야 하기 때문입니다.

- a[cmp]에 해당하는 요소가 그 뒤에 있는 a[cmp + 1] 요소보다 클 때 값을 이동시켜야 하므로 '▲ a[cmp] > a[cmp + 1]'라는 조건을 사용합니다.

- 삽입 정렬에서는 temp에 외부 반복문의 ins값을 인덱스로 사용해 해당하는 요솟값을 저장한 후 배열 요소를 이동시킬 때 덮어쓰는 용도로 사용했습니다. 버블 정렬에서는 내부 반복문의 cmp값을 인덱스로 사용해 인접한 요솟값의 크고 작음을 판단한 후 이동시키는 데 사용합니다.

- 작은 값이 앞으로 오도록 요소를 교체하기 때문에 a[cmp + 1]값을 a[cmp]로 이동시키는 '∵ a[cmp] ← a[cmp + 1]'을 사용해 a[cmp +1]은 비웁니다.

- 비어 있는 a[cmp + 1]에는 a[cmp]값을 저장해둔 temp값을 넣어 요소 자리를 바꿉니다.

C

코드 4-14는 의사코드로 나타낸 버블 정렬 알고리즘을 C로 작성한 것입니다. BubbleSort.c라는 파일명으로 저장하세요.

코드 4-14 버블 정렬 알고리즘

```
#include <stdio.h>
#define LENGTH 5

void printArray(int a[], int len) {
  for (int i = 0; i < len; i++) {
    printf("[%d]", a[i]);
  }
  printf("\n");
}

int main() {
  int a[] = { 90, 34, 78, 12, 56 };
  int ins, cmp, temp;

  // 정렬 전 배열 내용 표시
  printf("정렬 전 배열\n");
```

```
    printArray(a, LENGTH);
    printf("\n");

    // 버블 정렬로 오름차순 정렬
    for (ins = 0; ins < LENGTH - 1; ins++) {
      for (cmp = 0; cmp < LENGTH - ins - 1; cmp++) {
        if (a[cmp] > a[cmp + 1]) {
          temp = a[cmp];
          a[cmp] = a[cmp + 1];
          a[cmp + 1] = temp;
        }
      }
    }

    // 정렬 후 배열 내용 표시
    printf("정렬 후 배열\n");
    printArray(a, LENGTH);

    return 0;
}
```

자바

코드 4-15는 의사코드로 나타낸 버블 정렬 알고리즘을 자바 기반으로 작성한 것입니다.
BubbleSort.java라는 파일명으로 저장하세요.

코드 4-15 버블 정렬 알고리즘

```java
public class BubbleSort {
  public static void printArray(int[] a) {
    for (int i = 0; i < a.length; i++) {
      System.out.printf("[" + a[i] + "]");
    }
    System.out.printf("\n");
  }

  public static void main(String[] args) {
    int[] a = { 90, 34, 78, 12, 56 };
    int ins, cmp, temp;
```

```
    // 정렬 전 배열 내용을 표시
    System.out.printf("정렬 전 배열\n");
    printArray(a);
    System.out.printf("\n");

    // 버블 정렬로 오름차순 정렬
    for (ins = 0; ins < a.length - 1; ins++) {
      for (cmp = 0; cmp < a.length - ins - 1; cmp++) {
        if (a[cmp] > a[cmp + 1]) {
          temp = a[cmp];
          a[cmp] = a[cmp + 1];
          a[cmp + 1] = temp;
        }
      }
    }

    // 정렬 후 배열 내용을 표시
    System.out.printf("정렬 후 배열\n");
    printArray(a);
  }
}
```

코드 설명

C와 자바 프로그램 모두 다중 반복문에 해당하는 for 문 2개와 의사코드에서 설명한 내용을
비교해서 살펴보면 코드를 이해하기가 크게 어렵지 않을 것입니다. 기타 다른 부분이 궁금하
다면 삽입 정렬의 코드 설명 부분을 참고하기 바랍니다.

실행 결과

```
정렬 전 배열
[90][34][78][12][56]

정렬 후 배열
[12][34][56][78][90]
```

정렬 결과는 삽입 정렬과 같습니다.

4.3.2 프로그램을 이용한 알고리즘의 추적

앞 삽입 정렬에서 그림을 이용한 기본적인 추적 방법은 살펴봤으므로 버블 정렬의 알고리즘 추적은 따로 다루지 않겠습니다. 프로그램을 이용한 알고리즘의 추적의 실행 결과에서 실제 정렬 변화를 알 수 있도록 구성했습니다.

C와 자바로 구성된 버블 알고리즘의 추적 코드를 살펴보겠습니다. 직접 계산 절차 하나하나를 적는 것처럼 실행 결과에서 변수의 변화를 확인할 수 있습니다.

C

코드 4-16은 C 기반 버블 정렬 알고리즘에 추적 코드를 추가한 것입니다. BubbleSortTrace.c라는 파일명으로 저장하세요.

코드 4-16 버블 정렬 알고리즘 추적

```c
#include <stdio.h>
#define LENGTH 5

void printArray(int a[], int len) {
  for (int i = 0; i < len; i++) {
    printf("[%d]", a[i]);
  }
  printf("\n");
}

int main() {
  int a[] = { 90, 34, 78, 12, 56 };
  int ins, cmp, temp;

  // 정렬 전 배열 내용을 표시
  printf("정렬 전 배열\n");
  printArray(a, LENGTH);
  printf("\n");

  // 버블 정렬로 오름차순 정렬
  for (ins = 0; ins < LENGTH - 1; ins++) {
    printf("외부 반복문: %d회\n", ins + 1);
    for (cmp = 0; cmp < LENGTH - ins - 1; cmp++) {
```

```c
    if (a[cmp] > a[cmp + 1]) {
      temp = a[cmp];
      a[cmp] = a[cmp + 1];
      a[cmp + 1] = temp;
    }
    printf("내부 반복문: ins = %d, cmp = %d, a[%d] = %d\n",
        ins, cmp, cmp, a[cmp]);

    // 내부 반복문 1회 실행 후 정렬 중간 결과 내용을 표시
    printArray(a, LENGTH);
  }

  printf("외부 반복문: ins = %d, cmp = %d, a[%d] = %d\n",
      ins, cmp, cmp, a[cmp]);
  printf("외부 반복문: 확정된 정렬 위치 = a[%d] ← %d\n\n", cmp, a[cmp]);

  // 정렬 중간 결과 내용을 표시
  printArray(a, LENGTH);
  printf("\n");
}

printf("외부 반복문: 확정된 정렬 위치 = a[%d] ← %d\n\n", 0, a[0]);

// 정렬 후 배열 내용 표시
printf("정렬 후 배열\n");
printArray(a, LENGTH);

return 0;
}
```

자바

코드 4-17은 자바 기반 버블 정렬 알고리즘에 추적 코드를 추가한 것입니다. BubbleSortTrace.java라는 파일명으로 저장하세요.

코드 4-17 버블 정렬 알고리즘 추적

```java
public class BubbleSortTrace {
  public static void printArray(int[] a) {
```

```java
  for (int i = 0; i < a.length; i++) {
    System.out.printf("[" + a[i] + "]");
  }
  System.out.printf("\n");
}

public static void main(String[] args) {
  int[] a = { 90, 34, 78, 12, 56 };
  int ins, cmp, temp;

  // 정렬 전 배열 내용을 표시
  System.out.printf("정렬 전 배열\n");
  printArray(a);
  System.out.printf("\n");

  // 버블 정렬로 오름차순 정렬
  for (ins = 0; ins < a.length - 1; ins++) {
    System.out.printf("외부 반복문: %d회\n", ins + 1);
    for (cmp = 0; cmp < a.length - ins - 1; cmp++) {
      if (a[cmp] > a[cmp + 1]) {
        temp = a[cmp];
        a[cmp] = a[cmp + 1];
        a[cmp + 1] = temp;
      }

      System.out.printf("내부 반복문: ins = %d, cmp = %d, a[%d] = %d\n",
                    ins, cmp, cmp, a[cmp]);

      // 내부 반복문 1회 실행 후 정렬 중간 결과 내용을 표시
      printArray(a);
    }

    System.out.printf("외부 반복문: ins = %d, cmp = %d, a[%d] = %d\n",
                ins, cmp, cmp, a[cmp]);
    System.out.printf("외부 반복문: 확정된 정렬 위치 = a[%d] ← %d\n", cmp, a[cmp]);

    // 정렬 중간 결과 내용을 표시
    printArray(a);
    System.out.printf("\n");
  }
```

```
        System.out.printf("외부 반복문: 확정된 정렬 위치 = a[%d] ← %d\n\n", 0, a[0]);

        // 정렬 후 배열 내용을 표시
        System.out.printf("정렬 후 배열\n");
        printArray(a);
    }
}
```

코드 설명

다중 반복문의 동작을 파악할 수 있도록 외부 반복문과 내부 반복문의 맨 앞에 추적 코드를 넣어 ins, cmp, temp의 값 변화를 확인할 수 있도록 했습니다. 확정된 정렬 위치의 인덱스는 내부 반복문을 종료했을 때의 cmp와 a[cmp]값입니다. 또한 외부 반복문의 끝에 printArray 함수(메소드)를 넣어 정렬 중간 결과 내용을 표시할 수 있도록 했습니다.

실행 결과

```
정렬 전 배열
[90][34][78][12][56]

외부 반복문: 1회
내부 반복문: ins = 0, cmp = 0, a[0] = 34
[34][90][78][12][56]
내부 반복문: ins = 0, cmp = 1, a[1] = 78
[34][78][90][12][56]
내부 반복문: ins = 0, cmp = 2, a[2] = 12
[34][78][12][90][56]
내부 반복문: ins = 0, cmp = 3, a[3] = 56
[34][78][12][56][90]
외부 반복문: ins = 0, cmp = 4, a[4] = 90
외부 반복문: 확정된 정렬 위치 = a[4] ← 90
[34][78][12][56][90]

외부 반복문: 2회
내부 반복문: ins = 1, cmp = 0, a[0] = 34
[34][78][12][56][90]
내부 반복문: ins = 1, cmp = 1, a[1] = 12
```

```
[34][12][78][56][90]
내부 반복문: ins = 1, cmp = 2, a[2] = 56
[34][12][56][78][90]
외부 반복문: ins = 1, cmp = 3, a[3] = 78
외부 반복문: 확정된 정렬 위치 = a[3] ← 78
[34][12][56][78][90]

외부 반복문: 3회
내부 반복문: ins = 2, cmp = 0, a[0] = 12
[12][34][56][78][90]
내부 반복문: ins = 2, cmp = 1, a[1] = 34
[12][34][56][78][90]
외부 반복문: ins = 2, cmp = 2, a[2] = 56
외부 반복문: 확정된 정렬 위치 = a[2] ← 56
[12][34][56][78][90]

외부 반복문: 4회
내부 반복문: ins = 3, cmp = 0, a[0] = 12
[12][34][56][78][90]
외부 반복문: ins = 3, cmp = 1, a[1] = 34
외부 반복문: 확정된 정렬 위치 = a[1] ← 34
[12][34][56][78][90]

외부 반복문: 확정된 정렬 위치 = a[0] ← 12

정렬 후 배열
[12][34][56][78][90]
```

외부 반복문의 반복 횟수에 따른 정렬 중간 결과를 살펴보면 버블 정렬의 원리를 살펴볼 수 있습니다. 첫 번째에는 a[0]에 해당하는 90을 선택해 모든 요솟값의 크기를 비교합니다. 배열 a에서는 90이 가장 큰 요솟값이고 오름차순 정렬이므로 a[4]로 이동합니다.

외부 반복문의 두 번째에서는 먼저 a[0]와 a[1]에 해당하는 34와 78을 비교합니다. 78이 더 큰 수이므로 여기에서는 위치를 바꾸지 않습니다. 그 후 78을 오른쪽의 요솟값과 크기를 계속 비교합니다. 78은 90보다는 작으므로 a[3]에 해당하는 위치까지 이동합니다.

외부 반복문의 세 번째에는 다시 a[0]와 a[1]에 해당하는 34와 12를 비교합니다. 34가 더 큰 수이므로 위치를 바꿉니다. 그 후 34를 오른쪽에 있는 요솟값과 크기를 계속 비교합니다. 더 작은 수가 없으므로 a[1]의 위치로 그대로 고정됩니다. 이러한 과정을 반복해 정렬 위치를 확정하는 것이 버블 정렬의 특징입니다.

4.4 선택 정렬

- **Point** 다중 반복문의 외부 및 내부 루프 카운터의 역할
- **Point** 반복 실행을 지속하는 조건

4.4.1 선택 정렬 알고리즘

선택 정렬^{selection sort}은 어린이도 이해할 수 있는 자연스러운 알고리즘입니다. 정렬의 결과 자체는 삽입 정렬과 뒤에 설명할 선택 정렬 모두가 같으므로 소개하지는 않겠습니다.

오름차순으로 정렬할 때를 기준으로 선택 정렬의 알고리즘 개요를 설명하면 다음과 같습니다. 삽입 정렬과 마찬가지로 여기에서는 변수를 명시하지 않고 알고리즘의 개요만을 설명합니다.

1. 배열의 처음에서 끝까지 하나씩 값을 확인해 전체의 최솟값을 선택합니다.
2. 최솟값과 선두의 요소를 교환합니다. 그러면 가장 작은 요소가 확정됩니다.
3. 배열의 두 번째 요소에서 끝까지 같은 과정을 거치면 두 번째로 작은 요소가 확정됩니다.
4. 이같은 절차를 반복하여 배열 전체를 정렬합니다.

선택 정렬의 외·내부 루프 카운터의 동작은 그림 4-66과 같습니다.

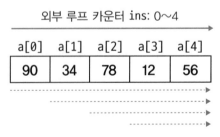

그림 4-66 선택 정렬의 외·내부 루프 카운터의 동작

주요 변수는 삽입 및 버블 정렬 알고리즘과 같은 의미를 담은 외부 루프 카운터 ins, 내부 루프 카운터 cmp, 삽입할 값을 일시적으로 저장(대입)하는 임시 변수 temp를 사용합니다. length는 배열의 요소 수(크기)입니다. 그리고 반복 처리에서 다루는 요소의 최솟값에 해당하는 인덱스를 저장하는 min이라는 변수도 사용합니다.

의사코드

코드 4-18은 선택 정렬의 알고리즘을 의사코드로 작성한 것입니다.

코드 4-18 선택 정렬 알고리즘의 의사코드

```
○ 정수형: a[] = {90, 34, 78, 12, 56}
○ 정수형: ins, cmp, min, temp
■ ins: 0, ins < 5 - 1, 1
  · min ← ins
  ■ cmp: ins + 1, cmp < 5, 1
      ▲ a[cmp] < a[ins]
      · min ← cmp
      · temp ← a[ins]
      · a[ins] ← a[min]
      · a[min] ← temp
```

여기에서는 다음과 같은 부분에 주목하기 바랍니다.

• 배열의 왼쪽 요소부터 최솟값을 배열하므로 외부 반복문을 실행할 때마다 루프 카운터값을 최솟값에 대한 인덱스로 사용합니다. 그래서 '· min ← ins'를 사용합니다.

• cmp값은 ins + 1씩 증가하는데 비교하는 값은 5보다 작아야 하므로 ins값이 증가할수록 내부 반복문의 검색 범위는 점점 줄어듭니다. 이때 비교하는 값이 아닌 cmp값 자체를 변화시키는 것임을 기억하기 바랍니다. 이는 배열의 처음에서 끝까지 하나씩 요솟값을 확인해 전체의 최솟값을 선택하는 구조라는 점, 요소의 최솟값을 배열의 왼쪽으로 위치시키면서 왼쪽 배열 요소를 하나씩 제외해야 하는 점 때문입니다.

- a[cmp]에 해당하는 요소가 바로 전에 있는 a[ins] 요소(cmp = ins + 1이면 ins가 cmp 바로 전의 요소가 됨)보다 작을 때 값을 이동시켜야 하므로 '▲ a[cmp] < a[ins]'라는 조건을 사용합니다.

- 현재 선택한 요소를 다른 요소와 비교해야 하므로 '· min ← cmp'를 사용합니다.

- 삽입 정렬에서는 temp에 외부 반복문의 ins값을 인덱스로 사용해 해당하는 요솟값을 저장한 후 배열 요소를 이동시킬 때 덮어쓰는 용도로 사용했습니다. 선택 정렬 역시 원리는 같습니다. 추가로 배열 요소의 크고 작음을 판단한 후 이동시키는 판단에도 사용한다는 점을 기억하기 바랍니다.

- 작은 값이 앞으로 오도록 요소를 교체하므로 a[min]값을 a[ins]로 이동시키는 '· a[ins] ← a[min]'을 사용해 a[min]은 비웁니다.

- 비어 있는 a[min]에는 a[ins]값을 저장해둔 temp값을 넣어 요소 자리를 바꿉니다.

C

코드 4-19는 의사코드로 나타낸 선택 정렬 알고리즘을 C로 작성한 것입니다. SelectionSort.c라는 파일명으로 저장하세요.

코드 4-19 선택 정렬 알고리즘

```
#include <stdio.h>
#define LENGTH 5

void printArray(int a[], int len) {
  for (int i = 0; i < len; i++) {
    printf("[%d]", a[i]);
  }
  printf("\n");
}

int main() {
  int a[] = { 90, 34, 78, 12, 56 };
  int ins, cmp, min, temp;

  // 정렬 전 배열 내용을 표시
  printf("정렬 전 배열\n");
```

```
    printArray(a, LENGTH);
    printf("\n");

    for (ins = 0; ins < LENGTH - 1; ins++) {
      min = ins;
      for (cmp = ins + 1; cmp < LENGTH; cmp++) {
        if (a[cmp] < a[ins]) {
          min = cmp;
          temp = a[ins];
          a[ins] = a[min];
          a[min] = temp;
        }
      }
    }

    // 정렬 후 배열 내용을 표시
    printf("정렬 후 배열\n");
    printArray(a, LENGTH);

    return 0;
}
```

자바

코드 4-20은 의사코드로 나타낸 선택 정렬 알고리즘을 자바로 작성한 것입니다. Selection Sort.c라는 파일명으로 저장하세요.

코드 4-20 선택 정렬 알고리즘

```
public class SelectionSort {
  public static void printArray(int[] a) {
    for (int i = 0; i < a.length; i++) {
      System.out.printf("[" + a[i] + "]");
    }
    System.out.printf("\n");
  }

  public static void main(String[] args) {
    int[] a = { 90, 34, 78, 12, 56 };
```

```java
    int ins, cmp, min, temp;

    // 정렬 전 배열 내용을 표시
    System.out.printf("정렬 전 배열\n");
    printArray(a);
    System.out.printf("\n");

    for (ins = 0; ins < a.length - 1; ins++) {
      min = ins;
      for (cmp = ins + 1; cmp < a.length; cmp++) {
        if (a[cmp] < a[ins]) {
          min = cmp;
          temp = a[ins];
          a[ins] = a[min];
          a[min] = temp;
        }
      }
    }

    // 정렬 후 배열 내용을 표시
    System.out.printf("정렬 후 배열\n");
    printArray(a);
  }
}
```

코드 설명

C와 자바 프로그램 모두 다중 반복문에 해당하는 for 문 2개와 의사코드에서 설명한 내용을 비교해서 살펴보면 코드를 이해하기가 크게 어렵지 않을 것입니다. 기타 다른 부분이 궁금하다면 삽입 정렬의 코드 설명 부분을 참고하기 바랍니다.

실행 결과

```
정렬 전 배열
[90][34][78][12][56]

정렬 후 배열
[12][34][56][78][90]
```

4.4.2 프로그램을 이용한 알고리즘의 추적

버블 정렬과 마찬가지로 선택 정렬의 알고리즘 추적은 따로 다루지 않겠습니다. 프로그램을 이용한 알고리즘 추적의 실행 결과에서 실제 정렬 변화를 확인하기 바랍니다.

C와 자바로 구성된 선택 정렬 알고리즘의 추적 코드를 살펴보겠습니다. 직접 계산 절차 하나 하나를 적는 것처럼 실행 결과에서 변수의 변화를 확인할 수 있습니다.

C

코드 4-21은 C 기반 선택 정렬 알고리즘에 추적 코드를 추가한 것입니다. SelectionSortTrace.c라는 파일명으로 저장하세요.

코드 4-21 선택 정렬 알고리즘 추적

```c
#include <stdio.h>
#define LENGTH 5

void printArray(int a[], int len) {
  for (int i = 0; i < len; i++) {
    printf("[%d]", a[i]);
  }
  printf("\n");
}

int main() {
  int a[] = { 90, 34, 78, 12, 56 };
  int ins, cmp, min, temp;

  // 정렬 전 배열 내용을 표시
  printf("정렬 전 배열\n");
  printArray(a, LENGTH);
  printf("\n");

  for (ins = 0; ins < LENGTH - 1; ins++) {
    printf("외부 반복문: %d회\n", ins + 1);
    min = ins;
    for (cmp = ins + 1; cmp < LENGTH; cmp++) {
      if (a[cmp] < a[ins]) {
        min = cmp;
```

```
        temp = a[ins];
        a[ins] = a[min];
        a[min] = temp;

        // 배열 요소의 현재 최솟값 확인
        printf("배열 요소의 현재 최솟값: a[%d] = %d\n", ins, a[ins]);
        printArray(a, LENGTH);
      }

      // 내부 반복문 1회 실행 후 중간 정렬 결과 내용을 표시
      printf("내부 반복문: ins = %d, cmp = %d, a[%d] = %d\n",
          ins, cmp, cmp, a[cmp]);
      printArray(a, LENGTH);
    }

    printf("외부 반복문: ins = %d, cmp = %d, a[%d] = %d\n",
        ins, cmp, ins, a[ins]);
    printf("외부 반복문: 확정된 정렬 위치 = a[%d] ← %d\n", ins, a[ins]);

    // 정렬 중간 결과 내용을 표시
    printArray(a, LENGTH);
    printf("\n");
  }

  printf("외부 반복문: 확정된 정렬 위치 = a[%d] ← %d\n\n",
      LENGTH - 1, a[LENGTH - 1]);

  // 정렬 후 배열 내용을 표시
  printf("정렬 후 배열\n");
  printArray(a, LENGTH);

  return 0;
}
```

자바

코드 4–22는 자바 기반 선택 정렬 알고리즘에 추적 코드를 추가한 것입니다. SelectionSort
Trace.java라는 파일명으로 저장하세요.

```java
public class SelectionSortTrace {
  public static void printArray(int[] a) {
    for (int i = 0; i < a.length; i++) {
      System.out.printf("[" + a[i] + "]");
    }
    System.out.printf("\n");
  }

  public static void main(String[] args) {
    int[] a = { 90, 34, 78, 12, 56 };
    int ins, cmp, min, temp;

    // 정렬 전의 배열 내용을 표시
    System.out.printf("정렬 전 배열\n");
    printArray(a);
    System.out.printf("\n");

    for (ins = 0; ins < a.length - 1; ins++) {
      System.out.printf("외부 반복문: %d회\n", ins + 1);
      min = ins;
      for (cmp = ins + 1; cmp < a.length; cmp++) {
        if (a[cmp] < a[ins]) {
          min = cmp;
          temp = a[ins];
          a[ins] = a[min];
          a[min] = temp;

          // 배열 요소의 현재 최솟값 및 변경된 중간 정렬 결과 확인
          System.out.printf("배열 요소의 현재 최솟값: a[%d] = %d\n",
                     ins, a[ins]);
          printArray(a);
        }

        // 내부 반복문 1회 실행 후 중간 정렬 결과 내용을 표시
        System.out.printf("내부 반복문: ins = %d, cmp = %d, a[%d] = %d\n",
                   ins, cmp, cmp, a[cmp]);
        printArray(a);
      }
```

```
        System.out.printf("외부 반복문: ins = %d, cmp = %d, a[%d] = %d\n",
                    ins, cmp, ins, a[ins]);
        System.out.printf("외부 반복문: 확정된 정렬 위치 = a[%d] ← %d\n",
                    ins, a[ins]);

        // 정렬 중간 결과 내용을 표시
        printArray(a);
        System.out.printf("\n");
    }

    System.out.printf("외부 반복문: 확정된 정렬 위치 = a[%d] ← %d\n\n",
                a.length - 1, a[a.length - 1]);

    // 정렬 후 배열 내용을 표시
    System.out.printf("정렬 후 배열\n");
    printArray(a);
  }
}
```

코드 설명

다중 반복문의 동작을 파악할 수 있도록 외부 반복문의 맨 앞과 내부 반복문의 맨 뒤에 추적 코드를 넣어 ins, cmp값 변화를 확인할 수 있도록 했습니다. 확정된 정렬 위치의 인덱스는 외부 반복문을 종료했을 때의 ins와 a[ins]값입니다. 다른 두 정렬과 다르게 ins와 a[ins]값을 사용하는 이유는 외부 반복문으로 돌아와서 배열 시작 부분(맨 왼쪽)부터 최솟값을 나열하는 선택 정렬의 특징 때문입니다.

실행 결과

```
정렬 전 배열
[90][34][78][12][56]

외부 반복문: 1회
배열 요소의 현재 최솟값: a[0] = 34
[34][90][78][12][56]
내부 반복문: ins = 0, cmp = 1, a[1] = 90
[34][90][78][12][56]
```

내부 반복문: ins = 0, cmp = 2, a[2] = 78
[34][90][78][12][56]
배열 요소의 현재 최솟값: a[0] = 12
[12][90][78][34][56]
내부 반복문: ins = 0, cmp = 3, a[3] = 34
[12][90][78][34][56]
내부 반복문: ins = 0, cmp = 4, a[4] = 56
[12][90][78][34][56]
외부 반복문: ins = 0, cmp = 5, a[0] = 12
외부 반복문: 확정된 정렬 위치 = a[0] ← 12
[12][90][78][34][56]

외부 반복문: 2회
배열 요소의 현재 최솟값: a[1] = 78
[12][78][90][34][56]
내부 반복문: ins = 1, cmp = 2, a[2] = 90
[12][78][90][34][56]
배열 요소의 현재 최솟값: a[1] = 34
[12][34][90][78][56]
내부 반복문: ins = 1, cmp = 3, a[3] = 78
[12][34][90][78][56]
내부 반복문: ins = 1, cmp = 4, a[4] = 56
[12][34][90][78][56]
외부 반복문: ins = 1, cmp = 5, a[1] = 34
외부 반복문: 확정된 정렬 위치 = a[1] ← 34
[12][34][90][78][56]

외부 반복문: 3회
배열 요소의 현재 최솟값: a[2] = 78
[12][34][78][90][56]
내부 반복문: ins = 2, cmp = 3, a[3] = 90
[12][34][78][90][56]
배열 요소의 현재 최솟값: a[2] = 56
[12][34][56][90][78]
내부 반복문: ins = 2, cmp = 4, a[4] = 78
[12][34][56][90][78]
외부 반복문: ins = 2, cmp = 5, a[2] = 56
외부 반복문: 확정된 정렬 위치 = a[2] ← 56
[12][34][56][90][78]

```
외부 반복문: 4회
배열 요소의 현재 최솟값: a[3] = 78
[12][34][56][78][90]
내부 반복문: ins = 3, cmp = 4, a[4] = 90
[12][34][56][78][90]
외부 반복문: ins = 3, cmp = 5, a[3] = 78
외부 반복문: 확정된 정렬 위치 = a[3] ← 78
[12][34][56][78][90]


외부 반복문: 확정된 정렬 위치 = a[4] ← 90


정렬 후 배열
[12][34][56][78][90]
```

외부 반복문의 반복 횟수에 따른 정렬 중간 결과를 살펴보면 선택 정렬의 원리를 살펴볼 수 있습니다. 첫 번째에는 배열의 모든 요솟값의 크기를 비교합니다. 배열 a에서는 처음에 a[0]와 a[1]에 해당하는 90과 34를 비교해 34를 최솟값으로 삼습니다. 따라서 a[0]값인 90과 a[1]값인 34를 바꾸므로 배열의 요소는 [34][90][78][12][56]으로 정렬됩니다.

이후 a[0]에 해당하는 34를 다른 배열 요솟값과 비교하면 a[3] = 12를 만났을 때 다시 요소의 최솟값이 바뀝니다. 이때 a[0]에 해당하는 34와 a[3]에 해당하는 12의 위치를 바꿔 배열의 요소는 [12][90][78][34][56]으로 정렬됩니다. 배열 a에서 12보다 더 작은 요솟값은 없으므로 외부 반복문 1회를 실행했을 때 중간 배열 요소 정렬은 [12][90][78][34][56]입니다.

외부 반복문의 두 번째에서는 a[0]를 제외하고 배열 요소의 최솟값을 찾습니다. 먼저 a[1]와 a[2]에 해당하는 90과 78을 비교해 78을 최솟값으로 삼습니다. 따라서 a[1]값인 90과 a[2]값인 78을 바꾸므로 배열의 요소는 [12][78][90][34][56]으로 정렬됩니다.

이후 a[1]에 해당하는 78을 다른 배열 요솟값과 비교하면 a[3] = 34를 만났을 때 다시 요소의 최솟값이 바뀝니다. 이때 a[1]에 해당하는 78과 a[3]에 해당하는 34의 위치를 바꿔 배열의 요소는 [12][34][90][78][56]으로 정렬됩니다. 이제 나머지 배열 a 요소에서 12와 34를 제외한 더 작은 요솟값은 없으므로 외부 반복문 1회를 실행했을 때 중간 배열 요소 정렬은 [12][34][90][78][56]입니다.

이러한 과정을 반복해 정렬 위치를 확정하는 것이 선택 정렬의 특징입니다.

확인 문제

정답은 402페이지에 있습니다.

문제 1 다음 설명이 맞으면 ○, 올바르지 않다면 ×를 표시하세요.

① 다중 반복문은 내부 루프 카운터값이 고정된 상태에서 외부 루프 카운터가 변한다.

② 'hour시 minute분'을 표시하는 다중 반복문에는 hour가 외부 루프 카운터다.

③ 자바에서는 for 문 속에 while 문이 있는 다중 반복문을 작성할 수 없다.

④ 삽입 정렬에서는 외부 루프 카운터가 삽입할 요소의 인덱스를 나타낸다.

⑤ 삽입 정렬에서는 내부 루프 카운터가 삽입할 요소의 인덱스를 나타낸다.

정답은 402페이지에 있습니다.

문제 2 다음은 삽입 정렬로 배열 a를 오름차순으로 정렬하는 자바 프로그램입니다. 빈 칸에 적절한 단어와 연산자를 입력하세요.

```
public static void main(String[] args) {
  int[] a = {90, 34, 78, 12, 56};
  int ins, cmp, temp;

  for(ins = 1; ins <a.length; ins ++) {
    temp = [    (1)    ];
    for(cmp = ins - 1; cmp> = 0; cmp--) {
      if(a[cmp] > temp) {
        [    (2)    ] = a[cmp];
      } else {
        break;
      }
    } a[cmp + 1] = [    (3)    ];
  }
}
```

정답은 402페이지에 있습니다.

다중 반복문을 사용하는 알고리즘의 시간 복잡도는 일반적으로 O(N^2)입니다. 외부에서 N번 반복하는 동안 내부에서도 N번 반복하므로, $N \times N = N^2$번 반복되기 때문입니다. 즉, 이 장에서 설명한 삽입 정렬의 시간 복잡도는 O(N^2)입니다. 또한 버블 정렬과 선택 정렬도 기본은 $N \times N = N^2$번 반복이므로 삽입 정렬과 같은 O(N^2)의 시간 복잡도를 갖습니다.

삽입 정렬, 버블 정렬, 선택 정렬은 모두 시간 복잡도가 O(N^2)이므로 효율에 큰 차이가 없습니다. 그러나 실제 데이터에 적용해 보면, 버블 정렬이나 선택 정렬보다 삽입 정렬이 효율적인 경우가 많습니다.

Chapter

5

연결 리스트의
구조와 사용

알고리즘과 함께 배워야 할 주제로 '자료구조(data structure)'가 있습니다. 자료구조란 대량의 데이터를 효율적으로 처리하기 위한 자료 배치 방법입니다. 자료구조의 기본은 지금까지 살펴본 배열입니다. 그런데 '연결 리스트' 또는 '이진 탐색 트리' 등 특수한 자료구조도 있습니다. 이러한 특수 자료구조는 각자의 장점을 극대화할 수 있는 곳에 사용됩니다.

이 장에서는 연결 리스트라는 자료구조를 배웁니다. 연결 리스트는 일반적인 배열보다 요소의 삽입과 삭제를 효율적으로 수행할 수 있습니다. 그러나 '몇 번째' 위치를 지정해 요소를 읽는 것은 연결 리스트보다 일반적인 배열이 더 효율적입니다. 즉, 자료구조는 각각의 전문성이 있는 것입니다.

5.1 연결 리스트의 구조 및 추적

- **Point** 연결 정보의 역할
- **Point** 연결 리스트의 장단점

5.1.1 일반 배열과 연결 리스트의 차이

여러 데이터를 하나로 묶은 것을 '**구조체**structure'라고 합니다. 예를 들어 명함은 회사 이름, 성명, 주소, 전화번호 등의 여러 데이터를 한 덩이로 모은 구조체입니다. 그림 1-1과 같은 명함이 있다고 생각해 봅시다.

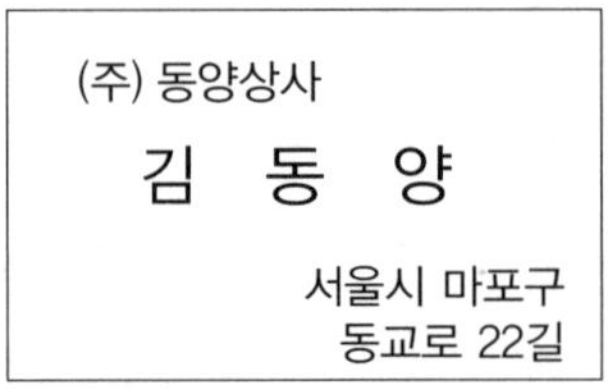

(주) 동양상사

김 동 양

서울시 마포구
동교로 22길

그림 5-1 명함의 예

프로그램에서 정수와 실수의 배열을 만들듯, **구조체 기반의 배열을 만들 수 있습니다.** 다음은 명함의 구조체 배열 예입니다.

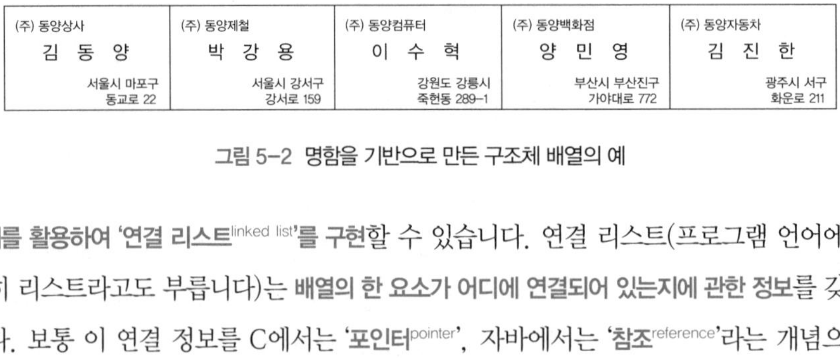

(주) 동양상사	(주) 동양제철	(주) 동양컴퓨터	(주) 동양백화점	(주) 동양자동차
김 동 양	박 강 용	이 수 혁	양 민 영	김 진 한
서울시 마포구 동교로 22	서울시 강서구 강서로 159	강원도 강릉시 죽헌동 289-1	부산시 부산진구 가야대로 772	광주시 서구 화운로 211

그림 5-2 명함을 기반으로 만든 구조체 배열의 예

구조체를 활용하여 '연결 리스트linked list'**를 구현할 수 있습니다.** 연결 리스트(프로그램 언어에 따라 단순히 리스트라고도 부릅니다)는 **배열의 한 요소가 어디에 연결되어 있는지에 관한 정보를 갖고 있습니다.** 보통 이 연결 정보를 C에서는 '**포인터**pointer', 자바에서는 '**참조**reference'라는 개념으로 구현하는 예가 많습니다(이 장의 맨 뒤 칼럼에서 해당 코드를 소개할 것입니다). 이 책에서는 이해를 돕기 위해 배열 요소의 인덱스 숫자를 이용할 것입니다.

연결 리스트가 아닌 일반 배열에서 요소의 논리적 순서는 요소의 물리적 순서와 동일합니다. 예를 들어 KTX 경부선의 주요 역 이름을 일반 배열로 표현하면 그림 5-3과 같습니다. 이는 각 역의 논리적 순서와 동일합니다.

a[0]	a[1]	a[2]	a[3]	a[4]
서울	천안아산	대전	동대구	부산

그림 5-3 일반적인 배열로 나타낸 KTX 경부선의 주요 역 이름

연결 리스트를 사용하면 요소의 물리적 순서와 관계없이 연결 정보로 요소의 논리적 순서를 결정합니다. 그림 5-4에서 연결 리스트에서 요소의 물리적 순서는 '부산', '대전', '서울', '동대구', '천안아산'이지만, 연결 정보(여기에서는 배열 요소 인덱스 숫자)를 더듬어 가면 '서울' → '천안아산' → '대전' → '동대구' → '부산'이라는 논리적 순서로 되어 있습니다.

a[0]	a[1]	a[2]	a[3]	a[4]
부산	대전	서울	동대구	천안아산
next: −1	next: 3	next: 4	next: 0	next: 1

head
head: 2

그림 5-4 연결 리스트로 표현된 KTX 경부선의 주요 역의 이름

그림의 'head'는 실제 논리적 순서의 시작점이 현재 물리적 배열의 어떤 인덱스인지를 저장하는 변수를 의미합니다. 리스트 마지막 요소인 '부산'의 연결 정보는 'next: −1'입니다. −1은 배열의 인덱스로 있을 수 없는 값이기 때문에, 다음 요소에 연결되지 않은 마지막 부분임을 나타낼 수 있습니다.

5.1.2 연결 리스트의 장점

연결 리스트는 일반적인 배열과 비교해 요소의 삽입과 제거가 효율적이라는 장점이 있습니다. 예를 들어 방금 전 KTX 경부선의 역 이름에 '광명'을 삽입한다고 가정해 봅시다.

a[0]	a[1]	a[2]	a[3]	a[4]
서울	천안아산	대전	동대구	부산

그림 5-5 일반 배열의 예

일반 배열에 새로운 요소 삽입하기

일반 배열의 경우는 물리적 위치에 '광명'을 추가해야 하므로 다음 단계처럼 '부산', '동대구', '대전', '천안아산'의 네 가지 요소를 뒤로 옮겨 '광명'의 삽입 위치를 비워야 합니다.

1단계

배열 요소를 하나 더 만들고 '부산'을 하나 뒤(a[5])로 이동(요솟값 복사)시킵니다.

a[0]	a[1]	a[2]	a[3]	a[4]	a[5]
서울	천안아산	대전	동대구	부산	부산

그림 5-6 일반 배열에 요소 삽입하기 1단계

2단계

'동대구'를 하나 뒤(a[4])로 이동('부산' 대신 '동대구'라는 요솟값을 덮어씌움, 5단계까지 같은 원리)시킵니다.

a[0]	a[1]	a[2]	a[3]	a[4]	a[5]
서울	천안아산	대전	동대구	동대구	부산

그림 5-7 일반 배열에 요소 삽입하기 2단계

3단계

'대전'을 하나 뒤(a[3])로 이동시킵니다.

a[0]	a[1]	a[2]	a[3]	a[4]	a[5]
서울	천안아산	대전	대전	동대구	부산

그림 5-8 일반 배열에 요소 삽입하기 3단계

4단계

'천안아산'을 하나 뒤(a[2])로 이동시킵니다.

a[0]	a[1]	a[2]	a[3]	a[4]	a[5]
서울	천안아산	천안아산	대전	동대구	부산

그림 5-9 일반 배열에 요소 삽입하기 4단계

5단계

a[1]에 '광명'을 삽입합니다.

a[0]	a[1]	a[2]	a[3]	a[4]	a[5]
서울	광명	천안아산	대전	동대구	부산

그림 5-10 일반 배열에 요소 삽입하기 5단계

참고로 지금 예라면 요소 4개가 이동할 뿐이므로 그다지 시간이 걸리지 않습니다만, 요소 수가 수만 개 있는 경우에는 많은 시간이 걸립니다.

연결 리스트에 요소를 삽입하기

연결 리스트라면 물리적으로는 '광명'을 배열의 마지막 요소인 a[5]에 저장하고, '광명'의 연결 정보를 'next: 4'로 설정합니다. 그 후 '서울'의 연결 정보를 'next: 5'로 고치는 것만으로 '광명'의 삽입이 완료됩니다.

a[0]	a[1]	a[2]	a[3]	a[4]
부산	대전	서울	동대구	천안아산
next: −1	next: 3	next: 4	next: 0	next: 1

head
head: 2

그림 5-11 연결 리스트의 예

일반 배열의 요소 삽입하기와 비교했을 때 요소 수가 몇 개든 다음 소개하는 2단계로 해결되므로 매우 효율적입니다.

1단계

a[5]라는 요소를 만든 후 '광명'을 삽입하고, 연결 정보를 'next: 4(a[4]값인 천안아산을 의미)'
로 설정합니다.

a[0]	a[1]	a[2]	a[3]	a[4]	a[5]
부산	대전	서울	동대구	천안아산	광명
next: −1	next: 3	next: 4	next: 0	next: 1	next: 4

head

head: 2

그림 5-12 연결 리스트에 요소 삽입하기 1단계

2단계

'서울'의 연결 정보를 'next: 5'로 수정(a[5]값인 광명을 의미)합니다.

a[0]	a[1]	a[2]	a[3]	a[4]	a[5]
부산	대전	서울	동대구	천안아산	광명
next: −1	next: 3	next: **5**	next: 0	next: 1	next: 4

head

head: 2

'서울'→'광명'→'천안아산'의 순서로 바뀐다

그림 5-13 연결 리스트에 요소 삽입하기 2단계

일반 배열에서 요소를 삭제하기

이번에는 '광명'이라는 요소를 삭제해 봅시다(엄밀히는 요솟값을 삭제하는 것이고, a[5]에 해
당하는 메모리 공간까지 삭제하는 것은 아닙니다). 일반 배열은 물리적으로 '광명'을 제거해야
하므로 '천안아산', '대전', '동대구', '부산'이라는 요소 4개를 앞으로 이동시켜야 합니다.

a[0]	a[1]	a[2]	a[3]	a[4]	a[5]
서울	광명	천안아산	대전	동대구	부산

그림 5-14 그림 5-10의 일반 배열

1단계

'천안아산'을 하나 앞(a[1])으로 이동시킵니다.

a[0]	a[1]	a[2]	a[3]	a[4]	a[5]
서울	천안아산	천안아산	대전	동대구	부산

그림 5-15 일반 배열에서 요소 삭제하기 1단계

2단계

'대전'을 하나 앞(a[2])으로 이동시킵니다.

a[0]	a[1]	a[2]	a[3]	a[4]	a[5]
서울	천안아산	대전	대전	동대구	부산

그림 5-16 일반 배열에서 요소 삭제하기 2단계

3단계

'동대구'를 하나 앞(a[3])으로 이동시킵니다.

a[0]	a[1]	a[2]	a[3]	a[4]	a[5]
서울	천안아산	대전	동대구	동대구	부산

그림 5-17 일반 배열에서 요소 삭제하기 3단계

4단계

'부산'을 하나 앞(a[4])으로 이동시킵니다.

a[0]	a[1]	a[2]	a[3]	a[4]	a[5]
서울	천안아산	대전	동대구	부산	부산

그림 5-18 일반 배열에서 요소 삭제하기 4단계

5단계

a[5]에 빈 값을 저장합니다.

a[0]	a[1]	a[2]	a[3]	a[4]	a[5]
서울	천안아산	대전	동대구	부산	

그림 5-19 일반 배열에서 요소 삭제하기 5단계

지금 예는 요소 4개가 이동할 뿐이므로 그다지 시간이 걸리지 않습니다만, 요소 수가 수만 개 있는 경우에는 많은 시간이 걸립니다.

연결 리스트에서 요소를 삭제하기

이번에는 그림 5-13의 연결 리스트에서 '광명'을 삭제하겠습니다.

a[0]	a[1]	a[2]	a[3]	a[4]	a[5]
부산	대전	서울	동대구	천안아산	광명
next: −1	next: 3	next: 5	next: 0	next: 1	next: 4

head

head: 2

그림 5-20 그림 5-13의 연결 리스트

연결 리스트라면 '서울'의 연결 정보를 'next: 4'로 고치는 것만으로 '광명'의 삭제가 완료됩니다.

a[0]	a[1]	a[2]	a[3]	a[4]	a[5]
부산	대전	서울	동대구	천안아산	광명
next: −1	next: 3	next: 4	next: 0	next: 1	next: 4

head

head: 2

연결 리스트에서 '광명'이 삭제(분리)된다

그림 5-21 연결 리스트에서 요소 삭제하기

이는 정확하게 연결 리스트 관계성을 삭제(a[5]는 현재 다른 요소에서 a[5]로 연결될 수 없음, 단 a[5]에서 a[4]로 연결은 가능)하는 것으로 '광명'이라는 a[5]라는 배열 요소가 물리적, 논리적으로 삭제되는 것은 아닙니다.

5.1.3 연결 리스트의 단점

일반 배열과 비교하여 연결 리스트에는 단점도 있습니다. 논리적인 순서의 '몇 번째'라는 위치를 지정해 요소를 읽을 때 많은 처리가 필요하다는 점입니다.

일반 배열에서 세 번째 요소를 읽기

예를 들어 KTX 경부선 역에서 '세 번째(맨 앞이 0번째일 때 2번째)'의 역 이름을 얻는다고 생각해 봅시다.

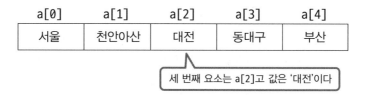

그림 5-22 일반 배열에서 세 번째 요솟값 얻기

일반 배열의 경우에는 배열의 첫 요소가 a[0]이라면 a[2]가 세 번째입니다. a[2]를 읽으면 '대전'이라는 역 이름을 얻을 수 있습니다. 매우 효율적입니다.

연결 리스트에서 세 번째 요소를 읽기

여기에서는 그림 5-11의 연결 리스트에서 세 번째 요소를 읽는 예를 살펴봅니다.

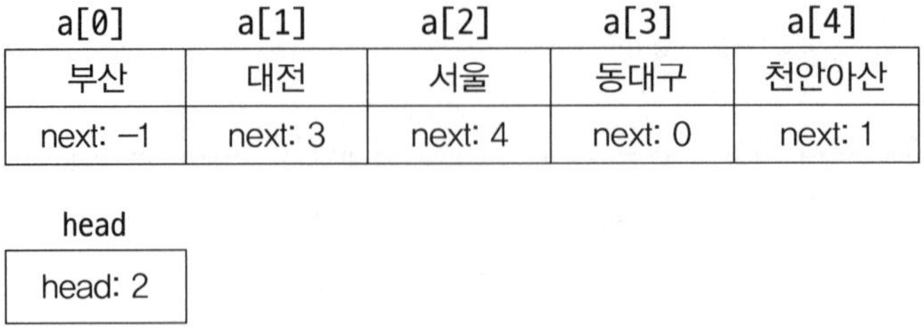

a[0]
a[1]
a[2]
a[3]
a[4]
부산
대전
서울
동대구
천안아산
next: -1
next: 3
next: 4
next: 0
next: 1
head
head: 2

그림 5-23 그림 5-11의 연결 리스트

다음 단계를 거쳐 세 번째 요소를 읽습니다.

1단계

head를 참조하여 논리적 순서의 첫 번째 요소가 a[2]임을 알아냅니다.

a[0]
a[1]
a[2]
a[3]
a[4]
부산
대전
서울
동대구
천안아산
next: -1
next: 3
next: 4
next: 0
next: 1
head
head: 2

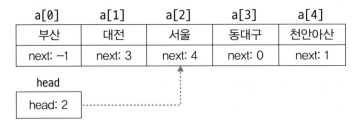

그림 5-24 연결 리스트에서 세 번째 요소 읽기 1단계

2단계

a[2]의 연결 정보를 참조하여 논리적 순서의 두 번째 요소가 a[4]임을 알아냅니다.

a[0]
a[1]
a[2]
a[3]
a[4]
부산
대전
서울
동대구
천안아산
next: -1
next: 3
next: 4
next: 0
next: 1
head
head: 2

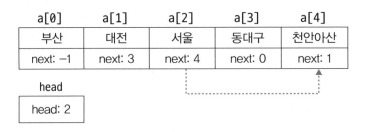

그림 5-25 연결 리스트에서 세 번째 요소 읽기 2단계

3단계

a[4]의 연결 정보를 참조하여 논리적 순서의 세 번째 요소가 a[1]이고 요솟값이 '대전'임을 알아냅니다.

a[0]	a[1]	a[2]	a[3]	a[4]
부산	대전	서울	동대구	천안아산
next: −1	next: 3	next: 4	next: 0	next: 1

head

head: 2

세 번째 요소는 a[1]이고 값은 '대전'이다

그림 5-26 연결 리스트에서 세 번째 요소 읽기 3단계

연결 리스트의 경우 head를 참조하여 논리적 순서의 첫 번째 요소가 a[2]라고 알아냅니다. 그리고 a[2]의 연결 정보를 참조하여 논리적 순서의 두 번째 요소가 a[4]라는 것을 알아냅니다. 마지막으로 a[4]의 연결 정보를 참조해 논리적 순서의 세 번째가 a[1]이라고 알아내어 a[1]의 요솟값인 '대전'이라는 역 이름을 얻을 수 있습니다.

즉, 연결 리스트는 논리적인 순서를 따라가지 않으면 몇 번째인지 판단할 수 없습니다. 이 예에서는 세 번째 요소를 찾는 것이므로 그다지 시간이 걸리지 않았습니다만, 요소 수가 수만 개 있는 경우에는 특정 요소를 찾을 때 많은 시간이 걸립니다.

5.2 연결 리스트를 움직이는 프로그램

- **Point** 삽입 시 연결 정보의 조작
- **Point** 삭제 시 연결 정보의 조작

5.2.1 연결 리스트를 만들어 요소를 표시하기

5.1에서는 연결 리스트의 구조를 알아보고 조작 방법을 확인했습니다. 이 절에서는 의사코드, C, 자바로 KTX 경부선 주요 역의 연결 리스트를 움직이는 프로그램을 만들어 봅시다.

참고로 자바는 연결 리스트를 구현하는 API^{Application Programming Interface}(클래스 라이브러리)를 미리 준비해 제공하지만, 여기에서는 알고리즘의 구조를 배우기 위해 연결 리스트를 직접 만들이 볼 것입니다.

이 과정에서 의사코드를 표현할 때 자바답지 않은 표현(클래스를 구조체처럼 사용하는 객체배열 사용)이 나옵니다. 이해를 도우려는 목적으로 불가피하게 바꾼 것이니 양해 바랍니다.

구조체 살펴보기

먼저 '역 이름'과 '연결 정보'를 하나로 묶은 구조체를 정의해야 합니다. **프로그래머가 독자적으로 정의한 자료형으로 구조체를 정의할 수 있습니다.**

여기에서는 구조체의 이름을 StationList로 합니다. 이 이름이 자료형 역할도 합니다. 그리고 StationList의 배열이 연결 리스트의 실체가 됩니다.

코드 5-1은 의사코드로 작성한 StationList 구조체의 정의입니다.

코드 5-1 StationList 구조체의 의사코드

○ 구조체: StationList { 문자열: name, 정수형: next }

{ } 속에 구조체로 묶을 데이터를 작성합니다. 문자열형 name은 '역 이름'을, 정수형 next는 '연결 정보(다음 요소 번호)'를 의미합니다.

코드 5-2는 C에서 정의한 StationList 구조체입니다.

코드 5-2 StationList 구조체 정의

```
struct StationList {
  char name[];
  int next;
}
```

C에는 구조체를 표현하는 문법이 있지만 자바에는 없습니다. **자바에는 구조체 기능과 유사한 클래스가 있으므로 이 책에서는 클래스를 사용합니다.**

코드 5-3은 자바에서 정의한 StationList 클래스입니다.

코드 5-3 StationList 클래스 정의

```
class StationList {
  public String name;
  public int next;
}
```

이 책에서는 의사코드나 C 표현에 맞추기 위해 자바 클래스를 구조체처럼 사용하고 있습니다. 생성자constructor를 정의하지 않거나 접근 제어자access modifier를 public으로 하는 등 **자바답지 않은 구현**이 있습니다. 실제로 자바 프로그램에 클래스를 사용하는 알고리즘을 구현할 때는 생성자나 접근 제어자 등을 충분히 고려하기 바랍니다.

연결 리스트의 초기 상태 살펴보기

연결 리스트의 실체는 StationList 구조체를 자료형으로 사용하는 list라는 배열입니다. 그림 5-27과 같은 구조입니다.

list[0]	list[1]	list[2]	list[3]	list[4]
부산	대전	서울	동대구	천안아산
next: −1	next: 3	next: 4	next: 0	next: 1

head
head: 2

그림 5-27 연결 리스트의 초기 상태

요소 수의 최댓값은 적당히 10으로 해 둡니다. 연결 리스트의 첫 번째 논리적 순서 요소는 head라는 변수로 설정합니다. **list와 head는 함수 외부에서 선언**합니다. 그러면 **프로그램을 구성하는 모든 함수에서 사용할 수 있습니다**(함수 안에 선언된 배열이나 변수는 해당 함수에서만 사용할 수 있습니다).

의사코드

다음은 의사코드 프로그램입니다. 자세한 주석을 기재했으므로 이를 참고로 각 함수의 처리 내용을 확인합시다. 의사코드에서는 행의 선두에 '○'를 표시하여 함수 이름을 쓰고 함수 내용을 작성합니다. 함수의 끝을 나타내는 표기가 없어서 이해하기 힘드므로, '함수(여기부터)' 및 '함수(여기까지)'라는 주석으로 함수 내용의 범위를 표현합니다.

```
/* StationList 구조체의 정의 */
○ 구조체: StationList { 문자열: name, 정수형: next }

/* 연결 리스트의 실체가 되는 배열(요소 수는 최대 10개) */
○ StationList: list[10]

/* head */
정수형: head

/* 초기 상태의 연결 리스트를 만드는 함수(여기부터) */
○ initStationList()
/* 역 이름과 연결 정보를 설정한다 */
· list[0].name ← "부산"
· list[0].next ← -1
· list[1].name ← "대전"
· list[1].next ← 3
· list[2].name ← "서울"
· list[2].next ← 4
· list[3].name ← "동대구"
· list[3].next ← 0
· list[4].name ← "천안아산"
· list[4].next ← 1


/* head를 설정한다 */
· head ← 2
/* 초기 상태의 연결 리스트를 만드는 함수(여기까지) */

/* 연결 리스트의 요소를 표시하는 함수(여기부터) */
○ printStationList()
○ 정수형: idx
· idx ← head
  ■ idx != -1
    · list[idx].name과 "→"를 표시한다
    · idx ← list[idx].next

· 줄 바꿈
/* 연결 리스트의 요소를 표시하는 함수(여기까지) */
```

```
/* 프로그램 실행의 시작점인 main 함수(여기부터) */
○ main
/* 초기 상태의 연결 리스트를 만들어 표시한다 */
  · initStationList()
  · printStationList()
/* 프로그램 실행의 시작점인 main 함수(여기까지) */
```

여기에서는 초기 상태의 연결 리스트를 만드는 initStationList 함수, 연결 리스트의 요소를 표시하는 printStationList 함수, 프로그램 실행의 시작점이 되는 main 함수를 만듭니다. 상당히 긴 프로그램이므로 연결 리스트 처리를 함수(메소드)별로 나누어 설명합니다.

initStationList 함수는 연결 리스트의 각 요소에 역 이름과 연결 정보를 설정하고, head에 논리적 순서의 첫 번째 배열 요소 인덱스인 2를 설정합니다. list[0].name과 list[0].next는 list[0]에 저장된 name과 next값을 뜻합니다. 즉, list[0].name은 'list[0]의 name'이므로 '.'을 '~의'로 읽으면 이해하기 쉽습니다. 구조체로 정리된 각각의 데이터(구조체에서는 멤버[member]라고 합니다)는 이처럼 '.'을 사용한 표현으로 읽고 씁니다.

printStationList 함수에는 list를 다룰 때 주목해야 할 부분이 있습니다. 일반 배열의 경우, 루프 카운터를 배열의 요소 번호에 맞춰서 0부터 끝까지 순서대로 1씩 늘리면서 요소를 읽습니다. 반면 연결 리스트의 경우에는 변수 idx('인덱스[index]'라는 의미)를 준비하고, idx에 변수 head값을 저장하는 것으로 시작합니다. 그리고 idx값을 현재 요소의 연결 정보로 덮어쓴 후 다음 요소를 읽습니다. 이는 '· idx ← list[idx].next' 부분에 해당합니다.

마지막 요소를 읽은 뒤에는 '· idx ← list[idx].next'를 통해 idx에 −1이 저장됩니다. 따라서 리스트를 추적하는 반복 처리 조건은 'idx가 −1이 아닌 한'이 됩니다. '■ idx != -1' 부분에 해당합니다.

프로그램 실행의 시작점인 main 함수는 initStationList 함수를 호출한 뒤 printStationList 함수를 호출합니다. 그럼 초기 상태의 연결 리스트 요소가 화면에 표시됩니다.

C

코드 5-4는 의사코드로 나타낸 연결 리스트의 초기 상태를 C로 구현한 것입니다. LinkedList.c라는 파일명으로 저장하세요.

```c
#include <stdio.h>
#include <string.h>
#define LENGTH 10

// StationList 구조체 정의
struct StationList {
  char name[20];     // 역 이름
  int next;          // 연결 정보
};

// 연결 리스트의 실체가 되는 배열(요소 수는 최대 10으로 한다)
struct StationList list[LENGTH];

// head 선언
int head;

// 연결 리스트의 초기 상태를 만드는 함수
void initStationList() {
  // 역 이름과 연결 정보를 설정
  strcpy(list[0].name, "부산");
  list[0].next = -1;
  strcpy(list[1].name, "대전");
  list[1].next = 3;
  strcpy(list[2].name, "서울");
  list[2].next = 4;
  strcpy(list[3].name, "동대구");
  list[3].next = 0;
  strcpy(list[4].name, "천안아산");
  list[4].next = 1;

  // head값 설정
  head = 2;
}

// 연결 리스트의 요소를 표시하는 함수
void printStationList() {
  int idx = head;
  while (idx != -1) {
    printf("[%s] → ", list[idx].name);
```

```
    idx = list[idx].next;
  }

  printf("\n");
}

// 프로그램 실행의 시작점인 main 함수
int main() {
  // 초기 상태의 연결 리스트를 작성해 표시
  initStationList();
  printStationList();

  return 0;
}
```

자바

코드 5-5는 의사코드로 나타낸 연결 리스트의 초기 상태를 자바로 구현한 것입니다. Linked List.java라는 파일명으로 저장하세요.

코드 5-5 연결 리스트 초기 상태 구현

```
// StationList 클래스 정의
class StationList {
  public String name;    // 역 이름
  public int next;       // 연결 정보
}

// 연결 리스트를 다루는 클래스 정의
public class LinkedList {
  // 연결 리스트의 실체가 되는 배열(요소 수는 최대 10으로 한다)
  public static StationList[] list = new StationList[10];

  // head 선언
  public static int head;

  // 연결 리스트의 초기 상태를 만드는 함수
  public static void initStationList() {
    // 자바에서는 인스턴스 생성이 필요함
```

```java
    // (의사코드 및 C에서는 불필요함)
    for (int i = 0; i < list.length; i++) {
        list[i] = new StationList();
    }

    // 역 이름과 연결 정보를 설정
    list[0].name = "부산";
    list[0].next = -1;
    list[1].name = "대전";
    list[1].next = 3;
    list[2].name = "서울";
    list[2].next = 4;
    list[3].name = "동대구";
    list[3].next = 0;
    list[4].name = "천안아산";
    list[4].next = 1;

    // head값 설정
    head = 2;
}

// 연결 리스트의 요소를 표시하는 메소드
public static void printStationList() {
    int idx = head;
    while (idx != -1) {
        System.out.printf("[" + list[idx].name + "] → ");
        idx = list[idx].next;
    }

    System.out.printf("\n");
}

// 프로그램 실행의 시작점인 main 메소드
public static void main(String[] args) {
    // 초기 상태의 연결 리스트를 작성해 표시
    initStationList();
    printStationList();
}
}
```

코드 설명

C의 StationList 구조체 정의는 char name[20];으로 역 이름을 정의했습니다. 여기서는 문자 20개가 들어갈 수 있도록 설정해 역 이름이 긴 경우에 대응합니다. 그리고 연결 리스트의 실체가 되는 배열을 StationList 구조체 자료형으로 선언했습니다.

이후에는 연결 리스트의 초기 상태를 만드는 initStationList 함수(메소드)로 역 이름과 연결 정보를 설정했고, printStationList 함수를 이용해 연결 리스트의 연결 정보를 참조해 논리적 순서대로 역 이름을 표시합니다. main 함수에서는 initStationList와 printStationList 함수만 호출해 초기 연결 리스트 상태를 만듭니다.

자바에서는 C에서 구조체로 정의한 StationList를 클래스로 정의했습니다. 또한 자바에서는 클래스 안에 메소드를 작성해야 합니다. 따라서 StationList 클래스와는 별도로 LinkedList 클래스가 있고, LinkedList 클래스 내에 연결 리스트의 실체인 배열 list, 연결 리스트의 시작 요소 정보를 저장하는 head, initStationList 메소드와 printStationList 메소드, 실행의 시작점인 main 메소드를 작성하고 있습니다.

실행 결과

[서울] → [천안아산] → [대전] → [동대구] → [부산] →

연결 리스트의 요소를 '→'로 이어 표시하고 있습니다. '부산'은 연결 리스트의 끝이므로 '→' 뒤에 아무것도 표시되지 않습니다.

5.2.2 연결 리스트에 요소를 삽입하기

지금까지 만든 프로그램에 함수(메소드)를 추가하여 연결 리스트에 요소를 삽입해 봅시다. 새롭게 작성할 함수(메소드)는 insertStationList(정수형: insIdx, 문자열형: insName, 정수형: prevIdx)입니다.

- insIdx[insert index]: 새로 삽입할 요소의 인덱스를 지정합니다.

- insName[insert name]: 새로 삽입할 역 이름을 지정합니다.

- prevIdx[previous index]: 삽입할 요소의 하나 앞 요소의 인덱스를 지정합니다.

예를 들어 새롭게 list[5]에 '광명'을 저장하고, 하나 앞 요소를 list[2] '서울'로 지정할 경우 insertStationList(5, "광명", 2)와 같이 인수를 지정합니다.

list[0]	list[1]	list[2]	list[3]	list[4]	list[5]
부산	대전	서울	동대구	천안아산	
next: −1	next: 3	next: 4	next: 0	next: 1	

광명

그림 5-28 연결 리스트에 요소를 삽입하는 예

의사코드

코드 5-6은 의사코드로 작성한 insertStationList 함수입니다. main 함수보다 앞에 작성합니다.

코드 5-6 insertStationList 함수의 의사코드

```
/* 연결 리스트에 요소를 삽입하는 함수(여기부터) */
○ insertStationList(정수형: insIdx, 문자열형: insName, 정수형: prevIdx)
 · list[insIdx].name ← insName
 · list[insIdx].next ← list[prevIdx].next
 · list[prevIdx].next ← insIdx
/* 연결 리스트에 요소를 삽입하는 함수(여기까지) */
```

요점은 'list[insIdx].next ← list[prevIdx].next'로 새로 삽입한 요소의 연결 정보에, 이전 요소의 연결 정보를 설정하고 있는 점과, 'list[prevIdx].next ← insIdx'로 하나 앞 요소를 가리키는 연결 정보에 새로 삽입한 요소의 인덱스를 설정하는 것입니다. 이렇게 **연결 정보를 설정하면 연결 리스트에 요소가 삽입됩니다.**

main 함수에는 insertStationList 함수와 결과를 표시하는 printStationList 함수의 호출 처리를 추가합니다.

코드 5-7 main 함수에 호출 처리를 추가하는 의사코드

```
/* 프로그램 실행의 시작점인 main 함수(여기부터) */
○ main
```

```
/* 초기 상태의 연결 리스트를 작성해 표시한다 */
· initStationList()
· printStationList()

/* 연결 리스트에 요소를 삽입하여 표시한다 */
· insertStationList(5, "광명", 2)
· printStationList()
/* 프로그램 실행의 시작점인 main 함수(여기까지) */
```

C

코드 5-4는 의사코드로 나타낸 insertStationList 함수를 C로 구현한 것입니다. printStati onList와 main 함수 사이에 작성해 저장하세요.

코드 5-8 insertStationList 함수 구현

```c
// 연결 리스트에 요소를 삽입하는 함수
void insertStationList(int insIdx, char insName[], int prevIdx) {
  strcpy(list[insIdx].name, insName);
  list[insIdx].next = list[prevIdx].next;
  list[prevIdx].next = insIdx;
}

// 프로그램 실행의 시작점인 main 함수
int main() {
  // 초기 상태의 연결 리스트를 작성해 표시
  initStationList();
  printStationList();

  // 연결 리스트에 요소를 삽입하여 표시
  insertStationList(5, "광명", 2);
  printStationList();
}
```

자바

코드 5-9는 자바로 작성한 insertStationList 메소드입니다. LinkedList 클래스 안 printSta tionList 메소드와 main 메소드 사이에 작성해 저장합니다.

```java
// 연결 리스트에 요소를 삽입하는 메소드
public static void insertStationList(int insIdx, String insName, int prevIdx) {
  list[insIdx].name = insName;
  list[insIdx].next = list[prevIdx].next;
  list[prevIdx].next = insIdx;
}

// 프로그램 실행의 시작점인 main 메소드
public static void main(String[] args) {
  // 초기 상태의 연결 리스트를 작성해 표시
  initStationList();
  printStationList();

  // 연결 리스트에 요소를 삽입하여 표시
  insertStationList(5, "광명", 2);
  printStationList();
}
```

코드 설명

문자열을 다른 곳으로 복사하는 C의 strcpy 함수에 인수로 다음을 지정합니다.

- list[insIdx].name: 새로 삽입할 역 이름 요소의 인덱스

- insName: 새로 삽입할 역 이름

그리고 삽입할 요소의 하나 앞 요소 인덱스의 연결 정보인 list[prevIdx].next를 list[insIdx] .next에 대입하고, list[prevIdx].next에는 새로 삽입할 요소의 인덱스값인 insIdx를 대입합니다. 즉, 새로 삽입할 요소에 역 이름을 복사한 후, 새로 삽입한 요소의 연결 정보로 이전 요소의 연결 정보를 지정합니다. 그리고 하나 앞 요소를 가리키는 연결 정보에 새로 삽입한 요소의 인덱스값을 설정해 연결 정보 지정을 바꿔 연결 리스트가 되도록 하는 것입니다.

참고로 C에서는 strcpy 함수를 사용해 역 이름을 삽입했지만 자바에서는 list[insIdx].name = insName;으로 역 이름을 삽입한다는 점을 기억하기 바랍니다.

실행 결과

[서울] → [천안아산] → [대전] → [동대구] → [부산] →
[서울] → [광명] → [천안아산] → [대전] → [동대구] → [부산] →

새로 만든 insertStationList 함수(메소드)를 통해 연결 리스트에 요소를 삽입했습니다.

5.2.3 연결 리스트에서 요소를 삭제하기

지금까지 만든 프로그램에 함수를 추가하여 연결 리스트의 요소를 삭제해 봅시다. 새롭게 작성할 함수(메소드)는 deleteStationList(정수형: delIdx, 정수형: prevIdx)입니다.

- **delIdx**$^{delete\ index}$: 삭제할 요소의 인덱스를 지정합니다.

- **prevIdx**$^{previous\ index}$: 삭제할 요소의 하나 앞 요소 인덱스를 지정합니다.

예를 들어 그림 5-29처럼 list[5]값인 '광명'을 삭제하려면 논리적인 순서로 하나 앞인 list[2]값 '서울'을 선택할 수 있어야 합니다. 따라서 deleteStationList(5, 2)와 같이 인수를 지정합니다.

list[0]	list[1]	list[2]	list[3]	list[4]	list[5]
부산	대전	서울	동대구	천안아산	광명
next: −1	next: 3	next: 5	next: 0	next: 1	next: 4

그림 5-29 연결 리스트의 요소를 삭제하는 예

의사코드

코드 5-10은 의사코드로 작성한 deleteStationList 함수입니다. main 함수 바로 앞에 작성합니다.

코드 5-10 deleteStationList 함수의 의사코드

```
/* 연결 리스트에서 요소를 제거하는 함수(여기부터) */
○ deleteStationList(정수형: delIdx, 정수형: prevIdx)
 · list[prevIdx].next ← list[delIdx].next
/* 연결 리스트에서 요소를 제거하는 함수(여기까지) */
```

deleteStationList 함수의 처리는 'list[prevIdx].next ← list[delIdx].next'라는 한 줄뿐입니다. 하나 앞 요소를 가리키는 연결 정보에 삭제할 요소의 연결 정보를 설정합니다. 이렇게 설정하면 연결 리스트에서 요소가 삭제됩니다.

main 함수에는 deleteStationList 함수와 printStationList 함수의 호출 처리를 추가합니다.

코드 5-11 main 함수에 호출 처리를 추가하는 의사코드

```
/* 프로그램 실행의 시작점인 main 함수(여기부터) */
○ main
/* 초기 상태의 연결 리스트를 작성해 표시한다 */
 · initStationList()
 · printStationList()

/* 연결 리스트에 요소를 삽입하여 표시한다 */
 · insertStationList(5, "광명", 2)
 · printStationList()

/* 연결 리스트에서 요소를 제거하여 표시하는 */
 · deleteStationList(5, 2)
 · printStationList()
/* 프로그램 실행의 시작점인 main 함수(여기까지) */
```

C

코드 5-12는 의사코드로 나타낸 deleteStationList 함수를 C로 구현한 것입니다. insertStationList와 main 함수 사이에 작성해 저장하세요.

코드 5-12 deleteStationList 함수 구현

```
// 연결 리스트에서 요소를 삭제하는 함수
void deleteStationList(int delIdx, int prevIdx) {
  list[prevIdx].next = list[delIdx].next;
}

// 프로그램 실행의 시작점인 main 함수
int main() {
  // 초기 상태의 연결 리스트를 작성해 표시
  initStationList();
  printStationList();
```

```
// 연결 리스트에 요소를 삽입하여 표시
insertStationList(5, "광명", 2);
printStationList();

// 연결 리스트에서 요소를 삭제하여 표시
deleteStationList(5, 2);
printStationList();

return 0;
}
```

자바

코드 5-13은 자바로 작성한 deleteStationList 메소드입니다. LinkedList 클래스 안 insert
StationList 메소드와 main 메소드 사이에 작성해 저장합니다.

코드 5-13 deleteStationList 메소드 구현

```
// 연결 리스트에서 요소를 제거하는 메소드
public static void deleteStationList(int delIdx, int prevIdx) {
  list[prevIdx].next = list[delIdx].next;
}

// 프로그램 실행의 시작점인 main 메소드
public static void main(String[] args) {
  // 초기 상태의 연결 리스트를 작성해 표시
  initStationList();
  printStationList();

  // 연결 리스트에 요소를 삽입하여 표시
  insertStationList(5, "광명", 2);
  printStationList();

  // 연결 리스트에서 요소를 제거하여 표시
  deleteStationList(5, 2);
  printStationList();
}
```

코드 설명

하나 앞 요소를 가리키는 연결 정보인 list[prevIdx].next에 삭제할 요소의 연결 정보인 list[delIdx].next를 내입하는 부분이 구현되어 있는 짐을 눈여겨 보기 바랍니다.

실행 결과

```
[서울] → [천안아산] → [대전] → [동대구] → [부산] →
[서울] → [광명] → [천안아산] → [대전] → [동대구] → [부산] →
[서울] → [천안아산] → [대전] → [동대구] → [부산] →
```

새로 만든 deleteStationList 메소드를 이용해 연결 리스트에서 요소를 삭제했습니다.

> **tip** 지금까지 설명한 연결 리스트 예를 포인터(C)와 참조(자바)를 이용해 구현한 프로그램은 예제 파일의 Linked ListPointer.c와 LinkedListReference.java를 참고하기 바랍니다.

확인 문제

문제 1 다음 설명이 맞으면 ○, 올바르지 않다면 ×를 표시하세요.

① 연결 리스트의 실체는 구조체의 배열이다.

② 연결 리스트는 메모리상의 물리적 순서와 무관하게 요소의 순서를 정할 수 있다.

③ 일반적으로 연결 리스트보다 통상적인 배열이 삽입 및 삭제가 효율적이다.

④ 보통 일반 배열보다 연결 리스트가 '몇 번째'라는 위치를 지정한 요소의 읽기가 효율적이다.

⑤ 연결 리스트에서 요소를 삭제하면 자동으로 메모리에서도 물리적으로 제거된다.

정답은 402페이지에 있습니다.

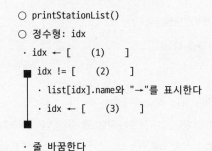

문제 2 다음은 연결 리스트에서 요소 name을 처음부터 끝까지 순서대로 표시하는 의사코드입니다. 연결 리스트의 실체는 배열 list입니다. 여기에는 제시되지 않았지만, 함수 밖에서 선언된 변수 head에는 선두 요소의 인덱스가 설정되어 있고, 변수 next에는 다음 요소의 인덱스가 설정되어 있다고 가정합니다. 마지막 요소의 next는 −1이 설정되어 있습니다. 빈칸에 적절한 코드를 입력하세요.

○ printStationList()
○ 정수형: idx
· idx ← [(1)   ]
■ idx != [(2)   ]
· list[idx].name와 "→"를 표시한다
· idx ← [(3)   ]

· 줄 바꿈한다

정답은 402페이지에 있습니다.

[Column] **단방향 연결 리스트, 양방향 연결 리스트, 원형 연결 리스트**

이 장에서 소개한 연결 리스트는 요소 하나부터 차례로 이어지는 것이었습니다. 이러한 리스트를 '단방향 연결 리스트Singly Linked List'라고 합니다.

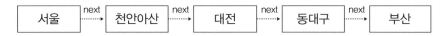

단방향 연결 리스트의 예

이 책에서는 앞에서 언급한 것처럼 알고리즘의 이해를 돕기 위해 C의 포인터나 자바의 참조를 적극적으로 이용해 구현하지 않았습니다. 해당 개념을 이용해 구현한 코드는 다음 소개하는 정보의 C(없으면 C++)와 자바 코드를 참고하기 바랍니다. 영어 자료지만 이 책을 잘 읽었다면 그 구조는 충분히 이해할 수 있을 것으로 생각합니다.

- Linked List | Set 1 (Introduction)
  https://www.geeksforgeeks.org/linked-list-set-1-introduction
- Linked List | Set 2 (Inserting a node)
  https://www.geeksforgeeks.org/linked-list-set-2-inserting-a-node
- Linked List | Set 3 (Deleting a node)
  https://www.geeksforgeeks.org/linked-list-set-3-deleting-node

연결 리스트의 한 요소에 다음 요소에 대한 연결 정보뿐만 아니라 이전 요소에 대한 연결 정보도 갖고 있으면, 다음으로도 앞으로도 갈 수 있습니다. 이러한 연결 리스트를 '양방향 연결 리스트Doubly linked list'라고 합니다.

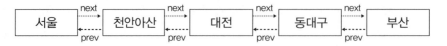

양방향 연결 리스트의 예

다음 소개하는 정보의 C(없으면 C++)와 자바 코드도 참고하기 바랍니다.

- **Doubly Linked List | Set 1 (Introduction and Insertion)**

  https://www.geeksforgeeks.org/doubly-linked-list

- **Delete a node in a Doubly Linked List**

  https://www.geeksforgeeks.org/delete-a-node-in-a-doubly-linked-list

연결 리스트 마지막 요소의 다음이 선두의 요소를 따라가게 되면 연결 리스트가 원형으로 순환합니다. 이러한 연결 리스트를 '원형 연결 리스트Circular linked list'라고 합니다. 단방향 원형 연결 리스트Circular Singly linked list와 양방향 원형 연결 리스트Circular Doubly linked list가 있습니다.

단방향 원형 연결 리스트의 예

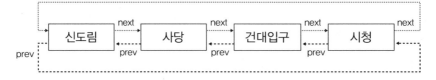

양방향 원형 연결 리스트의 예

다음 소개하는 정보의 C(없으면 C++)와 자바 코드도 참고하기 바랍니다.

- **Circular Singly Linked List | Insertion**

  https://www.geeksforgeeks.org/circular-singly-linked-list-insertion

- **Circular Linked List | Set 1 (Introduction and Applications)**

  https://www.geeksforgeeks.org/circular-linked-list

- **Circular Linked List | Set 2 (Traversal)**

  https://www.geeksforgeeks.org/circular-linked-list-set-2-traversal

- **Deletion from a Circular Linked List**

  https://www.geeksforgeeks.org/deletion-circular-linked-list

- Doubly Circular Linked List | Set 1 (Introduction and Insertion)

  https://www.geeksforgeeks.org/doubly-circular-linked-list-set-1-introduction-and-insertion

- Doubly Circular Linked List | Set 2 (Deletion)

  https://www.geeksforgeeks.org/doubly-circular-linked-list-set-2-deletion

참고로 각 페이지의 아래 'Next' 링크를 클릭해서 더 다양한 설명을 확인할 수 있습니다.

Chapter

6

이진 탐색 트리의
추가와 탐색

5장에서 설명한 연결 리스트의 요소 하나에 연결 정보 2개를 갖게 하고, 연결 정보 하나가 요소 하나씩, 즉 요소 2개에 연결되게 하는 자료구조를 '이진 트리(binary tree)'라고 합니다. '트리'라고 하는 이유는 자연의 나무처럼 가지가 뻗어 나가기 때문입니다.

이진 트리의 자료구조에는 여러 형태가 있습니다. 이 장에서는 '이진 탐색 트리'를 설명합니다. 그 이름대로 탐색을 위한 이진 트리입니다. 3장에서 설명한 이진 검색 알고리즘을 이용하며, 이진 검색이 효율적이었던 것처럼 이진 탐색 트리를 사용한 탐색도 효율적입니다. 또한 함수 안에서 같은 함수를 호출하여 반복하는 '재귀(recursion)'라는 개념도 소개합니다. 재귀 호출에 관해서는 8장에서 더 자세히 설명합니다.

6.1 이진 탐색 트리의 자료구조와 요소의 추가

- **Point** 이진 탐색 트리에 데이터를 추가하는 규칙
- **Point** 이진 검색을 실현하는 구조체

6.1.1 이진 탐색 트리의 자료구조

트리는 자연의 나무처럼 가지가 분기하여 뻗어 나가는 구조를 컴퓨터의 자료구조로 구현한 것입니다. 그림 6-1은 트리의 기본 구조를 나타낸 것입니다.

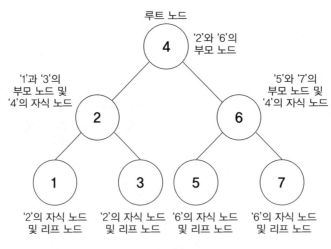

그림 6-1 트리의 기본 구조

트리를 구성하는 원을 보통 노드^{node}(마디)라고 합니다. 트리 맨 위에 있는 노드는 루트(뿌리) 노드$^{root\ node}$(이 장에서의 루트는 루트 노드를 뜻함)라고 하며, 위에 있는지 아래에 있는지에 따라 부모 노드$^{parent\ node}$와 자식 노드$^{child\ node}$로 구분합니다. 또한 같은 부모를 갖는 노드는 형제 노드$^{siblings\ node}$라고 하며, 부모와 자식 노드 형태로 묶인 트리의 일부분은 서브 트리$^{sub\ tree}$라고 합니다. 트리의 맨 아래에 있고, 별도의 자식 노드가 없으면 리프(잎) 노드$^{leaf\ node}$라고 합니다.

지금부터 살펴볼 '이진 탐색 트리$^{binary\ search\ tree}$'는 가장 기본적인 트리 구조의 하나로 연결 리스트를 응용한 것입니다. 연결 리스트의 요소 하나에 연결 정보 2개를 갖게 하고, 연결 정보 하나가 요소 하나씩, 즉 분기하듯 요소 2개에 연결됩니다. 이때 작은 요소는 왼쪽에, 큰 요소는 오른쪽에 연결하는 규칙을 마련해 둡니다(같은 값을 갖는 요소가 없다고 가정합니다). 이를 통해 효율적으로 요솟값을 탐색할 수 있습니다.

그림 6-2는 이진 탐색 트리의 예입니다.

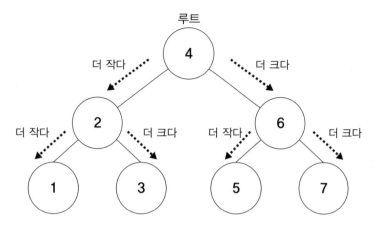

그림 6-2 이진 탐색 트리의 예

이전 장에서는 배열의 요소를 사각형으로 그렸지만, 이진 탐색 트리에서는 원형으로 그리는 것이 관습입니다. 자연의 나무는 아래에서 위로 뻗어가지만 이진 탐색 트리는 위에서 아래로 성장합니다. 그래야 요소를 추가하면서 그림을 그리기 수월하기 때문입니다. **이진 탐색 트리의 근본에 있는 요소를 '루트**root**(뿌리)'라고 합니다.**

이 이진 탐색 트리의 끝에 있는 '5'를 탐색하는 예를 살펴 봅시다.

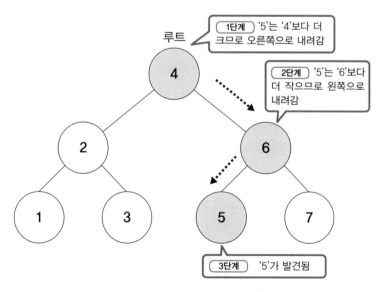

그림 6-3 이진 탐색 트리에서 '5'를 탐색하기

탐색은 루트인 '4'에서 시작합니다. '5'는 '4'보다 크므로 '4'의 오른쪽으로 내려가 '6'으로 이동합니다. '5'는 '6'보다 작으므로 '6'의 왼쪽으로 내려가 '5'를 찾을 수 있습니다. '4' → '6' → '5'라는 3회의 처리로 발견했습니다.

요소는 총 7개인데, 끝에 있는 요소가 3회 처리로 발견되었으므로 매우 효율적입니다. 이진 탐색 트리를 사용한 탐색의 시간 복잡도는 3장에서 설명한 이진 검색과 같은 $O(\log_2 N)$입니다.

Quiz **노드의 길이, 경로, 크기, 차수와 트리의 높이와 차수는?**

그림 6-1에서 트리의 기본 요소를 설명했는데 트리에는 그밖에 다른 개념도 있습니다. 대표적인 것은 다음과 같습니다.

- **노드의 길이(length)**: 어떤 노드에서 다른 노드로 이동할 때 거치는 노드의 개수
- **노드의 경로(path)**: 어떤 노드에서 다른 노드로 이동할 때 거치는 노드의 순서
- **노드의 크기(size)**: 자기 자신과 자식 노드를 포함한 노드의 개수
- **노드의 차수(degree)**: 노드별 자식 노드의 개수
- **트리의 높이(height)**: 루트 노드부터 리프 노드까지 도달하는 경우 중 가장 긴 '경로'의 '길이'
- **트리의 차수(degree)**: 노드의 차수 중 가장 높은 숫자의 차수

그림 6-3의 이진 탐색 트리에서 '4'는 루트 노드입니다. 다음을 각각 구해 보세요.

① '1'의 길이   ② '5'의 경로   ③ 예제 이진 탐색 트리의 높이
④ '6'의 크기   ⑤ '4'의 차수

정답은 399페이지에 있습니다.

6.1.2 요소를 추가하면서 이진 탐색 트리를 구성하는 알고리즘

이진 탐색 트리가 '트리'인 것은 가지가 갈라지기 때문만은 아닙니다. 자연의 나무처럼 쭉쭉 뻗어나가기 때문입니다. 이는 트리의 요소가 '끝'에 추가된다는 뜻입니다. 요소를 추가하면서 이진 탐색 트리를 구성하는 알고리즘의 개요를 말로 설명하면 다음과 같습니다.

1. 최초에 추가할 요소를 루트로 합니다.

2. 이후에 추가할 요소는 루트와 비교해 작으면 왼쪽으로, 크다면 오른쪽으로 내려가, '끝'에 추가합니다.

구조체 살펴보기

다음은 이진 탐색 트리 구조체 BST를 의사코드로 표기한 것입니다.

코드 6-1 BST 구조체의 의사코드

○ 구조체: BST { 정수형: data, 정수형: left, 정수형: right }

이진 탐색 트리는 연결 리스트의 응용이므로 그 실체는 구조체의 배열입니다. 연결 정보가 2개인 것에 주목하세요. left는 **왼쪽 요소로 가는 연결 정보**입니다. right는 **오른쪽 요소로 가는 연결 정보**입니다. 요솟값은 정수형 data에 저장합니다.

코드 6-2는 C에서 정의한 BST 구조체입니다.

코드 6-2 BST 구조체 정의

```
struct BST {
  int data;
  int left;
  int right;
};
```

자바에는 구조체의 구문이 없으므로 클래스로 대체하고 있습니다. 다음은 자바로 작성한 BST 클래스입니다.

코드 6-3 BST 클래스 정의

```
class BST {
  public int data;
  public int left;
  public int right;
}
```

의사코드

이제 '4', '6', '5', '2', '3', '7', '1'의 순서로 요소를 추가하여 이진 탐색 트리를 구성하는 프로그램을 만들어 봅시다. BST 구조체를 사용하는 배열 tree를 준비하여, 물리적인 위치인 tree[0]~tree[6]에 요소를 순서대로 저장합니다. 그리고 각 요소의 연결 정보 left와 right에 따라 이진 탐색 트리를 구성합니다.

코드 6-4는 이진 탐색 트리와 트리에 요소를 추가하는 의사코드를 작성한 프로그램입니다.

코드 6-4 이진 탐색 트리 및 요소를 추가하는 의사코드

```
/* BST 구조체 정의 */
○ 구조체: BST { 정수형: data, 정수형: left, 정수형: right }

/* 이진 검색 트리의 실체가 되는 배열(요소 수는 최대 10개) */
○ BST: tree[10]
/* 루트 요소의 물리적 위치 인덱스(연결 리스트의 head) */
○ 정수형: rootIdx ← 0
/* 다음에 저장할 요소의 물리적 위치 인덱스 */
○ 정수형: newIdx ← 0

/* 이진 탐색 트리에 요소를 추가하는 함수(여기부터) */
○ addBST(정수형: data)
○ 정수형: currentIdx    /* 현재 요소의 물리적 위치 인덱스 */
○ 논리형: addFlag       /* 요소 추가가 완료되었는지 확인하는 플래그 */
/* 물리적 위치에 요솟값과 연결 정보 추가 */
 · tree[newIdx].data ← data
 · tree[newIdx].left ← -1
 · tree[newIdx].right ← -1
/* 루트 요소가 아니라면 논리적 순서에 따라 요소 위치 탐색 및 결정 */
▲ newIdx != rootIdx
   · currentIdx ← rootIdx     /* 루트부터 이진 탐색 트리를 내려감 */
   · addFlag ← false           /* 요소 추가가 완료되지 않음 */

■
  ▲  data < tree[currentIdx].data
       /* 루트 요솟값보다 더 작으면 왼쪽으로 내려감 */
     ▲ tree[currentIdx].left = -1
         /* 왼쪽으로 내려갔을 때 끝이면 left에 요소의 */
         /* 물리적 위치 인덱스를 추가(연결 정보 설정) */
        · tree[currentIdx].left ← newIdx
```

　　　　　　　　　· addFlag ← true

　　　　　　　　/* 왼쪽으로 내려갔을 때 끝이 아니라면 왼쪽의 요소보다 더 내려감 */
　　　　　　　　· currentIdx ← tree[currentIdx].left

　　　　　　　 /* 루트 요솟값보다 더 크면 오른쪽으로 내려감(동일한 값은 없음) */
　　　　　　　　tree[currentIdx].right = -1
　　　　　　　　/* 오른쪽으로 내려갔을 때 끝이면 right에 요소의 */
　　　　　　　　/* 물리적 위치 인덱스를 추가(연결 정보 설정) */
　　　　　　　　· tree[currentIdx].right ← newIdx
　　　　　　　　· addFlag ← true

　　　　　　　　/* 오른쪽으로 내려갔을 때 끝이 아니라면 오른쪽의 요소보다 더 내려감 */
　　　　　　　　· currentIdx ← tree[currentIdx].right

　　■　addFlag = false

/* 다음에 추가할 요소를 위해 물리적 위치의 인덱스를 1 늘림 */
· newIdx = newIdx + 1
/* 이진 탐색 트리에 요소를 추가하는 함수(여기까지) */

/* 이진 검색 트리 실체인 배열을 물리적 위치 순서로 표시하는 함수(여기부터) */
○ **printPhysicalBST**
○ 정수형: i
　■　i: 0, i < newIdx, 1
　　· tree[i]의 data, left, right값을 표시한다
　■

/* 이진 검색 트리 실체의 배열을 물리적 위치 순서로 표시하는 함수(여기까지) */

/* 프로그램 실행의 시작점인 main 함수(여기부터) */
○ **main**
/* 요소를 추가하면서 이진 탐색 트리를 구성 */
· addBST(4)
· addBST(6)
· addBST(5)
· addBST(2)
· addBST(3)
· addBST(7)

- addBST(1)

```
/* 물리적 위치 순서로 표시 */
```
- printPhysicalBST()
```
/* 프로그램 실행의 시작점인 main 함수(여기까지) */
```

5장과 마찬가지로 여기서도 처리 함수를 나누어 작성합니다. 먼저 이진 탐색 트리에 요소를 추가하는 addBST 함수, 이진 탐색 트리의 요소를 물리적 위치 순서로 표시하는 printPhysical BST 함수, 프로그램 실행의 시작점인 main 함수를 만듭니다. 함수의 외부에는 이진 검색 트리의 실체인 배열 tree, 루트 요소의 인덱스(연결 리스트의 head에 해당) rootIdx, 다음에 저장할 요소의 인덱스 newIdx를 선언하고 있습니다. 이들은 프로그램을 구성하는 모든 함수에서 사용할 수 있습니다.

상세한 주석을 달아 놓았으니 이를 참고로 addBST 함수의 처리 내용을 확인합시다. addBST 함수는 인수 data에 지정된 요소를 이진 탐색 트리에 추가합니다. 이를 위해 이진 탐색 트리를 어떻게 탐색하는지가 중요 부분입니다. 새로운 요소는 물리적 위치인 tree[newIdx]에 저장합니다. 새로운 요소는 반드시 끝에 추가되므로 left와 right는 모두 −1입니다. 이것은 주석에 '**물리적 위치에 요솟값과 연결 정보를 추가**'라고 한 부분입니다.

새로 추가하는 요소가 루트가 된다면 이를 head로 설정합니다. **루트가 아닌 경우 이진 탐색 트리를 탐색해 새로운 요소의 논리적 순서를 확인한 후 그에 맞게 연결 정보를 갱신해야 합니다.** 이것은 '**루트 요소가 아니라면 논리적 순서에 따라 요소 위치 탐색 및 결정**'이라는 주석을 단 부분입니다.

변수 'currentIdx^{current index}'는 트리 안에서 위치를 정하기 위해 탐색하고 있는 새 추가 요소의 인덱스입니다. currentIdx에 루트의 인덱스 rootIdx를 대입해 이진 탐색 트리를 시작합니다. 불 자료형 변수 addFlag는 초기 상태를 false로 설정한 후 요소 위치가 확정되면 true로 설정합니다. addFlag가 false인 한 이진 탐색 트리를 탐색하는 것을 반복합니다. 이러한 변수를 '**플래그^{flag}**'라고 합니다. 깃발을 세워 무엇인가를 알리기 때문입니다. 여기에서는 addFlag를 true로 하는 것이 깃발이 선 상태와 같으며, 이를 통해 요소의 위치가 확정되었음을 알립니다.

'data < tree[currentIdx].data' 조건이 참이면 새로 추가할 요소가 루트 요소보다 더 작으므로 왼쪽으로 내려갑니다. 그렇지 않으면 추가될 요소가 루트 요소보다 더 크므로 오른쪽으로 내려갑니다(동일한 값은 추가되지 않는다는 전제가 있습니다). 두 경우 모두 연결 정보가 −1이면 끝이므로 그 위치에 추가합니다. 끝이 아니라면 연결 정보를 갱신하여 더 내려갑니다.

마지막으로 다음에 저장할 요소를 위해 인덱스 newIdx를 1 늘립니다.

요소를 표시하는 printPhysicalBST 함수와 프로그램의 시작점이 되는 main 함수의 처리는 5장 printStationList 함수 및 main 함수와 원리가 같으므로 이해가 가지 않는다면 해당 부분을 다시 읽어 보기 바랍니다.

C

코드 6-5는 의사코드로 나타낸 이진 탐색 트리 구성을 C로 구현한 것입니다. BinarySearchTree.c라는 파일명으로 저장하세요.

코드 6-5 이진 탐색 트리 구성
***

```c
#include <stdio.h>
#define LENGTH 10
#define TRUE -1
#define FALSE 0

// BST 구조체 정의
struct BST {
    int data;     // 요솟값
    int left;     // 왼쪽 요소의 연결 정보
    int right;    // 오른쪽 요소의 연결 정보
};

// 이진 탐색 트리의 실체가 되는 배열(요소 수는 최대 10)
struct BST tree[LENGTH];

// 루트 요소의 물리적 위치 인덱스(연결 리스트의 head)
int rootIdx = 0;

// 다음으로 추가할 요소의 물리적 위치 인덱스
int newIdx = 0;

// 이진 탐색 트리에 요소를 추가하는 함수
void addBST(int data) {
    int currentIdx;   // 현재 요소의 물리적 위치 인덱스
    int addFlag;      // 요소 추가가 완료되었는지 확인하는 플래그
```

```
// 물리적 위치에 요솟값과 연결 정보 추가
tree[newIdx].data = data;
tree[newIdx].left = -1;
tree[newIdx].right = -1;

// 루트 요소가 아니라면 논리적 순서에 따라 요소 위치 탐색 및 결정
if (newIdx != rootIdx) {
  currentIdx = rootIdx;    // 루트부터 이진 탐색 트리를 내려감
  addFlag = FALSE;         // 요소 추가가 완료되지 않음
  do {
    // 루트 요솟값보다 더 작으면 왼쪽으로 내려감
    if (data < tree[currentIdx].data) {
      // 왼쪽으로 내려갔을 때 끝이면 left에 요소의
      // 물리적 위치 인덱스를 추가(연결 정보 설정)
      if (tree[currentIdx].left == -1) {
        tree[currentIdx].left = newIdx;
        addFlag = TRUE;
      }
      // 왼쪽으로 내려갔을 때 끝이 아니라면 왼쪽의 요소보다 더 내려감
      else {
        currentIdx = tree[currentIdx].left;
      }
    }
    // 루트 요솟값보다 더 크면 오른쪽으로 내려감(동일한 값은 없음)
    else {
      // 오른쪽으로 내려갔을 때 끝이면 right에 요소의
      // 물리적 위치 인덱스를 추가(연결 정보 설정)
      if (tree[currentIdx].right == -1) {
        tree[currentIdx].right = newIdx;
        addFlag = TRUE;
      }
      // 오른쪽으로 내려갔을 때 끝이 아니라면 오른쪽의 요소보다 더 내려감
      else {
        currentIdx = tree[currentIdx].right;
      }
    }
  } while (addFlag == FALSE);
}

// 다음에 추가할 요소를 위해 물리적 위치의 인덱스를 1 늘림
```

```
    newIdx++;
}

// 이진 검색 트리의 실체인 배열을 물리적 위치 순서로 표시하는 함수
void printPhysicalBST() {
  int i;

  for (i = 0; i < newIdx; i++) {
    printf("tree[%d]: data = %d, left = %d, right = %d\n",
        i, tree[i].data, tree[i].left, tree[i].right);
  }
}

// 프로그램 실행의 시작점인 main 함수
int main() {
  // 요소를 추가하면서 이진 탐색 트리를 구성
  addBST(4);
  addBST(6);
  addBST(5);
  addBST(2);
  addBST(3);
  addBST(7);
  addBST(1);

  // 물리적 위치 순서로 표시
  printPhysicalBST();

  return 0;
}
```

자바

코드 6-6은 의사코드로 나타낸 이진 탐색 트리 구성을 자바로 작성한 것입니다. BinarySea
rchTree.java라는 파일명으로 저장하세요.

```java
// BST 클래스 정의
class BST {
  public int data;      // 요솟값
  public int left;      // 왼쪽 요소의 연결 정보
  public int right;     // 오른쪽 요소의 연결 정보
}

// 이진 탐색 트리를 구성하는 클래스 정의
public class BinarySearchTree {
  // 이진 탐색 트리의 실체가 되는 배열(요소 수는 최대 10)
  public static BST[] tree = new BST[10];

  // 루트 요소의 물리적 위치 인덱스(연결 리스트의 head)
  public static int rootIdx = 0;

  // 다음으로 추가할 요소의 물리적 위치 인덱스
  public static int newIdx = 0;

  // 이진 탐색 트리에 요소를 추가하는 메소드
  public static void addBST(int data) {
    int currentIdx;        // 현재 요소의 물리적 위치 인덱스
    boolean addFlag;       // 요소 추가가 완료되었는지 확인하는 플래그

    // 물리적 위치에 요솟값과 연결 정보 추가
    tree[newIdx].data = data;
    tree[newIdx].left = -1;
    tree[newIdx].right = -1;

    // 루트 요소가 아니라면 논리적 순서에 따라 요소 위치 탐색 및 결정
    if (newIdx != rootIdx) {
      currentIdx = rootIdx;     // 루트부터 이진 탐색 트리를 내려감
      addFlag = false;          // 요소 추가가 완료되지 않음
      do {
        // 루트 요솟값보다 더 작으면 왼쪽으로 내려감
        if (data < tree[currentIdx].data) {
          // 왼쪽으로 내려갔을 때 끝이면 left에 요소의
          // 물리적 위치 인덱스를 추가(연결 정보 설정)
          if (tree[currentIdx].left == -1) {
            tree[currentIdx].left = newIdx;
```

```
        addFlag = true;
      }
      // 왼쪽으로 내려갔을 때 끝이 아니라면 왼쪽의 요소보다 더 내려감
      else {
        currentIdx = tree[currentIdx].left;
      }
    }
    // 루트 요솟값보다 더 크면 오른쪽으로 내려감(동일한 값은 없음)
    else {
      // 오른쪽으로 내려갔을 때 끝이면 right에 요소의
      // 물리적 위치 인덱스를 추가(연결 정보 설정)
      if (tree[currentIdx].right == -1) {
        tree[currentIdx].right = newIdx;
        addFlag = true;
      }
      // 오른쪽으로 내려갔을 때 끝이 아니라면 오른쪽의 요소보다 더 내려감
      else {
        currentIdx = tree[currentIdx].right;
      }
    }
  } while (addFlag == false);
}


// 다음에 추가할 요소를 위해 물리적 위치의 인덱스를 1 늘림
newIdx++;
}


// 이진 검색 트리의 실체인 배열을 물리적 위치 순서로 표시하는 메소드
public static void printPhysicalBST() {
  int i;

  for (i = 0; i < newIdx; i++) {
    System.out.printf("tree[%d] : data = %d, left = %d, right = %d\n",
                i, tree[i].data, tree[i].left, tree[i].right);
  }
}


// 프로그램 실행의 시작점인 main 메소드
public static void main(String[] args) {
  // 자바는 인스턴스 생성이 필요(이 처리는 의사코드나 C에서는 불필요)
```

```
    for (int i = 0; i < tree.length; i++) {
      tree[i] = new BST();
    }

    // 요소를 추가하면서 이진 탐색 트리를 구성
    addBST(4);
    addBST(6);
    addBST(5);
    addBST(2);
    addBST(3);
    addBST(7);
    addBST(1);

    // 물리적 위치 순서로 표시
    printPhysicalBST();
  }
}
```

코드 설명

자바에서는 클래스 안에 메소드를 작성하도록 약속하고 있으므로, BST 클래스와는 별도로 BinarySearchTree 클래스가 있습니다. 또한 BinarySearchTree 클래스 안에 이진 탐색의 실체 인 배열 tree, 루트 요소의 물리적 위치 인덱스 rootIdx, 다음으로 추가할 요소의 물리적 위치 인덱스 newIdx, addBST 메소드, printPhysicalBST 메소드 및 main 메소드를 작성했습니다.

프로그램 코드의 기본적인 부분은 의사코드의 설명 부분과 코드에 작성한 주석을 참고하면 이 해할 수 있을 것으로 생각합니다.

tip C와 자바 프로그램의 main 함수(메소드)에서 '// 요소를 추가하면서 이진 탐색 트리를 구성'이라는 주석 처리 아래의 addBST(4);~addBST(1);을 한꺼번이 아니라 하나씩 추가해 실행해 보면 실제 알고리즘의 결 과 추적이 가능합니다.

실행 결과

```
tree[0] : data = 4, left = 3, right = 1
tree[1] : data = 6, left = 2, right = 5
tree[2] : data = 5, left = -1, right = -1
```

```
tree[3] : data = 2, left = 6, right = 4
tree[4] : data = 3, left = -1, right = -1
tree[5] : data = 7, left = -1, right = -1
tree[6] : data = 1, left = -1, right = -1
```

이진 탐색 트리의 요소가 물리적인 순서로 표시되었고 요솟값인 data, 왼쪽과 오른쪽 요소의
논리적 순서를 나타내는 연결 정보인 left와 right를 표시합니다. 그림 6-2에서 맨 아래에
있는 1, 3, 5, 7은 트리의 끝입니다. 따라서 data값이 1, 3, 5, 7일 때 left와 right값은 모
두 -1입니다.

논리적으로 이진 탐색 트리가 되어 있는지는 알고리즘의 추적에서 확인합니다.

6.1.3 알고리즘의 추적
앞 C나 자바 프로그램의 실행 결과를 실제 배열의 개념으로 그리면 그림 6-4와 같습니다.

tree[0]	tree[1]	tree[2]	tree[3]	tree[4]	tree[5]	tree[6]
data = 4	data = 6	data = 5	data = 2	data = 3	data = 7	data = 1
left = 3	left = 2	left = -1	left = 6	left = -1	left = -1	left = -1
right = 1	right = 5	right = -1	right = 4	right = -1	right = -1	right = -1

그림 6-4 물리적 배열의 이미지로 나타낸 이진 탐색 트리

그럼 배열이 논리적 순서에 따라 이진 탐색 트리가 되어 있는지 확인합시다. 이는 알고리즘의
과정을 추적하는 것이기도 합니다.

1단계
처음 추가되는 루트 요소는 tree[0]으로 정했기 때문에 루트 요솟값은 '4'로 합니다. 이 시점
에서는 새로운 요소가 추가된 것이 아니므로 left와 right는 -1입니다. 즉, 'tree[0]: data =
4, left = -1, right = -1'인 상태입니다.

그림 6-5 이진 탐색 트리 구성 1단계

2~3단계

새롭게 추가되는 요소는 tree[1]에 저장되며 data값은 6입니다. 이는 루트 요소의 data값인 4
보다 크므로 오른쪽에 위치합니다.

이때 tree[0]은 오른쪽 아래 요소가 생긴 것이고 해당 요소의 물리적 위치 인덱스가 1이므
로 right값으로 1을 갖습니다. 아직 왼쪽 아래 요소가 없으므로 left는 −1 그대로 유지됩니
다. tree[1]은 아직 왼쪽과 오른쪽 아래 요소가 없으므로 left와 right값 모두 −1입니다. 즉,
'tree[0]: data = 4, left = -1, right = 1', 'tree[1]: data = 6, left = -1, right = -1'인
상태입니다.

다음으로 새롭게 추가되는 요소는 tree[2]에 저장되며 data값은 5입니다. 이 역시 루트 요소
의 data값인 4보다 크기 때문에 우선 4의 오른쪽 아래로 이동합니다. 다음으로 이미 오른쪽
아래에 있는 tree[1]의 data값인 6과 비교합니다. 이때는 5 < 6이므로 tree[1]의 왼쪽 아래로
이동합니다.

이때 tree[0]은 오른쪽 아래 요소가 이미 있고 왼쪽 아래 요소는 아직 없으므로 left값은 −1,
right값은 1인 상태 그대로 유지됩니다. tree[1]은 오른쪽 아래 요소는 없지만 왼쪽 아래 요
소가 새로 생겼고, 해당 요소의 물리적 위치 인덱스가 2입니다. 따라서 left값이 2가 됩니다.
아직 오른쪽 아래 요소는 없으므로 right값은 −1 그대로입니다. tree[2]는 아래에 요소가
없으므로 left와 right값 모두 −1입니다. 즉, 'tree[1]: data = 6, left = 2, right = -1',
'tree[2]: data = 5, left = -1, right = -1'입니다.

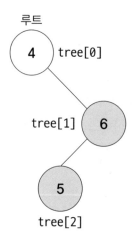

그림 6-6 이진 탐색 트리 구성 2~3단계

4~5단계

새롭게 추가되는 요소는 tree[3]에 저장되며 data값은 2입니다. 이는 루트 요소의 data값인 4
보다 작으므로 왼쪽에 위치합니다.

이제 tree[0]은 왼쪽 및 오른쪽 아래 요소가 생긴 것입니다. 왼쪽 요소의 물리적 위치 인덱스
가 3이므로 left값은 3, right값은 1을 갖습니다. tree[3]은 아직 왼쪽과 오른쪽 아래 요소
가 없으므로 left와 right값 모두 −1입니다. 즉, 'tree[0]: data = 4, left = 3, right = 1',
'tree[3]: data = 2, left = -1, right = -1'입니다.

다음으로 새롭게 추가되는 요소는 tree[4]에 저장되며 data값은 3입니다. 이 역시 루트 요소
의 data값인 4보다 작기 때문에 4의 왼쪽 아래로 이동합니다. 다음으로 이미 왼쪽 아래에 있
는 tree[3]의 data값인 2와 비교합니다. 이때는 2 〈 3이므로 tree[3]의 오른쪽 아래로 이동합
니다.

tree[0]은 왼쪽과 오른쪽 아래 요소가 이미 있으므로 left는 3, right는 1인 상태 그대로 유
지됩니다. tree[3]은 왼쪽 아래 요소는 없지만 오른쪽 아래 요소가 새로 생겼고, 해당 오른쪽
요소의 물리적 위치 인덱스가 4입니다. 따라서 right값이 4가 됩니다. 아직 왼쪽 아래 요소가
없으므로 left값은 −1 그대로입니다. tree[4]는 아래에 요소가 없으므로 left와 right값 모
두 −1입니다. 즉, 'tree[3]: data = 2, left = -1, right = 4', 'tree[4]: data = 3, left =
-1, right = -1'입니다.

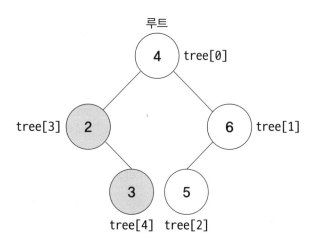

그림 6-7 이진 탐색 트리 구성 4~5단계

6~7단계

새롭게 추가되는 요소는 tree[5]에 저장되며 data값은 7입니다. 이는 루트 요소의 data값인 4 보다 크므로 오른쪽 아래로 이동합니다. 다음으로 이미 오른쪽 아래에 있는 tree[1]의 data값 인 6과 비교합니다. 이때는 6 〈 7이므로 tree[1]의 오른쪽 아래로 이동합니다.

이제 tree[1]에 오른쪽 아래 요소가 있으므로 left값은 기존과 같은 2고, right값은 새로 운 오른쪽 아래 요소의 물리적 위치 인덱스와 같은 5가 됩니다. tree[5]에는 아래에 요소가 없으므로 left와 right값 모두 −1입니다. 즉, 'tree[1]: data = 6, left = 2, right = 5', 'tree[5]: data = 7, left = -1, right = -1'입니다.

다음으로 새롭게 추가되는 요소는 tree[6]에 저장되며 data값은 1입니다. 이는 루트 요소의 data값인 4보다 작으므로 우선 4의 왼쪽 아래로 이동합니다. 다음으로 이미 왼쪽 아래에 있는 tree[3]의 data값인 2과 비교합니다. 이때는 1 〈 2이므로 tree[3]의 왼쪽 아래로 이동합니다.

이제 tree[3]에 왼쪽 아래 요소가 있으므로 right값은 기존과 같은 4고, left값은 새로운 왼 쪽 아래 요소의 물리적 위치 인덱스인 6이 됩니다. tree[6]에는 아래에 요소가 없으므로 left 와 right값 모두 −1입니다. 즉, 'tree[3]: data = 2, left = 6, right = 4', 'tree[6]: data = 1, left = -1, right = -1'입니다.

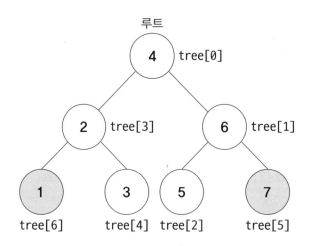

그림 6-8 이진 탐색 트리 구성 6~7단계

이렇게 물리적 배열이 논리적 순서에 따라 이진 탐색 트리가 되어 있는 것을 확인할 수 있었습 니다.

6.2 이진 탐색 트리의 탐색

- **Point** 이진 탐색 트리의 깊이 우선 탐색
- **Point** 이진 탐색 트리를 탐색하는 알고리즘
- **Point** 재귀 호출에 의한 이진 탐색 트리의 탐색

6.2.1 이진 탐색 트리의 깊이 우선 탐색

이 장의 전반부에서 만든 printPhysicalBST 함수(메소드)는 이진 탐색 트리의 요소를 물리적 위치 순서로 표시하는 것이었습니다. 이번에는 printLogicalBST(int currentIdx)라는 함수(메소드)를 추가하여 이진 탐색 트리의 요소를 6.1에서 살펴본 것과 다른 논리적인 기준인 '깊이 우선 탐색'에 따른 순서로 표시해 봅시다.

깊이 우선 탐색은 원하는 값을 찾을 때 루트 노드에서 시작해 어떤 리프 노드에 도달했으면 바로 전 부모 노드로 돌아와 해당 부모의 다른 자식 노드의 리프 노드까지 탐색하는 방법을 트리의 모든 노드 대상으로 반복합니다. 막다른 길에 도달했을 때 바로 이전 갈림길로 돌아와 다른 갈림길을 선택해 막다른 길인지를 확인하는 방법과 비슷합니다. **깊이 우선 탐색은 이진 탐색 트리의 연결 정보를 이용하므로 충분히 논리적 순서입니다.**

그림 6-9는 그림 6-8에서 살펴본 이진 탐색 트리를 깊이 우선 탐색할 때의 순서입니다.

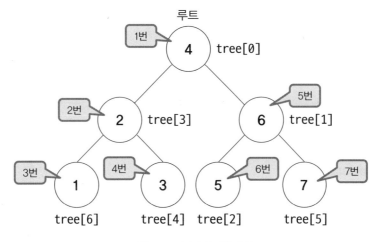

그림 6-9 깊이 우선 탐색 순서

C

깊이 우선 탐색은 별도의 의사코드 없이 바로 프로그램 코드를 소개합니다. 코드 6-7은 prin tLogicalBST 함수와 그와 관련된 main 함수 내용을 C로 구현한 것입니다. BinarySearchTre e.c의 printPhysicalBST 함수와 main 함수 사이에 작성하세요.

코드 6-7 printLogicalBST 함수

```c
// 이진 탐색 트리를 논리적인 순서(깊이 우선 탐색)로 표시하는 함수
void printLogicalBST(int currentIdx) {
  if (currentIdx != -1) {
    printf("tree[%d]: data = %d, left = %d, right = %d\n",
        currentIdx, tree[currentIdx].data,
        tree[currentIdx].left, tree[currentIdx].right);

    // 재귀 호출 부분
    printLogicalBST(tree[currentIdx].left);
    printLogicalBST(tree[currentIdx].right);
  }
}


// 프로그램 실행의 시작점인 main 함수
int main() {
  // 요소를 추가하면서 이진 탐색 트리를 구성
  addBST(4);
  addBST(6);
  addBST(5);
  addBST(2);
  addBST(3);
  addBST(7);
  addBST(1);

  // 물리적 위치 순서로 표시
  printPhysicalBST();

  // 이진 탐색 트리를 논리적 순서(깊이 우선 탐색)로 표시
  printf("-------------------------------------\n");
  printLogicalBST(rootIdx);

  return 0;
}
```

자바

코드 6-8은 printLogicalBST 메소드 및 그와 관련된 main 메소드 내용을 자바로 구현한 것입니다. BinarySearchTree.java의 BinarySearchTree 클래스 안 printPhysicalBST 메소드와 main 메소드 사이에 작성합니다.

코드 6-8 printLogicalBST 메소드

```java
// 이진 탐색 트리를 논리적인 순서(깊이 우선 탐색)로 표시하는 메소드
public static void printLogicalBST(int currentIdx) {
  if (currentIdx != -1) {
    System.out.printf("tree[%d] : data = %d, left = %d, right = %d\n",
                currentIdx, tree[currentIdx].data,
                tree[currentIdx].left, tree[currentIdx].right);

    // 재귀 호출 부분
    printLogicalBST(tree[currentIdx].left);
    printLogicalBST(tree[currentIdx].right);
  }
}

// 프로그램 실행의 시작점인 main 메소드
public static void main(String[] args) {
  // 자바는 인스턴스 생성이 필요(이 처리는 의사코드나 C에서는 불필요)
  for (int i = 0; i < tree.length; i++) {
    tree[i] = new BST();
  }

  // 요소를 추가하면서 이진 탐색 트리를 구성
  addBST(4);
  addBST(6);
  addBST(5);
  addBST(2);
  addBST(3);
  addBST(7);
  addBST(1);

  // 물리적 위치 순서로 표시
  printPhysicalBST();
```

```
  // 이진 탐색 트리를 논리적인 순서(깊이 우선 탐색)로 표시
  System.out.printf("---------------------------------------\n");
  printLogicalBST(rootIdx);
}
```

코드 설명

여기에서는 '재귀 호출^{recursive call}'이라는 기법을 사용하고 있습니다. 이는 같은 함수(메소드) 안에서 자기 자신을 다시 호출하여 특정 처리를 반복하는 것입니다. printLogicalBST 함수(메소드) 안에서 printLogicalBST 함수(메소드)를 호출하는 부분(주석 처리한 '// 재귀 호출 부분')입니다.

실행 결과

```
tree[0] : data = 4, left = 3, right = 1
tree[1] : data = 6, left = 2, right = 5
tree[2] : data = 5, left = -1, right = -1
tree[3] : data = 2, left = 6, right = 4
tree[4] : data = 3, left = -1, right = -1
tree[5] : data = 7, left = -1, right = -1
tree[6] : data = 1, left = -1, right = -1
---------------------------------------
tree[0] : data = 4, left = 3, right = 1
tree[3] : data = 2, left = 6, right = 4
tree[6] : data = 1, left = -1, right = -1
tree[4] : data = 3, left = -1, right = -1
tree[1] : data = 6, left = 2, right = 5
tree[2] : data = 5, left = -1, right = -1
tree[5] : data = 7, left = -1, right = -1
```

printPhysicalBST 함수에 의한 물리적 위치 순서 표시와 printLogicalBST 함수에 의한 논리적 순서 표시 사이에 구분선을 두었습니다. 차이에 주목하세요. 물리적 위치 순서는 tree[0] → tree[1] → tree[2] → tree[3] → tree[4] → tree[5] → tree[6]이지만, 논리적 순서는 tree[0] → tree[3] → tree[6] → tree[4] → tree[1] → tree[2] → tree[5]입니다.

tip 지금까지 설명한 이진 탐색 트리 예의 포인터와 참조 구현은 예제 파일의 BinarySearchTreePointer.c와 BinarySearchTreeReference.java를 참고하기 바랍니다.

6.2.2 이진 탐색 트리에서 요소를 탐색하는 알고리즘

앞에서 언급한 깊이 우선 탐색은 이진 탐색 트리를 깊이 탐색하는 것을 우선하여 모든 요소를 살피는 것이었습니다. 이진 탐색 트리에서 특정 요소만을 탐색하는 경우에는 이 장의 전반부에서 단계를 추적했던 알고리즘을 사용하는 것이 좋습니다.

이번에는 지금까지의 프로그램에 인수 x값을 이진 탐색 트리에서 탐색하는 함수(자바에서는 메서드)를 추가합시다. 함수의 구문은 정수형을 사용하며 searchBST(정수형 x)로 합니다. 인수 x와 같은 값이 발견되면 요소의 인덱스를 반환합니다. 발견되지 않으면 인덱스로 있을 수 없는 값인 −1을 반환합니다.

searchBST 함수의 알고리즘을 설명하면 다음과 같습니다.

1. idx에 임시로 결과 −1을 설정합니다.

2. currentIdx에 rootIdx를 설정합니다.

3. currentIdx가 −1이 아닌 한 다음 처리를 반복합니다.

   A. tree[currentIdx].data = x라면, idx에 currentIdx를 설정하고 반복을 종료합니다.

   B. tree[currentIdx].data > x라면, currentIdx에 tree[currentIdx].left를 설정합니다.

   C. 어느 쪽도 아닌 상황일 경우(즉, tree[currentIdx].data < x)라면 currentIdx에 tree[currentIdx].right를 설정합니다.

4. idx값을 반환합니다.

tree[currentIdx].data와 x를 비교해 그 결과에 따라 처리를 3개로 나누고, 분기한 쪽을 탐색하는 것이 3장에서 설명한 이진 검색 단계와 비슷하다고 느낄 것입니다. 이진 탐색 트리는 이진 검색 알고리즘을 자료구조로 실현하는 것이기 때문입니다.

의사코드

코드 6-9는 의사코드로 작성한 searchBST 함수입니다.

코드 6-9 요소 검색 알고리즘의 의사코드

```
/* 이진 탐색 트리를 탐색하는 함수(여기부터) */
○ 정수형: searchBST(정수형: x)
○ 정수형: idx          /* 찾은 요소의 인덱스 */
```

○ 정수형: currentIdx   /* 현재 요소의 인덱스 */
· idx ← -1
· currentIdx ← rootIdx
■ currentIdx != -1
  ▲ tree[currentIdx].data = x
    · idx = currentIdx
    · break   /* 반복 종료 */

    ▲ tree[currentIdx].data > x
      · currentIdx ← tree[currentIdx].left

      · currentIdx ← tree[currentIdx].right

· return idx /* 반환값 반환 */
/* 이진 탐색 트리를 탐색하는 함수(여기까지) */

앞 의사코드에는 사실 main 함수에 searchBST 함수 호출을 추가할 필요가 있지만 여기에서는 설명을 생략합니다. 다음에 설명할 C와 자바 프로그램에서 main 함수 혹은 메소드에 추가할 처리를 설명합니다.

C

코드 6-10은 searchBST 함수 및 그와 관련된 main 함수 내용을 C로 구현한 것입니다. BinarySearchTree.c의 printLogicalBST 함수와 main 함수 사이에 작성하세요.

코드 6-10 요소 검색 알고리즘

```c
// 이진 트리를 탐색하는 함수
int searchBST(int x) {
  int idx;          // 찾은 요소의 인덱스
  int currentIdx;   // 현재 요소의 인덱스
  idx = -1;
  currentIdx = rootIdx;

  while (currentIdx != -1) {
    if (tree[currentIdx].data == x) {
      idx = currentIdx;
```

```
          break;
      } else if (tree[currentIdx].data > x) {
        currentIdx = tree[currentIdx].left;
      } else {
        currentIdx = tree[currentIdx].right;
      }
    }
  }
  return idx;
}

// 프로그램 실행의 시작점인 main 함수
int main() {
  // 요소를 추가하면서 이진 탐색 트리를 구성
  addBST(4);
  addBST(6);
  addBST(5);
  addBST(2);
  addBST(3);
  addBST(7);
  addBST(1);

  /* 물리적 위치 순서로 표시(6.2.2부터는 주석 처리)
  printPhysicalBST(); */

  /* 이진 탐색 트리를 논리적 순서(깊이 우선 탐색)로 표시
  printf("-------------------------------------\n");
  printLogicalBST(rootIdx); */

  // 이진 탐색 트리를 탐색
  printf("data값이 '5'일 때의 물리적 위치 탐색 결과 = tree[%d]\n", searchBST(5));
  printf("data값이 '8'일 때의 물리적 위치 탐색 결과 = tree[%d]\n", searchBST(8));

  return 0;
}
```

자바

코드 6-11은 의사코드로 작성한 searchBST 메소드 및 그와 관련된 main 메소드 내용을 자바로 구현한 섯입니다. BinarySearchTree.java의 printLogicalBST 메소드와 main 메소드 사이에 작성하세요.

코드 6-11 요소 탐색 알고리즘

```java
// 이진 탐색 트리를 탐색하는 메소드
public static int searchBST(int x) {
  int idx;           // 찾은 요소의 인덱스
  int currentIdx;    // 현재 요소의 인덱스
  idx = -1;
  currentIdx = rootIdx;

  while (currentIdx != -1) {
    if (tree[currentIdx].data == x) {
      idx = currentIdx;
      break;
    } else if (tree[currentIdx].data > x) {
      currentIdx = tree[currentIdx].left;
    } else {
      currentIdx = tree[currentIdx].right;
    }
  }
  return idx;
}

// 프로그램 실행의 시작점인 main 메소드
public static void main(String[] args) {
  // 자바는 인스턴스 생성이 필요(이 처리는 의사코드나 C에서는 불필요)
  for (int i = 0; i < tree.length; i++) {
    tree[i] = new BST();
  }

  // 요소를 추가하면서 이진 탐색 트리를 구성
  addBST(4);
  addBST(6);
  addBST(5);
  addBST(2);
```

```
    addBST(3);
    addBST(7);
    addBST(1);

    /* 물리적 위치 순서로 표시(6.2.2부터는 주석 처리)
    printPhysicalBST(); */

    /* 이진 탐색 트리를 논리적 순서(깊이 우선 탐색)로 표시
    System.out.printf("-------------------------------------\n");
    printLogicalBST(rootIdx); */

    // 이진 탐색 트리를 탐색
    System.out.printf("data값이 '5'일 때의 물리적 위치 탐색 결과 = tree[%d]\n", searchBST(5));
    System.out.printf("data값이 '8'일 때의 물리적 위치 탐색 결과 = tree[%d]\n", searchBST(8));
}
```

코드 설명

'currentIdx가 −1이 아닌 한'이라는 조건이므로 for 문이 아닌 while 문을 사용했다는 점
을 기억해두기 바랍니다. 또한 main 함수에는 인수를 '5' 및 '8'로 설정한 후 searchBST 함수를
호출하여 각각의 반환값을 화면에 표시하는 처리를 추가합니다. 참고로 실행 결과 확인에는
printPhysicalBST 함수 호출과 printLogicalBST 함수 호출을 주석 처리하기 바랍니다.

실행 결과

```
data값이 '5'일 때의 물리적 위치 탐색 결과 = tree[2]
data값이 '8'일 때의 물리적 위치 탐색 결과 = tree[-1]
```

'5'를 검색하면 tree[2].data와 같은 값이므로 '2'가 반환됩니다. '8'을 검색하면 이진 탐색 트
리의 요소에 존재하지 않는 값이므로 '−1'이 반환됩니다. 정확한 검색 결과를 보여줍니다.

6.2.3 재귀 호출에 의한 이진 탐색 트리의 탐색

6.2.2에서 살펴본 searchBST는 함수(메소드) 속에서 같은 함수(메소드)를 호출하여 반복하는
재귀 호출을 작성했습니다. 재귀 호출을 사용하면 일반적으로 반복을 사용한 경우보다 프로그램을 '스

마트'하게 작성할 수 있습니다. 여기서 '스마트'는 '짧게', '낭비 없이', '효율적으로'라는 뜻입니다. 알고리즘의 기본 개념은 6.2.2와 같으므로 여기에서는 의사코드를 생략하고 바로 프로그램 코드를 소개합니다.

C

코드 6-12는 재귀 호출을 이용해 인수 x의 값을 찾는 searchRecBST 함수를 C로 작성한 것입니다. BinarySearchTree.c의 searchBST 함수와 main 함수 사이에 작성하세요. 참고로 Rec는 영어로 재귀 호출을 뜻하는 recursive call의 줄임말입니다.

코드 6-12 재귀 호출을 이용한 요소 탐색 알고리즘

```c
// 재귀 호출로 이진 탐색 트리를 탐색하는 함수
int searchRecBST(int x, int currentIdx) {
  if (currentIdx == -1) {
    return -1;
  } else {
    if (tree[currentIdx].data == x) {
      return currentIdx;
    } else if (tree[currentIdx].data > x) {
      // 재귀 호출 부분
      return searchRecBST(x, tree[currentIdx].left);
    } else {
      // 재귀 호출 부분
      return searchRecBST(x, tree[currentIdx].right);
    }
  }
}

// 프로그램 실행의 시작점인 main 함수
int main() {
  // 요소를 추가하면서 이진 탐색 트리를 구성
  addBST(4);
  addBST(6);
  addBST(5);
  addBST(2);
  addBST(3);
  addBST(7);
  addBST(1);
```

```
    // 물리적 위치 순서로 표시(6.2.2부터는 주석 처리)
    printPhysicalBST();

    /* 이진 탐색 트리를 논리적 순서(깊이 우선 탐색)로 표시
    printf("-------------------------------------\n");
    printLogicalBST(rootIdx); */

    // 이진 탐색 트리를 탐색
    printf("data값이 '5'일 때의 물리적 위치 탐색 결과 = tree[%d]\n", searchBST(5));
    printf("data값이 '8'일 때의 물리적 위치 탐색 결과 = tree[%d]\n", searchBST(8));

    // 재귀 호출로 이진 탐색 트리를 탐색
    printf("-------------------------------------\n");
    printf("data값이 '5'일 때의 물리적 위치 탐색 결과 = tree[%d]\n",
        searchRecBST(5, rootIdx));
    printf("data값이 '8'일 때의 물리적 위치 탐색 결과 = tree[%d]\n",
        searchRecBST(8, rootIdx));

    return 0;
}
```

자바

코드 6-13은 재귀 호출을 이용해 인수 x의 값을 찾는 searchRecBST 메소드를 자바로 작성한 것입니다. BinarySearchTree.java의 searchBST 메소드와 main 메소드 사이에 작성하세요.

코드 6-13 재귀 호출을 이용한 요소 탐색 알고리즘

```
// 재귀 호출로 이진 탐색 트리를 탐색하는 메소드
public static int searchRecBST(int x, int currentIdx) {
  if (currentIdx == -1) {
    return -1;
  } else {
    if (tree[currentIdx].data == x) {
      return currentIdx;
    } else if (tree[currentIdx].data > x) {
      // 재귀 호출 부분
      return searchRecBST(x, tree[currentIdx].left);
    } else {
```

```java
        // 재귀 호출 부분
        return searchRecBST(x, tree[currentIdx].right);
    }
  }
}

// 프로그램 실행의 시작점인 main 메소드
public static void main(String[] args) {
  // 자바는 인스턴스 생성이 필요(이 처리는 의사코드나 C에서는 불필요)
  for (int i = 0; i < tree.length; i++) {
    tree[i] = new BST();
  }

  // 요소를 추가하면서 이진 탐색 트리를 구성
  addBST(4);
  addBST(6);
  addBST(5);
  addBST(2);
  addBST(3);
  addBST(7);
  addBST(1);

  /* 물리적 위치 순서로 표시
  printPhysicalBST(); */

  /* 이진 탐색 트리를 논리적인 순서(깊이 우선 탐색)로 표시
  // System.out.printf("---------------------------------------\n");
  // printLogicalBST(rootIdx); */

  // 이진 탐색 트리를 탐색
  System.out.printf("data값이 '5'일 때의 물리적 위치 탐색 결과 = tree[%d]\n", searchBST(5));
  System.out.printf("data값이 '8'일 때의 물리적 위치 탐색 결과 = tree[%d]\n", searchBST(8));

  // 재귀 호출로 이진 탐색 트리를 탐색
  System.out.printf("---------------------------------------\n");
  System.out.printf("data값이 '5'일 때의 물리적 위치 탐색 결과 = %d\n",
              searchRecBST(5, rootIdx));
  System.out.printf("data값이 '8'일 때의 물리적 위치 탐색 결과 = %d\n",
              searchRecBST(8, rootIdx));
}
```

코드 설명

searchBST 함수(메소드)에서 인수는 탐색할 값 x뿐이었지만 searchRecBST 함수(메소드)는 x 뿐만 아니라 현재 탐색 위치를 나타내는 currentIdx를 인수로 사용합니다. currentIdx값을 변경하면서, searchRecBST 함수 속에서 다시 searchRecBST 함수를 호출하여 재귀 호출에 의한 반복을 처리하는 것입니다. main 함수(메소드)에는 6.2.2 searchBST 함수와 마찬가지로 searchRecBST 함수로 '5'와 '8'을 탐색하는 작업을 추가합니다.

프로그램의 길이는 어떨까요? 주석과 빈 행을 제외하고 살펴보면 searchBST 메소드는 19 줄, searchRecBST 메소드는 16줄입니다. 재귀 호출을 사용한 searchRecBST 메소드가 3줄(약 16%) 짧게 되었으므로 좀 더 '스마트'합니다. 이 예제에서는 큰 차이를 느끼지 못하겠지만 실제로 소프트웨어 개발 등에서는 이러한 코드 작성 효율성도 굉장히 중요합니다.

실행 결과

```
data값이 '5'일 때의 물리적 위치 탐색 결과 = tree[2]
data값이 '8'일 때의 물리적 위치 탐색 결과 = tree[-1]
----------------------------------------
data값이 '5'일 때의 물리적 위치 탐색 결과 = tree[2]
data값이 '8'일 때의 물리적 위치 탐색 결과 = tree[-1]
```

구분선 위쪽이 일반적인 반복을 사용한 searchBST 함수(메소드)의 처리 결과이며, 아래쪽이 재귀 호출을 사용한 searchRecBST 함수(메소드)의 처리 결과입니다. 모두 올바른 검색 결과를 보여줍니다.

확인 문제

문제1 다음 설명이 맞으면 ○, 올바르지 않다면 ×를 표시하세요.

① 이진 탐색 트리의 한 요소는 연결 정보를 2개 갖는다.

② 이진 탐색 트리의 근본 요소를 마디라고 부른다.

③ 이진 탐색 트리는 정렬sort을 효율적으로 수행하는 자료구조다.

④ 이진 탐색 트리에 추가된 요소는 나무의 끝에 놓인다.

⑤ 이진 탐색 트리의 모든 요소를 논리적으로 더듬어 가는 알고리즘의 하나로 깊이 우선 탐색이 있다.

정답은 403페이지에 있습니다.

문제 2 다음은 이진 탐색 트리에서 x값을 탐색해 발견하면 요소의 인덱스를 반환하고, 찾지 못하면 -1을 반환하는 searchBST 함수를 의사코드로 작성한 것입니다. 그 외 변수의 역할은 이 장에서 작성한 프로그램과 동일합니다. 빈칸에 적절한 단어와 연산자를 입력하세요.

○ 정수형: searchBST(정수형: x)
○ 정수형: idx
○ 정수형: currentIdx
· idx ← -1
· currentIdx ← [(1)   ]
■ currentIdx != -1
  tree[currentIdx].data = x
  · idx = currentIdx
  · break

  tree[currentIdx].data > x
  · currentIdx ← [(2)   ]

  · currentIdx ← [(3)   ]

· return idx

정답은 403페이지에 있습니다.

이진 탐색 트리는 탐색(검색)을 효율적으로 수행하는 트리였습니다. 이외에 정렬을 효율적으로 수행하는 '힙' 이라는 트리도 있습니다. 다음 그림은 힙의 예를 보여줍니다.

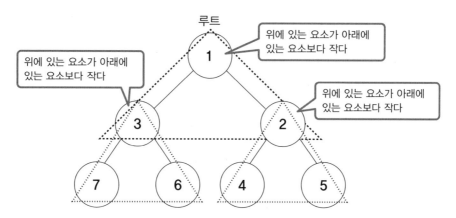

좌우 관계없이, 위의 요소가 아래 요소보다 작다는 규칙으로 요소를 연결합니다.

힙(heap)은 '퇴적물'이라는 뜻입니다. 겉보기에는 이진 탐색 트리처럼 나무의 형상을 하고 있지만 퇴적물을 의미합니다. 바닷속 퇴적물처럼 아래에 큰 바위, 그 위에는 중간 정도의 돌, 그 위에 작은 모래 순으로 쌓여 있습니다.

좌우에 관계없이 위의 요소가 아래의 요소보다 작으므로, 힙의 루트(최상단)에 있는 '1'은 최솟값입니다. '1'을 꺼내 빈 위치에, 그 아래에 있는 요소의 작은 '2'를 올립니다. 빈 위치에, 그 아래에 있는 작은 '4'를 올립니다. 이를 통해 나머지 요소로 힙을 다시 구축할 수 있습니다. 이처럼 '루트에 있는 최솟값을 꺼낸다', '힙을 다시 구축한다'는 단계를 반복하면 '1', '2', '3', '4', '5', '6', '7'의 순서로 요소를 꺼낼 수 있고, 오름차순으로 정렬할 수 있습니다. 이것을 '힙 정렬'이라고 합니다.

힙 정렬의 시간 복잡도는 8장에서 설명할 퀵 정렬과 같은 $O(\log_2 N \times N)$입니다. 그러나 힙 정렬은 하나하나의 처리가 복잡하므로 일반적으로 퀵 정렬을 더 많이 사용합니다.

다음 소개하는 정보의 C(없으면 C++)와 자바 코드도 참고하기 바랍니다.

- **HeapSort**
  https://www.geeksforgeeks.org/heap-sort

해시 테이블
탐색법

해시 테이블 탐색법은 해시 테이블(hash table)이라는 자료구조를 사용한 탐색 알고리즘입니다. 기본적으로 배열 구조를 이용합니다. 단, 데이터를 고유하게 식별하는 '키'를 해시 함수에 넣어 얻은 해시값을 배열의 인덱스로 삼아 해당 위치에 데이터를 저장하는 것이 일반적인 배열과 다른 점입니다.

해시 테이블 탐색의 시간 복잡도는 이상적인 경우 O(1)입니다. '이상적인 경우'라고 하는 이유는 키는 다르지만 해시값이 같은 상황이 발생하기 때문입니다. 이때는 저장 위치의 인덱스를 바꾸어야 하고, 한 번의 처리로 찾을 수 없습니다. 이러한 데이터를 동의어(synonym)라고 합니다. 이 장에서는 해시 테이블 탐색법의 구조와 동의어 대처 방법을 설명합니다.

7.1 해시 테이블 탐색법의 구조

- Point 해시 함수와 해시값
- Point 데이터가 한 번의 처리만에 발견된 이유

7.1.1 해시 테이블 탐색법의 알고리즘

'해시 테이블 탐색법'은 '해시 테이블'이라는 자료구조를 사용하여 검색하는 알고리즘입니다. 데이터 저장에 배열 구조를 이용하며, 다음처럼 데이터를 저장하는 규칙을 정해 두고 있습니다.

- 특정 값과 고유하게 연결할 '키^{key}'라는 데이터를 미리 준비합니다.
- 키를 '해시 함수'라는 계산식에 넣어 얻은 결과('해시값$^{hash\ value}$'이라고 함)를 배열의 인덱스로 사용합니다.
- 키로 계산한 배열의 인덱스와 연결된 저장소^{bucket}에 키와 연결할 값을 저장합니다.

즉, 해시 테이블이란 어떤 키를 해시 함수에 넣어 얻은 결과를 배열의 인덱스로 삼아 값을 저장하는 자료구조라고 생각해도 좋습니다. 이는 특정 키를 알면 데이터를 바로 삽입, 삭제, 탐색할 수 있으므로 속도가 빠릅니다.

이번에는 키이자 값인 37, 51, 79를, 요소 수 10개의 배열 hashTable[0]~hashTable[9]에 저장한다고 생각해 보죠. 여기에서는 다음 식과 같이 '데이터 각각을 10으로 나눈 나머지'를 해시 함수로 설정합니다. 그리고 함수의 계산 결과를 해시값으로 삼을 것입니다. 나머지는 % 연산자로 구합니다.

해시값 = 키 % 10

10으로 나눈 나머지는 반드시 0~9이므로, 배열 hashTable[0]~hashTable[9]의 인덱스 범위에 딱 맞습니다. 예를 들어 37의 해시값은 37 % 10 = 7이므로 hashTable[7]에 저장합니다.

해시 테이블에 데이터를 저장할 때의 알고리즘은 다음과 같습니다.

1. 키를 이용해 해시값을 구합니다.
2. hashTable[해시값]에 키와 연결할 값을 저장합니다.

이 해시 테이블을 탐색할 때 알고리즘은 다음과 같습니다.

1. 키를 이용해 해시값을 구합니다.

2. hashTable[해시값]에 있는 요솟값을 찾습니다.

1회 처리에서 원하는 값을 찾기 때문에 해시 테이블 탐색법의 시간 복잡도는 이상적으로는 O(1)입니다. 이는 값 수에 관계없이 반복 처리를 하지 않고 1회 처리에서 값을 찾는다는 의미입니다.

이상적이라고 하는 이유는 동일한 해시값의 값이 있는 경우 한 번의 처리로 값을 찾을 수 없기 때문입니다. 이러한 현상을 '해시 충돌hash collision'이라고 하며 이때의 값을 '동의어synonym, 유의어'라고 합니다.

해시 충돌에 대처하는 방법은 7.2에서 설명합니다. 이 절에서는 해시 충돌이 발생하지 않는다고 가정해 해시 테이블 탐색법을 설명합니다.

의사코드

먼저 해시 함수를 만들어 봅시다. 코드 7-1은 의사코드로 작성한 해시 함수 hashFunc입니다. 정수형 인수 key에는 해시값을 계산할 키를 설정합니다. 해시 함수 hashFunc는 해시값을 반환합니다.

코드 7-1 해시 함수의 의사코드

```
/* 해시 함수(여기부터) */
○ 정수형: hashFunc(정수형: key)
 · return key % 10
/* 해시 함수(여기까지) */
```

이번에는 해시 테이블의 데이터를 저장하고 검색하는 main 함수를 만들어 봅시다. 코드 7-2는 의사코드입니다.

코드 7-2 해시 테이블의 의사코드

```
/* 해시 테이블의 실체인 배열(요소 수를 10개로 한다) */
○ 정수형: hashTable[10] = { -1, -1, -1, -1, -1, -1, -1, -1, -1, -1 }

/* 프로그램 실행의 시작점인 main 함수(여기부터) */
○ main
```

○ 정수형: data, hashValue
/* 데이터를 입력해 해시 테이블에 저장한다 */

   ■
     /* 저장할 키이자 값을 입력한다 */
     · data ← 키보드로 입력된 데이터
     /* 음숫값이 입력되면 데이터의 저장을 종료한다 */
     ▲ data < 0
       · break
     ▼

     /* 해시값을 구한다 */
     · hashValue ← hashFunc(data)
     /* 해시 테이블에 저장한다 */
     · hashTable[hashValue] ← data
   ■ true
/* 해시 테이블에서 데이터를 탐색한다 */

   ■
     /* 키보드로 탐색할 데이터를 입력한다 */
     · data ← 키보드로 입력된 데이터
     /* 음숫값이 입력되면 데이터 탐색을 종료한다 */
     ▲ data < 0
       · break
     ▼

     /* 해시값을 구한다 */
     · hashValue ← hashFunc(data)
     /* 탐색 결과를 표시한다 */
     ▲ hashTable[hashValue] = data
       · "hashValue번째에서 발견되었습니다."를 표시한다

       · "찾을 수 없습니다."를 표시한다
     ▼

   ■ true
/* 프로그램 실행의 시작점인 main 함수(여기까지) */

해시 테이블에 저장할 키와 값에 해당하는 데이터, 해시 테이블의 값을 검색할 키에 해당하는 데이터는 키보드로 직접 입력해 지정합니다.

반복을 나타내는 ■ 다음 조건이 true로 되어 있는 것에 주목하세요. 이 조건만으로는 영원히 반복이 실행되어 버리므로 키보드로 입력된 데이터가 음수면 break로 반복을 중단합니다. 해시 테이블의 실체인 배열 hashTable은 함수 밖에서 선언하고, 모든 요소를 −1로 초기화하고

있습니다. 이 프로그램은 음숫값 데이터를 받아들이지 않으므로 데이터가 저장되어 있지 않다는 표시로 −1을 사용하는 것입니다.

C

코드 7−3은 의사코드로 나타낸 해시 테이블 구성과 탐색을 C로 구현한 것입니다. HashTableSearch.c라는 파일명으로 저장하세요.

코드 7−3 해시 테이블 구성과 탐색

```c
#include <stdio.h>
#define LENGTH 10
#define TRUE -1

// 해시 테이블의 실체가 되는 배열(요소 수를 10개로 함)
int hashTable[LENGTH] = { -1, -1, -1, -1, -1, -1, -1, -1, -1, -1 };

// 해시 함수
int hashFunc(int data) {
  return data % 10;
}

// 프로그램 실행의 시작점인 main 함수
int main() {
  int data, hashValue;

  // 키보드로 데이터를 입력하여 해시 테이블에 저장
  do {
    // 저장할 데이터 입력
    printf("\n저장할 데이터 = ");
    scanf("%d", &data);

    // 음숫값이 입력되면 데이터 저장을 종료
    if (data < 0) {
      break;
    }

    // 해시값을 구함
    hashValue = hashFunc(data);
```

```
    // 해시 테이블에 저장
    hashTable[hashValue] = data;
  } while (TRUE);

  // 해시 테이블에서 데이터를 탐색
  do {
    // 탐색할 데이터를 키보드로 입력
    printf("\n탐색할 데이터 = ");
    scanf("%d", &data);

    // 음숫값이 입력되면 데이터 검색을 종료
    if (data < 0) {
      break;
    }

    // 해시값을 구함
    hashValue = hashFunc(data);

    // 탐색한 결과를 표시
    if (hashTable[hashValue] == data) {
      printf("%d번째에서 발견되었습니다.\n", hashValue);
    } else {
      printf("찾을 수 없습니다.\n");
    }
  } while (TRUE);

  return 0;
}
```

자바

코드 7-4는 해시 테이블에 데이터를 저장하고 탐색하는 자바 프로그램입니다. HashTableS
earch.java라는 파일명으로 저장하세요.

코드 7-4 해시 테이블 구성과 탐색

```java
import java.util.Scanner;

public class HashTableSearch {
```

```java
// 해시 테이블의 실체가 되는 배열(요소 수를 10개로 함)
public static int[] hashTable = { -1, -1, -1, -1, -1, -1, -1, -1, -1, -1 };

// 해시 함수 역할을 하는 메소드
public static int hashFunc(int data) {
  return data % 10;
}

// 프로그램 실행의 시작점인 main 메소드
public static void main(String[] args) {
  int data, hashValue;
  // 키보드로 데이터를 입력하여 해시 테이블에 저장
  Scanner scn = new Scanner(System.in);
  do {
    // 저장할 데이터 입력
    System.out.printf("\n저장할 데이터 = ");
    data = scn.nextInt();

    // 음숫값이 입력되면 데이터 저장을 종료
    if (data < 0) {
      break;
    }

    // 해시값을 구함
    hashValue = hashFunc(data);

    // 해시 테이블에 저장
    hashTable[hashValue] = data;
  } while (true);

  // 해시 테이블에서 데이터를 탐색
  do {
    // 검색할 데이터를 키보드로 입력
    System.out.printf("\n탐색할 데이터 = ");
    data = scn.nextInt();

    // 음숫값이 입력되면 데이터 검색을 종료
    if (data < 0) {
      break;
    }
```

```
    // 해시값을 구함
    hashValue = hashFunc(data);

    // 검색한 결과를 표시
    if (hashTable[hashValue] == data) {
      System.out.printf("%d번째에서 발견되었습니다.\n", hashValue);
    } else {
      System.out.printf("찾을 수 없습니다.\n");
    }
  } while (true);
  scn.close();
 }
}
```

코드 설명

코드의 핵심은 do~while 문입니다. 일단 조건식과 상관없이 무조건 실행한 후 조건이 맞는지 검사하므로 반복해서 데이터를 저장하기가 좋습니다. 참고로 while (true)는 코드 실행을 종료할 수 없는 무한 반복에 빠질 수 있는 조건입니다. 해당 조건으로 코드를 작성할 때는 꼭 종료 조건(이 코드에서는 if (data < 0))을 작성했는지 확인하기 바랍니다. 이외의 주요 코드 실행 흐름은 주석을 읽으면 대부분 이해할 수 있을 것으로 생각합니다.

실행 결과

```
저장할 데이터 = 37

저장할 데이터 = 51

저장할 데이터 = 79

저장할 데이터 = -1

탐색할 데이터 = 37
7번째에서 발견되었습니다.

탐색할 데이터 = 51
1번째에서 발견되었습니다.
```

```
탐색할 데이터 = 79
9번째에서 발견되었습니다.

탐색할 데이터 = 99
찾을 수 없습니다.

탐색할 데이터 = -1
```

여기에서는 37, 51, 79라는 데이터를 해시 테이블에 저장했습니다. 그리고 37, 51, 79를 검색하면 '7번째에서 발견되었습니다.', '1번째에서 발견되었습니다.', '9번째에서 발견되었습니다.'라고 표시됩니다. 37, 51, 79의 해시값은 각각 7, 1, 9이기 때문입니다.

99를 검색하면 '찾을 수 없습니다.'라고 표시됩니다. 99의 해시값은 9이지만, hashTable[9]에는 99가 저장되어 있지 않기 때문입니다.

> **Quiz** 왜 해시라고 부르나요?
>
> '해시hash'는 영어 단어입니다. 무슨 뜻일까요? 왜 이 알고리즘을 해시라고 부를까요?
>
> 정답은 399페이지에 있습니다.

7.1.2 알고리즘의 추적

방금 전 프로그램의 실행 결과와 동일한 데이터로, 해시 테이블에 데이터를 저장하고 탐색하는 과정을 추적해 봅시다. 매우 간단한 알고리즘이지만 해시 함수로 얻은 해시값이 데이터의 저장 위치가 되고, 더 나아가 데이터의 검색 위치가 됩니다. 이를 파악하고 있으면 해시 충돌에 대처하는 방법을 이해하기 쉽습니다.

1단계

37을 저장하기 위해, 37의 해시값을 구합니다.

$$\text{해시값} = 37 \ \% \ 10 = 7$$

2단계

hashTable[7]에 37을 저장합니다.

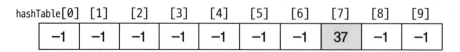

hashTable[0]	[1]	[2]	[3]	[4]	[5]	[6]	[7]	[8]	[9]
-1	-1	-1	-1	-1	-1	-1	37	-1	-1

그림 7-1 해시 테이블의 구성과 탐색: 2단계

3단계

51을 저장하기 위해, 51의 해시값을 구합니다.

해시값 = 51 % 10 = 1

4단계

hashTable[1]에 51을 저장합니다.

hashTable[0]	[1]	[2]	[3]	[4]	[5]	[6]	[7]	[8]	[9]
-1	51	-1	-1	-1	-1	-1	37	-1	-1

그림 7-2 해시 테이블의 구성과 탐색: 4단계

5단계

79를 저장하기 위해, 79의 해시값을 구합니다.

해시값 = 79 % 10 = 9

6단계

hashTable[9]에 79를 저장합니다.

hashTable[0]	[1]	[2]	[3]	[4]	[5]	[6]	[7]	[8]	[9]
-1	51	-1	-1	-1	-1	-1	37	-1	79

그림 7-3 해시 테이블의 구성과 탐색: 6단계

7단계

37을 검색하기 위해, 37의 해시값을 구합니다.

$$해시값 = 37 \% 10 = 7$$

8단계

hashTable[7]값은 37이므로, 발견된 위치를 표시합니다.

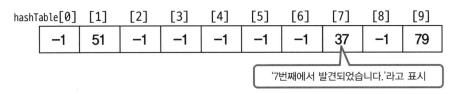

그림 7-4 해시 테이블의 구성과 탐색: 8단계

9단계

51을 검색하기 위해, 51의 해시값을 구합니다.

$$해시값 = 51 \% 10 = 1$$

10단계

hashTable[1]값은 51이므로 발견된 위치를 표시합니다.

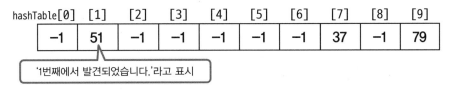

그림 7-5 해시 테이블의 구성과 탐색: 10단계

11단계

79를 검색하기 위해, 79의 해시값을 구합니다.

$$해시값 = 79 \% 10 = 9$$

12단계

hashTable[9]값은 79이므로 발견된 위치를 표시합니다.

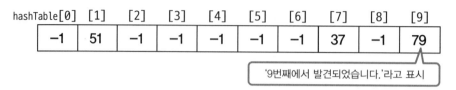

그림 7-6 해시 테이블의 구성과 탐색: 12단계

13단계

99를 검색하기 위해, 99의 해시값을 구합니다.

해시값 = 99 % 10 = 9

14단계

hashTable[9]값은 99가 아니므로 '찾을 수 없습니다'를 표시합니다.

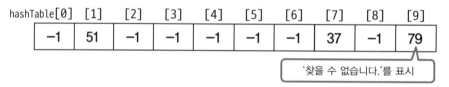

그림 7-7 해시 테이블의 구성과 탐색: 14단계

7.1.3 프로그램을 이용한 알고리즘의 추적

지금부터는 기존 해시 테이블 코드에 추적 코드를 추가한 프로그램을 살펴봅니다.

C

코드 7-5는 C 기반의 해시 테이블 구성과 탐색에 추적 코드를 구현한 것입니다. HashTable
SearchTrace.c라는 파일명으로 저장하세요.

```c
#include <stdio.h>
#define LENGTH 10
#define TRUE -1

// 해시 테이블의 실체가 되는 배열(요소 수를 10개로 함)
int hashTable[] = { -1, -1, -1, -1, -1, -1, -1, -1, -1, -1 };

// 해시 함수
int hashFunc(int data) {
  return data % 10;
}

// 프로그램 실행의 시작점인 main 함수
int main() {
  int data, hashValue;

  // 키보드로 데이터를 입력하여 해시 테이블에 저장
  do {
    // 저장할 데이터 입력
    printf("\n저장할 데이터 = ");
    scanf("%d", &data);

    // 음숫값이 입력되면 데이터 저장을 종료
    if (data < 0) {
      break;
    }

    // 해시값을 구함
    hashValue = hashFunc(data);
    printf("해시값 = %d %% 10 = %d\n", data, hashValue);

    // 해시 테이블에 저장
    hashTable[hashValue] = data;
    printf("hashTable[%d]에 %d를 저장합니다.\n", hashValue, data);
  } while (TRUE);

  // 해시 테이블에서 데이터를 탐색
  do {
    // 키보드로 탐색할 데이터를 입력
```

```
      printf("\n탐색할 데이터 = ");
      scanf("%d", &data);

      // 음숫값이 입력되면 데이디 탐색을 종료
      if (data < 0) {
        break;
      }

      // 해시값을 구함
      hashValue = hashFunc(data);
      printf("해시값 = %d %% 10 = %d\n", data, hashValue);

      // 탐색한 결과를 표시
      if (hashTable[hashValue] == data) {
        printf("hashTable[%d]값은 %d이므로, 발견된 위치를 표시합니다.\n",
            hashValue, data);
        printf("%d번째에서 발견되었습니다.\n", hashValue);
      } else {
        printf("hashTable[%d]값은 %d가 아니므로, '찾을 수 없습니다'를 표시합니다.\n",
            hashValue, data);
        printf("찾을 수 없습니다.\n");
      }
    } while (TRUE);

    return 0;
}
```

자바

코드 7-6은 추적 코드를 추가한 자바 프로그램입니다. HashTableSearchTrace.java라는
파일명으로 저장하세요.

코드 7-6 해시 테이블 구성과 탐색의 추적

```
import java.util.Scanner;

public class HashTableSearchTrace {
  // 해시 테이블의 실체가 되는 배열(요소 수를 10개로 함)
  public static int[] hashTable = { -1, -1, -1, -1, -1, -1, -1, -1, -1, -1 };
```

```java
// 해시 함수 역할을 하는 메소드
public static int hashFunc(int data) {
  return data % 10;
}

// 프로그램 실행의 시작점인 main 메소드
public static void main(String[] args) {
  int data, hashValue;

  // 데이터의 키를 입력하여 해시 테이블에 저장
  Scanner scn = new Scanner(System.in);
  do {
    // 저장할 데이터 입력
    System.out.printf("\n저장할 데이터 = ");
    data = scn.nextInt();

    // 음숫값이 입력되면 데이터의 저장을 종료
    if (data < 0) {
      break;
    }

    // 해시값을 구함
    hashValue = hashFunc(data);
    System.out.printf("해시값 = %d %% 10 = %d\n", data, hashValue);

    // 해시 테이블에 저장
    hashTable[hashValue] = data;
    System.out.printf("hashTable[%d]에 %d를 저장합니다.\n", hashValue, data);
  } while (true);

  // 해시 테이블에서 데이터를 검색
  do {
    // 검색할 데이터의 키를 입력
    System.out.printf("\n검색할 데이터 = ");
    data = scn.nextInt();

    // 음숫값이 입력되면 데이터 검색을 종료
    if (data < 0) {
      break;
    }
```

```java
            // 해시값을 구함
            hashValue = hashFunc(data);
            System.out.printf("해시값 = %d %% 10 = %d\n", data, hashValue);

            // 검색한 결과를 표시
            if (hashTable[hashValue] == data) {
                System.out.printf("hashTable[%d]값은 %d이므로, 발견된 위치를 표시합니다.\n",
                            hashValue, data);
                System.out.printf("%d번째에서 발견되었습니다.\n", hashValue);
            } else {
                System.out.printf(
                    "hashTable[%d]값은 %d이(가) 아니므로, '찾을 수 없습니다'를 표시합니다.\n",
                            hashValue, data);
                System.out.printf("찾을 수 없습니다.\n");
            }
        } while (true);
        scn.close();
    }
}
```

코드 설명

먼저 해시 함수로 구한 해시값이 무엇인지 알아야 합니다. 따라서 데이터 저장 부분과 데이터 탐색 부분 모두 해시값을 구하는 hashValue = hashFunc(data); 다음으로 "해시값 = %d %% 10 = %d\n"이라는 추적 코드를 두었습니다.

%%는 화면에 % 문자를 표시한다는 의미입니다. 해시 테이블에 저장하는 값이 무엇인지 확인하려고 hashTable[hashValue] = data; 아래에 "hashTable[%d]에 %d를 저장합니다.\n"이라는 추적 코드를 두기도 했습니다.

탐색 결과를 표시하는 항목에는 "hashTable[%d]값은 %d이므로, 발견된 위치를 표시합니다.\n"과 "hashTable[%d]값은 %d이(가) 아니므로, '찾을 수 없습니다'를 표시합니다.\n"이라는 추적 코드를 두었습니다. 실제 배열의 몇 번째 인덱스에서 데이터가 발견되었는지 혹은 데이터가 발견되지 않았는지를 출력하기 전 hashTable[hashvalue]값과 저장한 데이터가 같은지를 미리 확인할 수 있습니다.

실행 결과

```
저장할 데이터 = 37
해시값 = 37 % 10 = 7
hashTable[7]에 37을(를) 저장합니다.

저장할 데이터 = 51
해시값 = 51 % 10 = 1
hashTable[1]에 51을(를) 저장합니다.

저장할 데이터 = 79
해시값 = 79 % 10 = 9
hashTable[9]에 79을(를) 저장합니다.

저장할 데이터 = -1

탐색할 데이터 = 37
해시값 = 37 % 10 = 7
hashTable[7]값은 37이므로, 발견된 위치를 표시합니다.
7번째에서 발견되었습니다.

탐색할 데이터 = 51
해시값 = 51 % 10 = 1
hashTable[1]값은 51이므로, 발견된 위치를 표시합니다.
1번째에서 발견되었습니다.

탐색할 데이터 = 79
해시값 = 79 % 10 = 9
hashTable[9]값은 79이므로, 발견된 위치를 표시합니다.
9번째에서 발견되었습니다.

탐색할 데이터 = 99
해시값 = 99 % 10 = 9
hashTable[9]값은 99이(가) 아니므로, '찾을 수 없습니다.'를 표시합니다.
찾을 수 없습니다.

검색할 데이터 = -1
```

7.1.2에서 직접 추적한 순서로 해시 테이블을 이용하는 것을 확인할 수 있습니다.

7.2 해시 충돌에 대처하는 방법

- **Point** 해시 충돌이 생기는 이유
- **Point** 해시 충돌이 발생한 경우의 처리

7.2.1 해시 충돌에 대응하기 위한 알고리즘

해시 테이블 탐색법은 앞에서 설명한 것처럼 이상적인 시간 복잡도가 O(1)입니다. 데이터 수에 관계없이 처리 한 번으로 원하는 데이터를 찾을 수 있다는 의미입니다. 그러나 해시 충돌(해시값이 동일한 데이터가 생긴 상황)이 발생한 경우 처리 한 번으로는 찾을 수 없습니다.

이번에는 방금 전 37, 51, 79에 이어서 28과 48이라는 두 데이터를 해시 테이블에 저장하는 상황을 살펴봅시다. 28의 해시값은 28 % 10 = 8이므로 hashTable[8]에 저장합니다. 48의 해시값도 48 % 10 = 8이므로, 마찬가지로 hashTable[8]에 저장하게 됩니다.

이때 hashTable[8]에는 이미 28이 들어 있습니다. 만약 이대로 hashTable[8]에 48을 저장하면 28이 사라집니다. 28과 48처럼 해시값이 같은 데이터가 동의어고, 동의어가 만들어지는 상황이 해시 충돌입니다. 해시 테이블 탐색법은 동의어에 대처하는 해시 충돌 처리 방법을 고려해야 합니다.

다음은 데이터 저장 시 해시 충돌에 대처할 수 있는 알고리즘의 실행 과정입니다.

1. 해시값을 구합니다.
2. hashTable[해시값]이 −1이 아닌 경우, 해시값 다음 순서의 배열 요소에 저장합니다.
3. 배열의 마지막 요소를 넘는 경우에는 배열의 첫 번째 요소로 이동해 저장 위치를 탐색합니다.
4. 해시값의 위치까지 돌아온 경우 "해시 테이블이 가득 찼습니다"를 표시합니다.

동의어인지의 여부는 해시값을 인덱스로 하는 배열 요솟값이 −1이 아닌 것(이미 데이터가 저장된 것)으로 판단할 수 있습니다. 데이터가 저장되지 않은 요소는 −1로 초기화되어 있기 때문입니다.

데이터 저장뿐 아니라 탐색에서도 해시 충돌을 해결해야 합니다. 예를 들어 해시 충돌에 대처하는 알고리즘을 이용해 37, 51, 79, 28, 48 순서로 해시 테이블에 데이터를 저장했다고 합시다. 48을 탐색하면 48의 해시값인 hashTable[8]에는 28이 저장되어 있습니다. 그럼 hashTable[8]을 확인하는 것만으로는 48이라는 데이터는 없다는 결과가 나와 버립니다. 사실 48은 다른 요소에 저장되어 있으므로 찾을 수 있습니다.

방금 전 데이터 저장의 알고리즘에 맞춘 알고리즘으로 데이터 탐색 시 해시 충돌에 대처할 수 있습니다. 이 알고리즘은 선형 탐색을 응용한 것입니다.

1. 탐색할 데이터의 해시값을 구합니다.

2. 해시값의 위치에 있는 데이터가 −1이 아니며, 원하는 데이터와 다른 경우 다음 순서의 배열 요소를 탐색합니다. 배열의 마지막 요소까지 탐색했다면 배열의 첫 번째 요소로 돌아가 탐색합니다.

3. 탐색할 데이터가 발견되면 해당 위치(배열의 인덱스)를 표시합니다.

4. −1을 찾았거나, 탐색을 시작한 위치까지 돌아온 경우 "찾을 수 없습니다"를 표시합니다.

의사코드

코드 7-7은 해시 테이블에 데이터를 저장하고 검색하는 의사코드 프로그램을 해시 충돌에 대처할 수 있도록 수정한 것입니다. 지금까지 설명한 알고리즘과 프로그램의 내용을 살펴보면 내용을 이해할 수 있을 것입니다.

코드 7-7 **해시 충돌을 막는 해시 테이블 알고리즘의 의사코드**

```
/* 해시 테이블의 실체가 되는 배열(요소 수를 10개로 한다) */
○ 정수형: hashTable[10] = {-1, -1, -1, -1, -1, -1, -1, -1, -1, -1}

/* 해시 함수(여기부터) */
○ 정수형: hashFunc(정수형: data)
 · return data % 10
/* 해시 함수(여기까지) */

/* 프로그램 실행의 시작점인 main 함수(여기부터) */
○ main
○ 정수형: data, hashValue
○ 정수형: pos     /* 저장 위치, 검색 위치 */
```

/* 키보드로 데이터를 입력하여 해시 테이블에 저장한다 */

■

　/* 저장할 데이터를 입력한다 */
　· data ← 키보드로 입력한 데이터
　/* 음숫값이 입력되면 데이터 저장을 종료한다 */
　▲ data < 0
　　· break
　▼

　/* 해시값을 구한다 */
　· hashValue ← hashFunc(data)
　/* 데이터의 저장 위치를 정한다 */
　· pos ← hashValue
　■ hashTable[pos] != -1
　　/* 다음 배열 요소에 저장할 수 있는지 확인한다 */
　　· pos ← pos + 1
　　/* 배열 마지막 요소까지 데이터를 저장할 수 없으면 */
　　/* 배열 첫 번째 요소부터 다시 확인한다 */
　　▲ pos >= 10
　　　· pos ← 0
　　▼

　　/* 해시값의 배열 인덱스 위치까지 확인했으면, */
　　/* 해시 테이블이 가득 찬 것이므로 반복을 종료한다 */
　　▲ pos = hashValue
　　　· break
　　▼

　■

　▲ hashTable[pos] = -1
　　/* 해시 테이블에 비어 있는 배열 요소(-1)가 있으면 데이터를 저장한다 */
　　· hashTable[pos] ← data
　　─────
　　· "해시 테이블이 가득 찼습니다"를 표시한다
　▼

■ true
/* 해시 테이블에서 데이터를 탐색한다 */

■

　/* 탐색할 데이터를 입력한다 */
　· data ← 키보드로 입력한 데이터
　/* 음숫값이 입력되면 데이터 탐색을 종료한다 */
　▲ data < 0
　　· break
　▼

```
/* 해시값을 구한다 */
· hashValue ← hashFunc(data)
/* 데이터를 탐색한다 */
· pos ← hashValue
■ hashTable[pos] != -1 and hashTable[pos] != data
    /* 탐색 위치를 다음 배열 요소로 이동시킨다 */
    · pos ← pos + 1
    /* 배열 마지막 요소까지 탐색해서 데이터를 찾을 수 */
    /* 없으면 배열 첫 번째 요소부터 탐색한다 */
    ▲ pos >= 10
        · pos ← 0

    /* -1을 찾았거나, 해시값의 인덱스 위치로 돌아오면, */
    /* 데이터를 찾을 수 없었으므로 반복을 종료한다 */
    ▲ hashTable[pos] = -1 or pos = hashValue
        · break


/* 탐색 결과를 표시한다 */
▲ hashTable[pos] = data
    · "pos번째에 발견되었습니다."를 표시한다

    · "찾을 수 없습니다."를 표시한다

■ true
/* 프로그램 실행의 시작점인 main 함수(여기까지) */
```

데이터의 저장 위치를 정할 때는 해시값을 저장 위치에 해당하는 변수 pos에 저장합니다. 그리고 hashTable[pos]값이 −1이 아니라면 해당 배열 요소에 데이터가 저장되었다는 것이므로 pos값을 1 증가시켜 다음 배열 요소에 데이터를 저장할 수 있는지 확인합니다.

이번 예의 의사코드에서는 배열의 크기가 10으로 정해져 있습니다. 즉, pos값이 10 이상이면 배열의 크기를 벗어나므로 데이터 저장 위치를 검색하는 것이 의미가 없습니다. 그리고 pos값이 0이 아니라면 hashValue값이 가리키는 배열 요소보다 이전의 배열 요소가 있을 것입니다. 따라서 pos >= 10이라는 조건을 만족하면 pos값을 0으로 초기화하며, pos = hashValue면 모든 배열 요소를 다 확인한 것이므로 반복 처리를 종료합니다. hashTable[pos] = -1이면 데이터를 저장할 수 있는 상태이므로 데이터를 저장하면 됩니다.

데이터를 탐색하는 과정은 데이터의 저장 위치를 찾는 것과 비슷합니다. 중요한 것은 데이터를 탐색할 때의 조건입니다. 처음 등장하는 hashTable[pos] != -1 and hashTable[pos] != data는 배열 요소에 다른 데이터가 저장되었지만 내가 찾으려는 데이터가 아니라는 뜻입니다. 따라서 다른 요소를 탐색하는 것입니다. hashTable[pos] = -1 or pos = hashValue는 해당 배열 위치에 찾는 데이터가 저장되지 않았거나 데이터 탐색이 끝났다는 뜻입니다. 따라서 반복을 종료하는 것입니다.

C

코드 7-3은 해시 테이블 구성과 탐색에서 해시 충돌을 막도록 추가한 프로그램을 C로 구현한 것입니다. HashTableSearchSyn.c라는 파일명으로 저장하세요. 참고로 파일 이름 끝의 Syn은 동의어의 영어 표현인 synonym을 의미합니다.

코드 7-8 해시 충돌을 막는 해시 테이블

```c
#include <stdio.h>
#define LENGTH 10
#define TRUE -1

// 해시 테이블의 실체가 되는 배열(요소 수를 10개로 함)
int hashTable[] = { -1, -1, -1, -1, -1, -1, -1, -1, -1, -1 };

// 해시 함수
int hashFunc(int data) {
  return data % 10;
}

// 프로그램의 시작점인 main 함수
int main() {
  int data, hashValue;
  int pos;     // 저장 위치, 검색 위치

  // 키보드로 데이터를 입력하여 해시 테이블에 저장
  do {
    // 저장할 데이터 입력
    printf("\n저장할 데이터 = ");
    scanf("%d", &data);
```

```
    // 음숫값이 입력되면 데이터 저장을 종료
    if (data < 0) {
      break;
    }

    // 해시값을 구함
    hashValue = hashFunc(data);

    // 데이터의 저장 위치를 정함
    pos = hashValue;
    while (hashTable[pos] != -1) {
      // 다음 배열 요소에서 데이터를 저장할 수 있는지 확인
      pos++;

      // 배열 마지막 요소까지 데이터 저장 가능 여부를 확인하면 배열 첫 번째 요소를 지정
      if (pos >= LENGTH) {
        pos = 0;
      }

      // 해시값의 배열 요소 위치까지 돌아오면,
      // 해시 테이블에 데이터가 가득 찬 것이므로 반복을 종료
      if (pos == hashValue) {
        break;
      }
    }

    if (hashTable[pos] == -1) {
      // 해시 테이블에 데이터가 가득 차지 않았다면 데이터를 저장
      hashTable[pos] = data;
    } else {
      // '해시 테이블이 가득 찼습니다'를 표시
      printf("해시 테이블이 가득 찼습니다.\n");
    }
} while (TRUE);

// 해시 테이블에서 데이터를 탐색
do {
  // 탐색할 데이터의 키를 입력
  printf("\n검색할 데이터 = ");
  scanf("%d", &data);
```

```
    // 음숫값이 입력되면 데이터 탐색을 종료
    if (data < 0) {
      break;
    }

    // 해시값을 구함
    hashValue = hashFunc(data);

    // 데이터를 검색
    pos = hashValue;
    while (hashTable[pos] != -1 && hashTable[pos] != data) {
      // 다음 배열 요소로 탐색 위치를 이동
      pos++;

      // 배열 마지막 요소까지 탐색하면 배열 첫 번째 요소를 지정
      if (pos >= LENGTH) {
        pos = 0;
      }

      // -1을 찾았거나, 해시값의 인덱스 위치로 돌아오면,
      // 데이터를 찾을 수 없는 것이므로 반복을 종료
      if (hashTable[pos] == -1 || pos == hashValue) {
        break;
      }
    }

    // 탐색한 결과를 표시
    if (hashTable[pos] == data) {
      printf("%d번째에서 발견되었습니다.\n", pos);
    } else {
      printf("찾을 수 없습니다.\n");
    }
  } while (TRUE);

  return 0;
}
```

자바

코드 7-9는 해시 충돌에 대처하도록 수정한 자바 프로그램입니다. HashTableSearchSyn. java라는 파일명으로 저장하세요.

코드 7-9 해시 충돌을 막는 해시 테이블

```java
import java.util.Scanner;

public class HashTableSearchSyn {
  // 해시 테이블의 실체가 되는 배열(요소 수를 10개로 함)
  public static int[] hashTable = { -1, -1, -1, -1, -1, -1, -1, -1, -1, -1 };

  // 해시 함수 역할을 하는 메소드
  public static int hashFunc(int data) {
    return data % 10;
  }

  // 프로그램 실행의 시작점인 main 메소드
  public static void main(String[] args) {
    int data, hashValue;
    int pos;      // 저장 위치, 검색 위치

    // 키보드로 데이터를 입력하여 해시 테이블에 저장
    Scanner scn = new Scanner(System.in);
    do {
      // 저장할 데이터 입력
      System.out.printf("\n저장할 데이터 = ");
      data = scn.nextInt();

      // 음숫값이 입력되면 데이터의 저장을 종료
      if (data < 0) {
        break;
      }

      // 해시값을 구함
      hashValue = hashFunc(data);

      // 데이터의 저장 위치를 정함
      pos = hashValue;
      while (hashTable[pos] != -1) {
```

```java
    // 다음 배열 요소에서 데이터를 저장할 수 있는지 확인
    pos++;

    // 배열 마지막 요소까지 데이터 저장 가능 여부를 확인하면 배열 첫 번째 요소를 지정
    if (pos >= hashTable.length) {
      pos = 0;
    }

    // 해시값의 배열 요소 위치까지 돌아오면,
    // 해시 테이블에 데이터가 가득 찬 것이므로 반복을 종료
    if (pos == hashValue) {
      break;
    }
  }

  if (hashTable[pos] == -1) {
    // 해시 테이블에 데이터가 가득 차지 않았다면 데이터를 저장
    hashTable[pos] = data;
  } else {
    // '해시 테이블이 가득 찼습니다'를 표시
    System.out.printf("해시 테이블이 가득 찼습니다.\n");
  }
} while (true);

// 해시 테이블에서 데이터를 탐색
do {
  // 키보드로 탐색할 데이터를 입력
  System.out.printf("\n검색할 데이터 = ");
  data = scn.nextInt();

  // 음숫값이 입력되면 데이터 탐색을 종료
  if (data < 0) {
    break;
  }

  // 해시값을 구함
  hashValue = hashFunc(data);

  // 데이터를 탐색
  pos = hashValue;
```

```java
    while (hashTable[pos] != -1 && hashTable[pos] != data) {
      // 다음 배열 요소로 탐색 위치를 이동
      pos++;

      // 배열 마지막 요소까지 탐색하면 배열 첫 번째 요소를 지정
      if (pos >= hashTable.length) {
        pos = 0;
      }

      // -1을 찾았거나, 해시값의 인덱스 위치로 돌아오면,
      // 데이터를 찾을 수 없는 것이므로 반복을 종료
      if (hashTable[pos] == -1 || pos == hashValue) {
        break;
      }
    }

    // 탐색한 결과를 표시
    if (hashTable[pos] == data) {
      System.out.printf("%d번째에서 발견되었습니다.\n", pos);
    } else {
      System.out.printf("찾을 수 없습니다.\n");
    }
  } while (true);
  scn.close();
  }
}
```

코드 설명

데이터의 저장 위치를 찾는 부분에는 기존 do~while 문 안에 데이터 저장 위치를 정하는 while 문이 추가된 것에 주목하기 바랍니다.

while 문은 hashTable[pos] != -1이라는 조건일 때 다음 배열 요소에 데이터를 저장 가능한지 확인합니다 이를 위해 배열 마지막 요소보다 큰 인덱스 숫자일 때 배열 첫 번째 요소를 가리키도록 하는 if 문, 현재 확인 중인 인덱스와 해시값이 가리키는 인덱스가 같을 때 반복을 종료하는 if 문이 있습니다.

또한 기존에는 해시 충돌을 고려하지 않았으므로 해시값에 해당하는 배열 요소에 바로 데이터를 저장했지만 이번에는 데이터의 저장 위치를 구분해야 하므로 데이터를 저장할 수 있는 상황과 없는 상황을 구분하는 if~else 문이 추가된 것도 기억하기 바랍니다.

데이터를 탐색하는 부분에는 while 문이 추가되었습니다. 의사코드에서 설명했던 것처럼 hashTable[pos] != -1 && hashTable[pos] != data라는 조건이면 다음 배열 요소를 선택하면서 데이터 저장 위치를 탐색합니다.

배열 마지막 요소까지 탐색했을 때 배열 첫 번째 요소를 가리키는 건 데이터를 저장할 때와 동일하고 hashTable[pos] == -1 || pos == hashValue라는 조건을 만족하면 반복 처리를 종료합니다.

실행 결과

```
저장할 데이터 = 37

저장할 데이터 = 51

저장할 데이터 = 79

저장할 데이터 = 28

저장할 데이터 = 48

저장할 데이터 = -1

탐색할 데이터 = 37
7번째에서 발견되었습니다.

탐색할 데이터 = 51
1번째에서 발견되었습니다.

탐색할 데이터 = 79
9번째에서 발견되었습니다.

탐색할 데이터 = 28
8번째에서 발견되었습니다.
```

```
탐색할 데이터 = 48
0번째에서 발견되었습니다.

탐색할 데이터 = 99
찾을 수 없습니다.

탐색할 데이터 = -1
```

48의 해시값은 8이지만, 8번째가 아닌 0번째에서 발견된 점에 주목하세요. hashTable[8]과 hashTable[9]에 다른 데이터가 들어 있었으므로, 해시 테이블의 배열 마지막 요소에서 첫 번째 요소로 돌아가 hashTable[0]에 48을 저장한 것입니다.

7.2.2 알고리즘의 추적

방금 전 프로그램의 실행 결과와 동일한 데이터로, 해시 테이블에 48을 저장하고 검색하는 과정, 그리고 99를 검색하는 과정을 추적해 봅니다.

48 저장하기

먼저 48을 저장하는 처리입니다. 48의 저장 위치가 결정되기까지의 절차에 주목하세요.

1단계

data에 저장된 48의 해시값인 hashValue를 구하여 저장 위치를 찾는 변수 pos에 대입합니다.

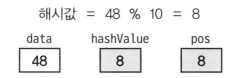

그림 7-8 48을 저장하는 과정 1

2단계

hashTable[8]이 −1이 아니므로 저장 위치 pos가 다음 배열 요소를 가리키도록 바꿉니다.

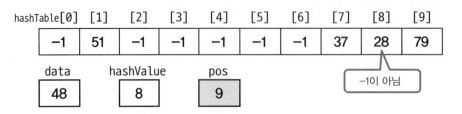

그림 7-9 48을 저장하는 과정 2

3단계

hashTable[9]가 −1이 아니므로 저장 위치 pos가 다음 배열 요소를 가리키도록 바꿉니다.

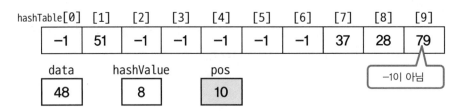

그림 7-10 48을 저장하는 과정 3

4단계

저장 위치 pos가 배열 마지막 요소 9보다 크므로 배열 첫 번째 요소인 0으로 설정합니다.

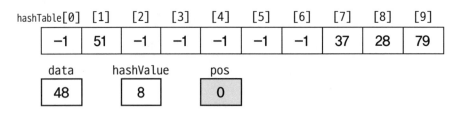

그림 7-11 48을 저장하는 과정 4

5단계

hashTable[0]이 −1이므로 data인 48을 hashTable[0]에 저장합니다.

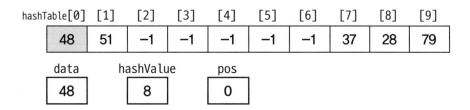

그림 7-12 48을 저장하는 과정 5

48 탐색하기

다음은 48을 탐색하는 과정입니다. 48을 찾는 단계에 주목하세요.

1단계

data인 48의 해시값 hashValue를 구하여 검색 위치 pos에 대입합니다.

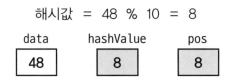

그림 7-13 48을 탐색하는 과정 1

2단계

hashTable[8]이 −1이 아니고 data와 같지 않으므로, 검색 위치 pos가 다음 배열 요소를 가리키도록 바꿉니다.

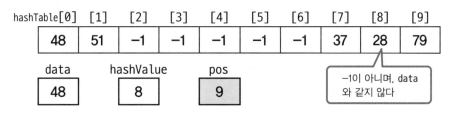

그림 7-14 48을 탐색하는 과정 2

3단계

hashTable[9]가 −1이 아니고 data와 같지 않으므로, 검색 위치 pos가 다음 배열 요소를 가리키도록 바꿉니다.

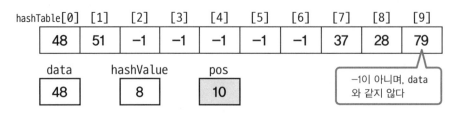

그림 7-15 48을 탐색하는 과정 3

4단계

검색 위치 pos가 배열 마지막 요소 9보다 크므로 배열 첫 번째 요소인 0으로 설정합니다.

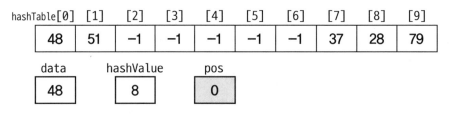

그림 7-16 48을 탐색하는 과정 4

5단계

hashTable[0]이 data와 동일하므로 'data번째에서 발견되었습니다'를 표시합니다.

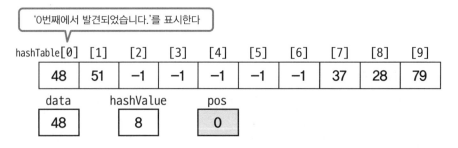

그림 7-17 48을 탐색하는 과정 5

99 검색하기

끝으로 99를 검색하는 과정입니다. 99가 발견되지 않는다고 판단하는 단계에 주목하세요.

1단계

data인 99의 해시값 hashValue를 구하여 검색 위치 pos에 대입합니다.

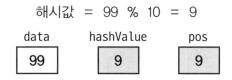

그림 7-18 99를 탐색하는 과정 1

2단계

hashTable[9]가 −1이 아니고 data와 같지 않으므로, 검색 위치 pos가 다음 배열 요소를 가리키도록 바꿉니다.

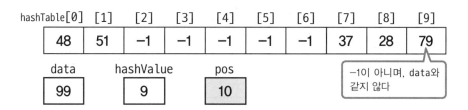

그림 7-19 99를 탐색하는 과정 2

3단계

검색 위치 pos가 배열 마지막 요소 9보다 크므로 배열 첫 번째 요소인 0으로 설정합니다.

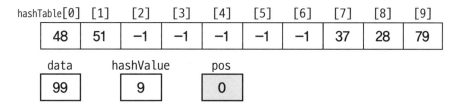

그림 7-20 99를 탐색하는 과정 3

4단계

hashTable[0]이 −1이 아니고 data와 같지 않으므로, 검색 위치 pos가 다음 배열 요소를 가리키도록 바꿉니다.

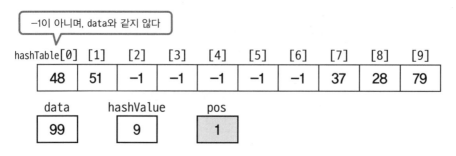

그림 7-21 99를 탐색하는 과정 4

5단계

hashTable[1]이 −1이 아니고 data와 같지 않으므로, 검색 위치 pos가 다음 배열 요소를 가리키도록 바꿉니다.

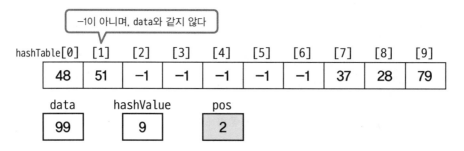

그림 7-22 99를 탐색하는 과정 5

6단계

hashTable[2]가 −1이므로 '찾을 수 없습니다.'를 표시합니다.

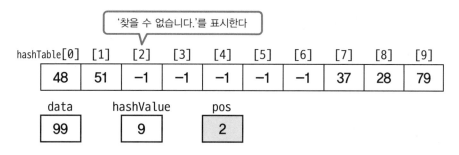

'찾을 수 없습니다.'를 표시한다

hashTable[0]	[1]	[2]	[3]	[4]	[5]	[6]	[7]	[8]	[9]
48	51	-1	-1	-1	-1	-1	37	28	79

data hashValue pos

99 9 2

그림 7-23 99를 탐색하는 과정 6

7.1.3 프로그램을 이용한 알고리즘의 추적

이제 해시 충돌을 해결하는 해시 테이블에 추적 코드를 추가한 프로그램을 살펴봅니다.

C

코드 7-10은 C 기반으로 해시 충돌을 해결하는 해시 테이블에 추적 코드를 추가한 것입니다. HashTableSearchSynTrace.c라는 파일명으로 저장하세요.

코드 7-10 해시 충돌을 해결하는 해시 테이블의 추적 코드

```c
#include <stdio.h>
#define LENGTH 10
#define TRUE -1

// 해시 테이블의 실체가 되는 배열(요소 수를 10개로 함)
int hashTable[] = { -1, -1, -1, -1, -1, -1, -1, -1, -1, -1 };

// 해시 함수
int hashFunc(int data) {
  return data % 10;
}

// 프로그램 실행의 시작점인 main 함수
int main() {
  int data, hashValue;
  int pos;    // 저장 위치, 검색 위치
```

```
// 키보드로 데이터를 입력하여 해시 테이블에 저장
do {
  // 저장할 데이터 입력
  printf("\n저장할 데이터 = ");
  scanf("%d", &data);

  // 음숫값이 입력되면 데이터 저장을 종료
  if (data < 0) {
    break;
  }

  // 해시값을 구함
  hashValue = hashFunc(data);
  printf("해시값 = %d %% 10 = %d\n", data, hashValue);

  // 데이터의 저장 위치를 정함
  pos = hashValue;
  printf("저장 위치 pos = %d\n", pos);
  while (hashTable[pos] != -1) {
    // 다음 배열 요소에서 데이터를 저장할 수 있는지 확인
    pos++;

    // 배열 마지막 요소까지 데이터 저장 가능 여부를 확인하면 배열 첫 번째 요소를 지정
    if (pos >= LENGTH) {
      pos = 0;
    }
    printf("저장 위치 pos = %d\n", pos);

    // 해시값의 배열 요소 위치까지 돌아오면,
    // 해시 테이블에 데이터가 가득 찬 것이므로 반복을 종료
    if (pos == hashValue) {
      break;
    }
  }

  if (hashTable[pos] == -1) {
    // 해시 테이블이 가득 차지 않았다면 데이터를 저장
    hashTable[pos] = data;
    printf("hashTable[%d]dp %d을(를) 저장합니다.\n", pos, data);
  } else {
```

```
    // '해시 테이블이 가득 찼습니다'를 표시
    printf("해시 테이블이 가득 찼습니다.\n");
  }
} while (TRUE);

// 해시 테이블에서 데이터를 탐색
do {
  // 키보드로 탐색할 데이터를 입력
  printf("\n탐색할 데이터 = ");
  scanf("%d", &data);

  // 음숫값이 입력되면 데이터 탐색을 종료
  if (data < 0) {
    break;
  }

  // 해시값을 구함
  hashValue = hashFunc(data);
  printf("해시값 = %d %% 10 = %d\n", data, hashValue);

  // 데이터를 탐색
  pos = hashValue;
  printf("탐색 위치 pos = %d\n", pos);
  while (hashTable[pos] != -1 && hashTable[pos] != data) {
    // 다음 배열 요소로 탐색 위치를 이동
    pos++;

    // 배열 마지막 요소까지 탐색하면 배열 첫 번째 요소를 지정
    if (pos >= LENGTH) {
      pos = 0;
    }
    printf("탐색 위치 pos = %d\n", pos);

    // -1을 찾았거나, 해시값의 인덱스 위치로 돌아오면,
    // 데이터를 찾을 수 없는 것이므로 반복을 종료
    if (hashTable[pos] == -1 || pos == hashValue) {
      break;
    }
  }
```

```
      // 탐색한 결과를 표시
    if (hashTable[pos] == data) {
      printf("hashTable[%d]값은 %d이므로, 발견한 위치를 표시합니다.\n",
          pos, data);
      printf("%d번째에서 발견되었습니다.\n", pos);
    } else {
      printf("hashTable[%d]값은 %d이므로, '찾을 수 없습니다.'를 표시합니다.\n",
          pos, hashTable[pos]);
      printf("찾을 수 없습니다.\n");
    }
  } while (TRUE);

  return 0;
}
```

자바

코드 7-11은 자바 기반으로 해시 충돌을 해결하는 해시 테이블에 추적 코드를 추가한 것입니다. HashTableSearchSynTrace.java라는 파일명으로 저장하세요.

코드 7-11 해시 충돌을 해결하는 해시 테이블의 추적 코드

```
import java.util.Scanner;

public class HashTableSearchSynTrace {
  // 해시 테이블의 실체가 되는 배열(요소 수를 10개로 함)
  public static int[] hashTable = { -1, -1, -1, -1, -1, -1, -1, -1, -1, -1 };

  // 해시 함수 역할을 하는 메소드
  public static int hashFunc(int data) {
    return data % 10;
  }

  // 프로그램 실행의 시작점인 main 메소드
  public static void main(String[] args) {
    int data, hashValue;
    int pos;    // 저장 위치, 검색 위치

    // 키보드로 데이터를 입력하여 해시 테이블에 저장
```

```
Scanner scn = new Scanner(System.in);
do {
  // 저장할 데이터 입력
  System.out.printf("\n저장할 데이터 = ");
  data = scn.nextInt();

  // 음숫값이 입력되면 데이터 저장을 종료
  if (data < 0) {
    break;
  }

  // 해시값을 구함
  hashValue = hashFunc(data);
  System.out.printf("해시값 = %d %% 10 = %d\n", data, hashValue);

  // 데이터의 저장 위치를 정함
  pos = hashValue;
  System.out.printf("저장 위치 pos = %d\n", pos);
  while (hashTable[pos] != -1) {
    // 다음 배열 요소에서 데이터를 저장할 수 있는지 확인
    pos++;

    // 배열 마지막 요소까지 데이터 저장 가능 여부를
    // 확인하면 배열 첫 번째 요소를 지정
    if (pos >= hashTable.length) {
      pos = 0;
    }
    System.out.printf("저장 위치 pos = %d\n", pos);

    // 해시값의 배열 요소 위치까지 돌아오면,
    // 해시 테이블에 데이터가 가득 찬 것이므로 반복을 종료
    if (pos == hashValue) {
      break;
    }
  }

  if (hashTable[pos] == -1) {
    // 해시 테이블이 가득 차지 않았다면 데이터를 저장
    hashTable[pos] = data;
    System.out.printf("hashTable[%d]에 %d을(를) 저장합니다.\n", pos, data);
```

```
  } else {
    // '해시 테이블이 가득 찼습니다'를 표시
    System.out.printf("해시 테이블이 가득 찼습니다.\n");
  }
} while (true);

// 해시 테이블에서 데이터를 탐색
do {
  // 키보드로 탐색할 데이터를 입력
  System.out.printf("\n탐색할 데이터 = ");
  data = scn.nextInt();

  // 음숫값이 입력되면 데이터 탐색을 종료
  if (data < 0) {
    break;
  }

  // 해시값을 구함
  hashValue = hashFunc(data);
  System.out.printf("해시값 = %d %% 10 = %d\n", data, hashValue);

  // 데이터를 탐색
  pos = hashValue;
  System.out.printf("탐색 위치 pos = %d\n", pos);
  while (hashTable[pos] != -1 && hashTable[pos] != data) {
    // 다음 배열 요소로 탐색 위치를 이동
    pos++;

    // 배열 마지막 요소까지 탐색하면 배열 첫 번째 요소를 지정
    if (pos >= hashTable.length) {
      pos = 0;
    }
    System.out.printf("탐색 위치 pos = %d\n", pos);

    // -1을 찾았거나, 해시값의 인덱스 위치로 돌아오면,
    // 데이터를 찾을 수 없는 것이므로 반복을 종료
    if (hashTable[pos] == -1 || pos == hashValue) {
      break;
    }
  }
```

```
    // 탐색한 결과를 표시
    if (hashTable[pos] == data) {
      System.out.printf("hashTable[%d]값은 %d이므로, 발견한 위치를 표시합니다.\n",
                  pos, data);
      System.out.printf("%d번째에서 발견되었습니다.\n", pos);
    } else {
      System.out.printf(
        "hashTable[%d]값은 %d이므로, '찾을 수 없습니다.'를 표시합니다.\n",
                  pos, hashTable[pos]);
      System.out.printf("찾을 수 없습니다.\n");
    }
  } while (true);
  scn.close();
  }
}
```

코드 설명

먼저 "저장 위치 pos = %d\n", pos와 "탐색 위치 pos = %d\n", pos라는 코드들을 눈여겨 보기 바랍니다. 데이터의 저장 위치와 탐색 위치가 어떻게 변하는지를 추적하는 코드입니다. 바로 데이터가 저장될 수도 있고, while 문의 실행에 따라 여러 번 저장 위치를 확인할 수 있으므로 저장 및 탐색을 시작하는 위치와 실행하는 while 문 안에 코드를 위치시켰습니다.

다음으로 "hashTable[%d]에 %d을(를) 저장합니다.\n", pos, data는 데이터를 저장하는 위치를 확인하는 코드이므로 while 문 밖 if~else 문의 if 문에 위치시킵니다.

데이터 탐색에서는 현재 해시값을 확인하려고 앞에서 데이터를 탐색할 때는 사용하지 않았던 "해시값 = %d %% 10 = %d\n", data, hashValue를 사용합니다.

그리고 최종 탐색한 결과를 표시할 때는 탐색한 데이터가 있을 때와 없을 때 각각의 이유를 알리려고 "hashTable[%d]값은 %d이므로, 발견한 위치를 표시합니다.\n", pos, data와 "hashTable[%d]값은 %d이므로, '찾을 수 없습니다.'를 표시합니다.\n", pos, hashTable[pos]를 각각 사용했습니다.

실행 결과

```
저장할 데이터 = 37
해시값 = 37 % 10 = 7
저장 위치 pos = 7
hashTable[7]에 37을(를) 저장합니다.

저장할 데이터 = 51
해시값 = 51 % 10 = 1
저장 위치 pos = 1
hashTable[1]에 51을(를) 저장합니다.

저장할 데이터 = 79
해시값 = 79 % 10 = 9
저장 위치 pos = 9
hashTable[9]에 79을(를) 저장합니다.

저장할 데이터 = 28
해시값 = 28 % 10 = 8
저장 위치 pos = 8
hashTable[8]에 28을(를) 저장합니다.

저장할 데이터 = 48
해시값 = 48 % 10 = 8
저장 위치 pos = 8
저장 위치 pos = 9
저장 위치 pos = 0
hashTable[0]에 48을(를) 저장합니다.

저장할 데이터 = -1

탐색할 데이터 = 37
해시값 = 37 % 10 = 7
탐색 위치 pos = 7
hashTable[7]값은 37이므로, 발견한 위치를 표시합니다.
7번째에서 발견되었습니다.

탐색할 데이터 = 51
해시값 = 51 % 10 = 1
탐색 위치 pos = 1
```

```
hashTable[1]값은 51이므로, 발견한 위치를 표시합니다.
1번째에서 발견되었습니다.

탐색할 데이터 = 79
해시값 = 79 % 10 = 9
탐색 위치 pos = 9
hashTable[9]값은 79이므로, 발견한 위치를 표시합니다.
9번째에서 발견되었습니다.

탐색할 데이터 = 28
해시값 = 28 % 10 = 8
탐색 위치 pos = 8
hashTable[8]값은 28이므로, 발견한 위치를 표시합니다.
8번째에서 발견되었습니다.

탐색할 데이터 = 48
해시값 = 48 % 10 = 8
탐색 위치 pos = 8
탐색 위치 pos = 9
탐색 위치 pos = 0
hashTable[0]값은 48이므로, 발견한 위치를 표시합니다.
0번째에서 발견되었습니다.

탐색할 데이터 = 99
해시값 = 99 % 10 = 9
탐색 위치 pos = 9
탐색 위치 pos = 0
탐색 위치 pos = 1
탐색 위치 pos = 2
hashTable[2]값은 -1이므로 '찾을 수 없습니다.'를 표시합니다.
찾을 수 없습니다.

탐색할 데이터 = -1
```

48(동의어)의 경우 저장 위치 pos와 탐색 위치 pos값을 비교하면, 해시값 hashValue의 인덱스 번호보다 하나 뒤입니다. 또한 배열 인덱스의 끝까지 확인 및 탐색한 후에는 배열 첫 번째 요소부터 확인 및 탐색한다는 점에 주목하세요.

확인 문제

문제 1 다음 설명이 맞으면 ○, 올바르지 않다면 ×를 표시하세요.

① 해시 함수로 얻은 값을 해시값이라고 부른다.

② 정수 데이터를 10으로 나눈 나머지는 반드시 1~10의 범위가 된다.

③ 해시 테이블 탐색법의 시간 복잡도는 이상적으로는 O(N)이다.

④ 서로 다른 해시값이 되는 데이터를 동의어라고 부른다.

⑤ 해시 충돌이 무시해도 좋을 정도로 적은 경우, 해시 테이블 탐색법의 시간 복잡도는 O(1)이다.

정답은 403페이지에 있습니다.

문제 2 다음은 선형 검색으로 배열 a에서 변수 x와 같은 값을 찾으면 인덱스를, 찾지 못하면 −1을 표시하는 의사코드 프로그램입니다. 빈칸에 적절한 단어와 연산자를 입력하세요.

○ 정수형: data, hashValue, pos
· data ← 키보드로 입력된 데이터
· hashValue ← hashFunc(data)
· pos ← [(1)   ]

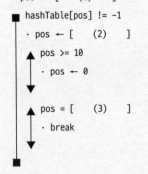

■ hashTable[pos] != -1
· pos ← [(2)   ]

  pos >= 10
· pos ← 0

  pos = [(3)   ]
· break

■

hashTable[pos] = -1
· hashTable[pos] ← data

· '해시 테이블이 가득 찼습니다.'를 표시한다

정답은 403페이지에 있습니다.

앞에서 살펴본 해시 테이블 탐색법에서는 해시 충돌이 발생한 경우 해시값을 요소 번호로 설정하지 못하게 되어, 다른 위치에 데이터를 저장해야 합니다. 이 장에서는 해시값의 요소 번호 다음의 빈 영역에 데이터를 저장한다는 간단한 알고리즘을 사용했습니다. 이를 '개방 주소법(open addressing)'이라고 합니다.

다음 소개하는 정보의 C(없으면 C++)와 자바 코드를 참고하기 바랍니다.

- Program to implement Hash Table using Open Addressing
  https://www.geeksforgeeks.org/program-to-implement-hash-table-using-open-addressing
- Java Program to Implement Hash Tables with Double Hashing
  https://www.geeksforgeeks.org/java-program-to-implement-hash-tables-with-double-hashing

해시 충돌 대처법에는 약간 복잡한 '체이닝(chaining)'이라는 알고리즘도 있습니다. 이것은 해시 테이블과 별도로 '오버플로 영역(overflow area)'을 준비해, 해시 충돌이 발생한 데이터(같은 해시값의 데이터)를 저장합니다. 해시 테이블과 오버플로 영역은 5장에서 설명한 연결 리스트 개념을 이용해 동일한 해시값과 데이터를 연결합니다. 참고로 체이닝의 체인(chain)은 데이터를 '연결한다'는 뜻입니다.

다음 소개하는 정보의 C(없으면 C++)와 자바 코드도 참고하기 바랍니다.

- C++ program for hashing with chaining
  https://www.geeksforgeeks.org/c-program-hashing-chaining
- Implementing our Own Hash Table with Separate Chaining in Java
  https://www.geeksforgeeks.org/implementing-our-own-hash-table-with-separate-chaining-in-java
- Hashing in Java
  https://www.geeksforgeeks.org/hashing-in-java

예를 들어 '해시값 = 데이터값 % 10'이라는 해시 함수를 사용할 경우 28, 48, 78은 동의어입니다.

해시 테이블

hashTable[0]	[1]	[2]	[3]	[4]	[5]	[6]	[7]	[8]	[9]
-1	-1	-1	-1	-1	-1	-1	-1	28	-1
-1	-1	-1	-1	-1	-1	-1	-1	0	-1

동의어를 연결 리스트로 만든다

synTable[0]	[1]	[2]	[3]	[4]	[5]	[6]	[7]	[8]	[9]
48	78	-1	-1	-1	-1	-1	-1	-1	-1
1	-1	-1	-1	-1	-1	-1	-1	-1	-1

오버플로 영역

체이닝은 다음처럼 해시 테이블과 오버플로 영역에 데이터를 저장합니다. 영역의 각 요소 상단은 데이터, 하단은 연결 정보이며 데이터가 −1인 요소는 데이터가 저장되어 있지 않음을 나타냅니다. 연결 정보가 −1인 요소는 연결 리스트의 끝입니다. 모두 초깃값은 −1입니다.

해시 테이블은 해시 충돌의 발생을 억제하도록 고려해야 합니다. 예를 들어 저장 데이터 수에 대해서 해시 테이블의 요소 수를 충분히 크게 설정하고, 해시 테이블 전체에 데이터가 흩어지는 해시 함수를 사용한다면 해시 충돌 발생이 적어질 것입니다.

Chapter

8

재귀 호출과
퀵 정렬

이 장의 전반부에서는 함수 안에서 자기 자신을 호출하여 반복 처리를 실현하는 '재귀 호출(recursive call)'을 설명합니다. 먼저 단골 주제인 '인수 n의 계승을 반환하는 factorial 함수'를 만듭니다. 이를 통해 함수가 반복 호출되고, 반환값이 반복해 반환되는 흐름을 추적해 봅니다. 단, 계승을 구할 때 재귀 호출을 사용하는 것이 가장 효율적이지는 않다는 점은 기억하기 바랍니다.

이 장의 후반부에서는 대량의 데이터를 효율적으로 정렬하는 '퀵 정렬(Quicksort)'을 배웁니다. 퀵 정렬은 재귀 호출 사용하지 않으면 프로그램을 작성하기 어려울 정도로 궁합이 좋습니다. 퀵 정렬로 재귀 호출의 구조를 알고 효과적으로 활용해 봅시다.

8.1 재귀 호출

- Point 재귀 호출의 구조
- Point 재귀 호출의 추적

8.1.1 n의 계승을 구하는 알고리즘

의사코드는 반복을 ■————■로 둘러싸서 나타냅니다. 보통 C와 자바에서는 while이나 for 문으로 반복을 나타냅니다. '재귀 호출recursive call'은 이들과는 전혀 다른 방식으로 반복을 구현합니다. '함수 안에서 자기 자신을 호출하여 반복 처리한다'는 프로그래밍 기법입니다.

재귀 호출로 반복 처리하는 것은 이상한 일이 아닙니다. 그림 8-1의 재귀 호출의 구조를 살펴보겠습니다.

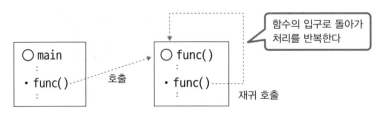

그림 8-1 재귀 호출의 구조

함수를 호출하면 처리 흐름이 함수 입구에서 시작됩니다. 예를 들어 프로그램의 시작 위치인 main 함수에서 func 함수를 호출하면, 처리 흐름은 func 함수의 입구에서 출발하여 func 함수 속 내용을 처리합니다. 그런데 다음처럼 func 함수의 처리 속에 func 함수 호출(재귀 호출)이 있으면, 처리 흐름이 func 함수의 입구로 돌아가므로 다시 func 함수 속 처리를 반복합니다.

함수 처리 속에서 같은 함수를 호출만 한다면 영원한 반복이 이어집니다. 그래서 **재귀 호출을 수행하는 함수는 재귀 호출을 종료하는 조건을 준비해 둡니다.** 예를 들어 나중에 만들 인수 n의 계승을 구하는 함수에서는 'n = 0'이라는 조건이 참이라면 재귀 호출을 중지합니다.

재귀 호출은 함부로 사용하지 않는 것이 좋습니다. 일반적인 반복 처리(의사코드에서는 ■————■에 의한 반복, C나 자바에서는 while이나 for 문에 의한 반복)와 비교하여, **재귀 호출은 처리에 시간이 오래 걸리고 메모리를 많이 소모합니다. 스마트(짧고 낭비 없이 효율적으로)하게 프로그램을 작성할 수 있을 때만 사용해야 하는 기법이 재귀 호출입니다.** 재귀 호출을 사용하지 않으면 프로그램을 작성하는 것이 곤란한 경우도 있습니다. 예를 들어 6장 이진 탐색 트리에서는 이 장에서 설명할 재귀 호출을 이미 사용했습니다. 재귀 호출을 사용하지 않으면 이진 탐색 처리를 작성하기가 어렵기 때문입니다.

지금부터 재귀 호출의 구조를 확인하는 예제로 인수 n의 계승을 구하는 factorial 함수를 만듭니다. factorial은 '계승^{階乘}'이라는 뜻으로 재귀 호출의 구조를 설명하기 좋으므로 자주 예제로 사용합니다. 참고로 인수 n의 계승을 구하는 처리는 보통의 반복문으로도 작성할 수 있습니다. 재귀 호출을 사용하는 것이 결코 스마트하지만은 않습니다. 이 장의 후반에 작성할 퀵 정렬은 재귀 호출을 사용합니다. 재귀 호출을 사용하지 않으면 프로그램을 작성하기가 어렵기 때문입니다.

의사코드

코드 8-1은 main 함수에서 인수 n의 계승을 구하는 factorial 함수의 인수에 5를 지정하여 호출하는 처리를 의사코드로 작성한 것입니다.

코드 8-1 계승을 구하는 함수의 의사코드

```
/* 인수 n의 계승을 구하는 함수(여기부터) */
○ 정수형: factorial(정수형: n)
   n = 0
      /* 0의 계승은 1이므로 1을 반환하여 재귀 호출을 종료한다 */
      · return 1

      /* n의 계승은 n * (n - 1)의 계승이므로, */
      /* 재귀 호출로 (n - 1)의 계승을 구한다 */
      · return n * factorial(n - 1)

/* 인수 n의 계승을 구하는 함수(여기까지) */

/* 프로그램 실행의 시작점인 main 함수(여기부터) */
○ main
○ 정수형: ans
/* 5의 계승을 구한다 */
 · ans ← factorial(5)
 · ans값을 표시한다
/* 프로그램 실행의 시작점인 main 함수(여기까지) */
```

5의 계승은 5 × 4 × 3 × 2 × 1 = 120이므로 main 함수의 '∴ ans ← factorial(5)'를 통해 ans에 120이 저장됩니다. factorial 함수의 'n * factorial(n-1)' 부분이 재귀 호출입니다. 이것은 'n의 계승은 n × (n − 1)의 계승이다'라는 생각을 프로그램으로 표현한 것입니다. 예를 들어 5의 계승인 5 × 4 × 3 × 2 × 1은 5 × 4 × 3 × 2 × 1 = 5 × (4 × 3 × 2 × 1) = 5 × 4의 계승 = 5 × (5 − 1)의 계승입니다.

수학의 약속에 의해 0의 계승까지 구할 수 있으며 0의 계승은 1로 정해져 있습니다. 계승은 순열과 조합을 구할 때 자주 사용되며, 데이터가 0개일 때 '아무것도 선택하지 않는다'는 하나의 패턴이 있다고 보기 때문입니다. factorial 함수는 인수 n값이 0이면 1을 반환하고, 그 시점에서 재귀 호출을 종료합니다.

C

코드 8-2는 의사코드로 만든 계승 구하기를 C로 구현한 것입니다. RecursiveCall.c라는 파일명으로 저장하세요.

코드 8-2 계승을 구하는 함수

```c
#include <stdio.h>

// 인수 n의 계승을 구하는 함수
int factorial(int n) {
  if (n == 0) {
    // 0의 계승은 1이므로 1을 반환하여 재귀 호출을 종료
    return 1;
  } else {
    // n의 계승은 n * (n - 1)의 계승이므로, 재귀 호출로 (n - 1)의 계승을 구함
    return n * factorial(n - 1);
  }
}

// 프로그램 실행의 시작점인 main 함수
int main() {
  int ans;

  // 5의 계승을 구함
  ans = factorial(5);
  printf("%d\n", ans);
```

```
    return 0;
}
```

자바

코드 8-2는 의사코드로 만든 계승 구하기를 자바로 구현한 것입니다. RecursiveCall.java
라는 파일명으로 저장하세요.

코드 8-3 계승을 구하는 함수

```java
public class RecursiveCall {
  // 인수 n의 계승을 구하는 메소드
  public static int factorial(int n) {
    if (n == 0) {
      // 0의 계승은 1이므로 1을 반환하여 재귀 호출을 종료
      return 1;
    } else {
      // n의 계승은 n * (n - 1)의 계승이므로, 재귀 호출로 (n - 1)의 계승을 구함
      return n * factorial(n - 1);
    }
  }

  // 프로그램 실행의 시작점인 main 메소드
  public static void main(String[] args) {
    int ans;

    // 5의 계승을 구함
    ans = factorial(5);
    System.out.printf("%d\n", ans);
  }
}
```

코드 설명

factorial 함수(메소드)에서는 0의 계승은 1이라는 수학적 조건 이외에는 다른 조건이 없습
니다. 따라서 if 문의 조건으로 n == 0을 설정해 0의 계승을 처리하게 하고 else 문에서 일반
적인 계승 연산을 하도록 했습니다. 또한 n * factorial(n - 1)이라는 계승 계산을 반환하면

서 재귀 호출을 사용합니다. main 함수(메소드)는 factorial 함수의 인수로 5를 지정해 계승의 계산 결과를 변수 ans에 저장하고 이를 출력하는 간단한 구조입니다.

실행 결과

```
120
```

5의 계승인 120을 올바르게 얻을 수 있습니다.

8.1.2 알고리즘의 추적

인수 n에 5가 지정된 경우를 상정해 factorial 함수의 처리 흐름을 추적해 봅시다. 인숫값이 변화하면서 factorial 함수가 반복적으로 재귀 호출되어 인수가 0이 되면 반복적으로 반환값을 돌려주는 것이 핵심입니다. 0의 계승까지 구하므로 5의 계승은 5 × 4 × 3 × 2 × 1이 아닌, 5 × 4 × 3 × 2 × 1 × 1이라는 계산으로 구해집니다. 마지막의 × 1은 0의 계승을 구한 결과입니다.

1단계

factorial(5)가 호출됩니다.

그림 8-2 재귀 호출을 이용한 계승 계산 1

2단계

factorial(4)가 호출됩니다.

그림 8-3 재귀 호출을 이용한 계승 계산 2

3단계

factorial(3)이 호출됩니다.

그림 8-4 재귀 호출을 이용한 계승 계산 3

4단계

factorial(2)가 호출됩니다.

그림 8-5 재귀 호출을 이용한 계승 계산 4

5단계

factorial(1)이 호출됩니다.

그림 8-6 재귀 호출을 이용한 계승 계산 5

6단계

factorial(0)이 호출됩니다.

그림 8-7 재귀 호출을 이용한 계승 계산 6

7단계

factorial(0)이 1을 반환합니다.

그림 8-8 재귀 호출을 이용한 계승 계산 7

8단계

factorial(1)이 1을 반환합니다.

그림 8-9 재귀 호출을 이용한 계승 계산 8

9단계

factorial(2)가 2를 반환합니다.

그림 8-10 재귀 호출을 이용한 계승 계산 9

10단계

factorial(3)이 6을 반환합니다.

그림 8-11 재귀 호출을 이용한 계승 계산 10

11단계

factorial(4)가 24를 반환합니다.

그림 8-12 재귀 호출을 이용한 계승 계산 11

12단계

factorial(5)가 120을 반환합니다.

그림 8-13 재귀 호출을 이용한 계승 계산 12

8.1.3 프로그램을 이용한 알고리즘의 추적

다음은 C와 자바로 factorial 함수(메소드)가 재귀 호출되는 순서와 반환값이 반환되는 순서를 추적하는 코드를 추가한 프로그램입니다.

C

코드 8-4는 C로 작성한 계승 구하기의 추적 프로그램입니다. RecursiveCallTrace.c라는 파일명으로 저장하세요.

코드 8-4 factorial 함수의 알고리즘 추적

```c
#include <stdio.h>

// 인수 n의 계승을 구하는 함수
int factorial(int n) {
  printf("factorial(%d)이(가) 호출되었습니다.\n", n);
  if (n == 0) {
    // 0의 계승은 1이므로 1을 반환하여 재귀 호출을 종료
    printf("factorial(0)이 1을 반환했습니다.\n");
    return 1;
  } else {
    // n의 계승은 n * (n - 1)의 계승이므로, 재귀 호출로 (n - 1)의 계승을 구함
    int retVal = n * factorial(n - 1);
    printf("factorial(%d)이(가) %d을(를) 반환했습니다.\n", n, retVal);
    return retVal;
  }
}

// 프로그램 실행의 시작점인 main 함수
int main() {
  int ans;

  // 5의 계승을 구함
  ans = factorial(5);
  printf("%d\n", ans);

  return 0;
}
```

자바

코드 8-5는 자바로 작성한 계승 구하기의 추적 프로그램입니다. RecursiveCallTrace.java 라는 파일명으로 저장하세요.

코드 8-5 factorial 메소드의 알고리즘 추적

```java
public class RecursiveCallTrace {
  // 인수 n의 계승을 구하는 메소드
  public static int factorial(int n) {
    System.out.printf("factorial(%d)이(가) 호출되었습니다.\n", n);
    if (n == 0) {
      // 0의 계승은 1이므로 1을 반환하여 재귀 호출을 종료
      System.out.printf("factorial(0)이 1을 반환했습니다.\n");
      return 1;
    } else {
      // n의 계승은 n * (n - 1)의 계승이므로, 재귀 호출로 (n - 1)의 계승을 구함
      int retVal = n * factorial(n - 1);
      System.out.printf("factorial(%d)이(가) %d을(를) 반환했습니다.\n", n, retVal);
      return retVal;
    }
  }

  // 프로그램 실행의 시작점인 main 메소드
  public static void main(String[] args) {
    int ans;

    // 5의 계승을 구함
    ans = factorial(5);
    System.out.printf("%d\n", ans);
  }
}
```

코드 설명

추적 코드는 먼저 인수 n부터 0까지 재귀 호출이 정상적으로 되는지 확인하려고 factorial 함수(메소드)의 시작 부분에 "factorial(%d)이(가) 호출되었습니다.\n", n이라는 코드를 삽입했습니다. 이후에는 0의 계승 계산까지 올바르게 거치는지 확인하려고 if 문 안에 "factorial(0)이 1을 반환했습니다.\n"이라는 출력 코드를 넣었습니다.

계승 연산 부분은 추적 코드를 위해 일부분을 변경했습니다. 기존 코드는 n * factorial(n - 1)을 바로 반환하도록 했지만 여기에서는 먼저 retVal이라는 변수에 계산 결과를 저장합니다. 그리고 "factorial(%d)이(가) %d을(를) 반환했습니다.\n", n, retVal을 이용해 새귀 호출로 계승 연산을 위한 중간 결과를 출력하도록 했습니다. 그 다음에 결과인 retVal 변숫값을 반환하도록 합니다.

실행 결과

```
factorial(5)이(가) 호출되었습니다.
factorial(4)이(가) 호출되었습니다.
factorial(3)이(가) 호출되었습니다.
factorial(2)이(가) 호출되었습니다.
factorial(1)이(가) 호출되었습니다.
factorial(0)이(가) 호출되었습니다.
factorial(0)이(가) 1을(를) 반환했습니다.
factorial(1)이(가) 1을(를) 반환했습니다.
factorial(2)이(가) 2을(를) 반환했습니다.
factorial(3)이(가) 6을(를) 반환했습니다.
factorial(4)이(가) 24을(를) 반환했습니다.
factorial(5)이(가) 120을(를) 반환했습니다.
120
```

반환값이 확정되지 않은 상태로 factorial(5) → factorial(4) → factorial(3) → factorial(2) → factorial(1)의 순서로 재귀 호출이 반복됩니다. factorial(0) 재귀 호출로 1이 반환되면 $1 \to 1 \times 1 \to 1 \times 2 \to 2 \times 3 \to 6 \times 4 \to 24 \times 5 \to 120$ 순서로 반복하여 반환값을 돌려줍니다.

8.2 퀵 정렬

- Point 그룹 나누기 함수와 정렬 함수
- Point 퀵 정렬의 재귀 호출

8.2.1 퀵 정렬 알고리즘

퀵 정렬^{quick sort}은 대량의 데이터를 효율적으로 정렬하는 알고리즘입니다. 퀵 정렬은 기준값^{pivot}이 되는 요소를 하나 선택해, 나머지 요소들을 기준값보다 작은 값과 큰 값으로 그룹 나누기를 반복하여 전체를 정렬합니다. 이 반복 처리는 그룹으로 나누어진 데이터가 하나일 때까지 계속(2개 이상이면 계속)됩니다. 데이터가 하나면 해당 데이터의 위치가 확정되기 때문입니다. 기준값도 데이터 중의 하나이므로 위치가 확정됩니다. 이 과정을 요약하면 다음과 같습니다.

1. 기준값이 되는 요소를 하나 선택합니다.

2. 나머지 요소를 기준값보다 작은 값과 큰 값으로 그룹 나누기를 반복합니다.

3. 그룹으로 나누어진 데이터가 하나가 될 때까지 1과 2를 반복합니다.

그룹 나누기 함수(메소드)와 그 함수로 정렬을 수행하는 함수를 준비하면 퀵 정렬 프로그램 작성이 매우 간단해집니다. 여기서는 그룹을 나누는 함수를 divideArray(배열 분할)라는 이름으로, 정렬 함수를 sortArray(배열 정렬)라는 이름으로 만듭니다. sortArray 함수에서 divideArray 함수를 사용하며, sortArray 함수 처리 내에서 재귀 호출을 사용합니다. 오름차순으로 정렬합니다.

의사코드

sortArray 함수보다 divideArray 함수 쪽이 다소 복잡하므로, 먼저 sortArray 함수의 처리 내용을 설명합니다. 코드 8-6은 의사코드로 작성한 sortArray 함수입니다.

코드 8-6 sortArray 함수의 의사코드

```
/* 배열 a[start]~a[end]를 오름차순으로 정렬하는 함수(여기부터) */
○ sortArray(정수형: a[], 정수형: start, 정수형: end)
○ 정수형: pivot      /* 배열을 그룹으로 나누는 기준의 위치 */
/* 배열의 요소가 2개 이상인 경우 처리한다 */
▲ start < end
    /* 기준값과의 대소 관계에 따라 그룹 나누기 */
  · pivot ← divideArray(a, start, end)
    /* 기준값보다 작은 앞쪽 그룹에 동일한 처리를 적용한다(재귀 호출) */
  · sortArray(a, start, pivot - 1)
    /* 기준값보다 큰 뒤쪽의 그룹에 동일한 처리를 적용한다(재귀 호출) */
  · sortArray(a, pivot + 1, end)
▼
/* 배열 a[start]~a[end]를 오름차순으로 정렬하는 함수(여기까지) */
```

인수로 지정된 a[start]~a[end] 범위의 배열을 정렬합니다. 배열의 요소 수가 2개 이상이라는 조건에서 배열 요소의 그룹 나누기를 수행한 후 앞쪽 그룹을 인수로 지정해 sortArray 함수를 호출하는 재귀 호출과, 뒤쪽 그룹을 인수로 지정해 sortArray 함수를 호출하는 재귀 호출을 수행합니다. 처리 내용은 이것뿐입니다. 재귀 호출을 사용한 스마트한 프로그램입니다.

코드 8-7은 의사코드로 작성한 divideArray 함수입니다.

코드 8-7 divideArray 함수의 의사코드

```
/* 배열 a[head]~a[tail]을 그룹으로 나누는 함수(여기부터) */
○ 정수형: divideArray(정수형: a[], 정수형: head, 정수형: tail)
○ 정수형: left, right, temp
 · left ← head + 1      /* 선두 +1부터 훑어 가는 위치 */
 · right ← tail         /* 끝부터 훑어 가는 위치 */
/* 기준값 a[head]보다 작은 요소는 앞쪽으로, 큰 요소는 뒤쪽으로 이동한다 */
■ true
    /* 배열을 선두 +1부터 뒤쪽으로 훑어 기준값보다 큰 요소를 찾아낸다 */
    ■ left < tail and a[head] > a[left]
    │ · left ← left + 1
    ■

    /* 배열을 끝에서 앞으로 훑어 기준값보다 작은 요소를 찾아낸다 */
    ■ a[head] < a[right]
    │ · right ← right - 1
    ■

    /* 확인할 요소가 없어지면 종료한다 */
    ▲ left >= right
    │ · break
    ▼

    /* 기준값보다 큰 a[left]와 기준값보다 작은 a[right]를 교환한다 */
    · temp ← a[left]
    · a[left] ← a[right]
    · a[right] ← temp
    /* 다음 요소를 체크해 간다 */
    · left ← left + 1
    · right ← right - 1
■
/* 기준값 a[head]와 a[right]를 교환한다 */
 · temp ← a[head]
 · a[head] ← a[right]
 · a[right] ← temp
```

```
/* 기준값 a[right]의 위치를 반환한다 */
 · return right
/* 배열 a[head]~a[tail]을 그룹으로 나누는 함수(여기까지) */
```

a[head]~a[tail] 범위의 배열을 두 그룹으로 나누어 기준값의 인덱스를 반환합니다. 기준값
보다 앞쪽에는 기준값보다 작은 요소가 있고, 뒤쪽에는 기준값보다 큰 요소가 있습니다. 예를
들어 a[0]~a[6]을 두 그룹으로 나누어 3이 반환된 경우에는 a[3]이 기준값이며, a[0]~a[2]
에는 a[3]보다 작은 요소가 있고, a[4]~a[6]에는 a[3]보다 큰 요소가 있습니다.

divideArray 함수의 구체적인 예를 상정해 알고리즘 추적에서 자세한 처리 내용을 살펴볼 것
입니다. '■ true' 부분만으로는 무한 반복이 되므로 처리 속에 break를 넣어 해당 시점에서 반
복이 종료된다는 점을 기억하기 바랍니다.

C

코드 8-8은 의사코드로 만든 퀵 정렬 알고리즘을 C로 구현한 것입니다. QuickSort.c라는
파일명으로 저장하세요.

코드 8-8 퀵 정렬 알고리즘

```
#include <stdio.h>
#define LENGTH 7
#define TRUE -1

// 배열 내용을 표시하는 함수
void printArray(int a[], int len) {
  for (int i = 0; i < len; i++) {
    printf("[%d]", a[i]);
  }
  printf("\n");
}

// 배열 a[head]~a[tail]을 그룹으로 나누는 함수
int divideArray(int a[], int head, int tail) {
  int left, right, temp;
  left = head + 1;     // 배열 첫 요소 + 1부터 뒷 요소로 훑어 가는 위치
  right = tail;        // 배열 끝 요소부터 앞 요소로 훑어 가는 위치
```

```
    // 기준값 a[head]보다 작은 요소를 앞쪽으로, 큰 요소를 뒤쪽으로 이동
    while (TRUE) {
      // 배열을 첫 요소 + 1부터 뒷로 훑어가,
      // 기준값보다 큰 요소를 찾음
      while (left < tail && a[head] > a[left]) {
        left++;
      }

      // 배열 끝 요소에서 앞으로 훑어 기준값보다 작은 요소를 찾음
      while (a[head] < a[right]) {
        right--;
      }

      // 확인할 요소가 없어지면 종료
      if (left >= right) {
        break;
      }

      // 기준값보다 큰 a[left]와 기준값보다 작은 a[right]를 교환
      temp = a[left];
      a[left] = a[right];
      a[right] = temp;

      // 다음 요소를 확인함
      left++;
      right--;
    }

    // 기준값 a[head]와 a[right]를 교환
    temp = a[head];
    a[head] = a[right];
    a[right] = temp;

    // 기준값 a[right]의 위치를 반환
    return right;
}

// 배열 a[start]~a[end]를 오름차순으로 정렬하는 함수
void sortArray(int a[], int start, int end) {
    int pivot;     // 배열을 그룹으로 나누는 기준값의 인덱스 위치
```

```
    // 배열 요소가 2개 이상인 경우 정렬 처리 실행
    if (start < end) {
      // 기준값과의 대소 관계에 따라 그룹 나누기
      pivot = divideArray(a, start, end);

      // 기준값보다 작은 앞쪽 그룹에 동일한 처리를 적용(재귀 호출)
      sortArray(a, start, pivot - 1);

      // 기준값보다 큰 뒤쪽 그룹에 동일한 처리를 적용(재귀 호출)
      sortArray(a, pivot + 1, end);
    }
}

// 프로그램 실행의 시작점인 main 함수
int main() {
  int a[] = { 4, 7, 1, 6, 2, 5, 3 };

  // 정렬 전 배열을 표시
  printArray(a, LENGTH);

  // 퀵 정렬 실행
  sortArray(a, 0, LENGTH - 1);

  // 정렬된 배열을 표시
  printArray(a, LENGTH);

  return 0;
}
```

자바

코드 8-9는 의사코드로 만든 퀵 정렬 알고리즘을 자바로 구현한 것입니다. QuickSort.java 라는 파일명으로 저장하세요.

코드 8-9 퀵 정렬 알고리즘

```
public class QuickSort {
  // 배열 내용을 표시하는 메소드
  public static void printArray(int[] a) {
```

```java
    for (int i = 0; i < a.length; i++) {
      System.out.printf("[" + a[i] + "]");
    }
    System.out.printf("\n");
  }

  // 배열 a[head]~a[tail]을 그룹으로 나누는 메소드
  public static int divideArray(int[] a, int head, int tail) {
    int left, right, temp;
    left = head + 1;    // 배열 첫 요소 + 1부터 뒷 요소로 훑어 가는 위치
    right = tail;       // 배열 끝 요소부터 앞 요소로 훑어 가는 위치

    // 기준값 a[head]보다 작은 요소를 앞쪽으로, 큰 요소를 뒤쪽으로 이동
    while (true) {
      // 배열을 첫 요소 + 1부터 뒤쪽으로 훑어가,
      // 기준값보다 큰 요소를 찾음
      while (left < tail && a[head] > a[left]) {
        left++;
      }

      // 배열 끝 요소에서 앞으로 훑어 기준값보다 작은 요소를 찾음
      while (a[head] < a[right]) {
        right--;
      }

      // 확인할 요소가 없어지면 종료
      if (left >= right) {
        break;
      }

      // 기준값보다 큰 a[left]와 기준값보다 작은 a[right]를 교환
      temp = a[left];
      a[left] = a[right];
      a[right] = temp;

      // 다음 요소를 확인함
      left++;
      right--;
    }
```

```java
        // 기준값 a[head]와 a[right]를 교환
        temp = a[head];
        a[head] = a[right];
        a[right] = temp;

        // 기준값 a[right]의 위치를 반환
        return right;
    }

    // 배열 a[start]~a[end]를 오름차순으로 정렬하는 메소드
    public static void sortArray(int[] a, int start, int end) {
        int pivot;    // 배열을 그룹으로 나누는 기준값의 인덱스 위치

        // 배열 요소가 2개 이상인 경우 정렬 처리 진행
        if (start < end) {
            // 기준값과의 대소 관계에 따라 그룹 나누기
            pivot = divideArray(a, start, end);

            // 기준값보다 작은 앞쪽 그룹에 동일한 처리를 적용(재귀 호출)
            sortArray(a, start, pivot - 1);

            // 기준값보다 큰 뒤쪽 그룹에 동일한 처리를 적용(재귀 호출)
            sortArray(a, pivot + 1, end);
        }
    }

    // 프로그램 실행의 시작점인 main 메소드
    public static void main(String[] args) {
        int[] a = { 4, 7, 1, 6, 2, 5, 3 };

        // 정렬 전 배열을 표시
        printArray(a);

        // 퀵 정렬 실행
        sortArray(a, 0, a.length - 1);

        // 정렬된 배열을 표시
        printArray(a);
    }
}
```

코드 설명

의사코드로 설명한 동일한 기능의 divideArray 함수(메소드), sortArray 함수(메소드), 배열의 내용을 표시하는 printArray 함수(메소드), 그리고 프로그램 실행의 시작점인 main 함수(메소드)가 있습니다. 정렬 대상은 main 함수에서 선언된 요소 수 7개의 배열 [4][7][1][6][2][5][3]입니다.

divideArray 함수는 먼저 배열 a, 기준값의 인덱스를 뜻하는 head와 배열 끝 요소의 인덱스를 뜻하는 tail을 인수로 사용합니다. 또한 함수 안에는 배열 첫 요소 + 1부터 뒷 요소를 훑는 변수 left와 배열 뒷 요소부터 앞 요소를 훑는 변수 right, 임시로 값을 저장하는 변수 temp를 선언합니다.

또한 while (true) 안에 while 문 2개와 if 문을 구성합니다. 첫 번째 while 문은 배열 첫 요소 + 1부터 기준값보다 큰 요소를 찾으므로 left < tail && a[head] > a[left]라는 조건(배열 뒷 요소 인덱스가 끝 요소보다 작고, 기준값이 배열 앞 요솟값보다 큼)일 때 left값을 1 증가시킵니다. 두 번째 while 문은 a[head] < a[right]라는 조건(기준값이 배열 끝 요솟값보다 작음)일 때 right값을 1 감소시킵니다.

if 문은 left >= right라는 조건(이전 요소 인덱스가 앞 요소 인덱스보다 크거나 같을 때, 즉 확인할 요소가 없음)일 때 while 문 실행을 중단합니다. 또한 매 반복마다 기준값보다 큰 a[left]와, 기준값보다 작은 a[right]를 교환합니다.

sortArray 함수(메소드)는 배열 a, 정렬 기준 위치의 인덱스를 뜻하는 start, 정렬할 끝 요소의 인덱스를 뜻하는 end를 인수로 사용합니다. 또한 함수 안에는 배열을 그룹으로 나누는 기준값의 인덱스를 뜻하는 pivot 변수를 선언합니다.

sortArray 함수의 if 문 안(정렬 기준 위치가 정렬할 끝 요소보다 작다는 조건)에서는 기준값의 대소 관계를 반복해서 판단하려는 목적으로 재귀 호출을 사용합니다. 먼저 sortArray 함수의 인수 start에 따라 기준값 중심으로 배열 요소를 정렬한 divideArray 함수를 실행합니다. 그리고 기준값보다 작은 앞쪽 그룹에는 정렬할 끝 요소부터 인덱스 숫자를 줄이면서 오름차순 정렬을 수행하는 sortArray(a, start, pivot - 1)을 실행합니다.

기준값보다 큰 뒤쪽 그룹에는 정렬을 시작할 요소부터 인덱스 숫자를 늘리면서 오름차순 정렬을 수행하는 sortArray(a, pivot + 1, end)를 실행합니다. 재귀 호출이므로 당연히 while 문 없이도 반복 처리가 가능한 것입니다.

실행 결과

```
[4][7][1][6][2][5][3]
[1][2][3][4][5][6][7]
```

정렬 전후의 배열 내용이 표시됩니다. 퀵 정렬로 오름차순 정렬을 수행했습니다.

8.2.2 알고리즘의 추적

퀵 정렬을 구현한 divideArray 및 sortArray 함수(메소드)의 처리 내용을 직접 추적해 봅시다. 방금 전과 동일하게 요소 수 7개의 배열 int[] a = { 4, 7, 1, 6, 2, 5, 3 };을 오름차순으로 정렬합니다. 이해를 돕기 위해 divideArray 및 sortArray 함수를 별도로 추적합니다.

divideArray 함수의 추적

sortArray 함수 안에는 pivot = divideArray(a, start, end); 처리를 인수로 삼아 sortArray 함수를 재귀 호출하므로 divideArray 함수를 여러 번 호출합니다. 그리고 main 함수의 start 와 end값이 0과 6이므로 divideArray 함수의 head는 0, end는 6입니다. 따라서 pivot = divideArray(a, 0, 6);을 추적합니다.

즉, [4][7][1][6][2][5][3]이라는 요소 수 7개의 배열을 첫 요소 [4] 기준으로, [4]보다 작은 [2][3][1]과, [4]보다 큰 [6][5][7]의 두 그룹으로 나누어, [2][3][1][4][6][5][7]의 순서가 됩니다.

1단계

인수 a에 요소 수 7개의 배열, head에 0, tail에 6이 지정된 divideArray 함수가 호출됩니다.

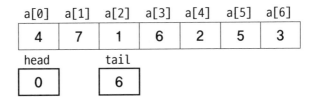

그림 8-14 divideArray 함수의 추적 1

2단계

앞 요소부터 뒷 요소를 훑어 가는 위치 left에 초깃값으로 head + 1 = 1을 설정합니다. 뒷 요소부터 앞 요소를 훑어 가는 위치 right에는 초깃값으로 tail = 6을 설정합니다.

기준값은 배열의 첫 번째 요소, 즉 a[head] = a[0]으로 합니다.

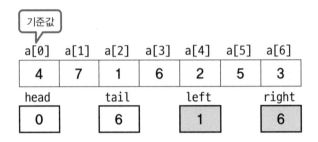

그림 8-15 divideArray 함수의 추적 2

3단계

left값을 1씩 늘리고 배열 a를 앞에서 뒤로 훑어, 기준값보다 큰 값 a[1] = 7을 발견합니다 (left를 늘리기 전에 발견됩니다).

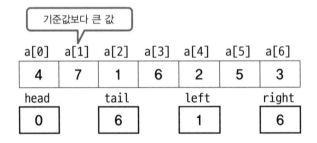

그림 8-16 divideArray 함수의 추적 3

4단계

right값을 1씩 줄이고 배열 a를 뒤에서 앞으로 훑어, 기준값보다 작은 값 a[6] = 3을 발견합니다(right를 줄이기 전에 발견됩니다).

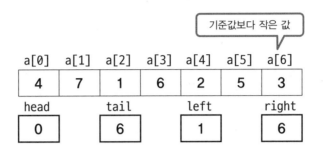

그림 8-17 divideArray 함수의 추적 4

5단계

a[left]와 a[right]를 교환합니다(참고로 값 교환에 사용하는 변수 temp는 생략했습니다).

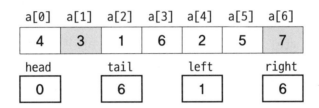

그림 8-18 divideArray 함수의 추적 5

6단계

left를 1 늘리고 right를 1 줄였을 때, left >= right가 거짓이므로 반복을 계속합니다.

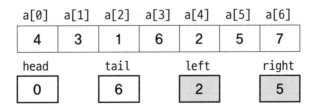

그림 8-19 divideArray 함수의 추적 6

7단계

left값을 1씩 늘리고 배열 a를 앞에서 뒤로 훑어, 기준값보다 큰 값 a[3] = 6을 발견합니다.

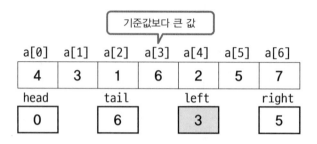

그림 8-20 divideArray 함수의 추적 7

8단계

right값을 1씩 줄이고 배열 a를 뒤에서 앞으로 훑어, 기준값보다 작은 값 a[4] = 2를 발견합니다.

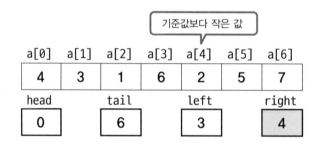

그림 8-21 divideArray 함수의 추적 8

9단계

a[left]와 a[right]를 교환합니다(참고로 값 교환에 사용하는 변수 temp는 생략합니다).

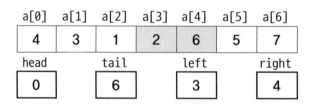

그림 8-22 divideArray 함수의 추적 9

10단계

left를 1 늘리고 right를 1 줄였을 때, left >= right가 참이므로 반복을 종료합니다.

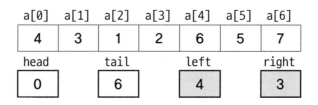

그림 8-23 divideArray 함수의 추적 10

11단계

반복이 끝나면 기준값 a[head] = a[0]과 a[right] = a[3]을 교환하여, 기준값을 두 그룹 사이에 넣습니다(참고로 값 교환에 사용하는 변수 temp는 생략합니다).

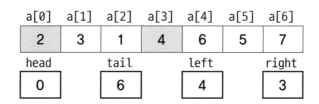

그림 8-24 divideArray 함수의 추적 11

12단계

기준값의 위치 right = 3을 반환합니다.

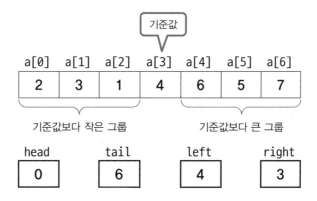

그림 8-25 divideArray 함수의 추적 12

sortArray 함수의 추적

이번에는 sortArray 함수를 추적합니다. 이 함수는 divideArray 함수를 호출하여 배열을 두 그룹으로 나누고, 각 그룹을 인수로 하여 sortArray 함수를 재귀 호출합니다.

다음은 처리 내용이 아니라, 정렬이 완료될 때까지 sortArray 함수와 divideArray 함수가 호출되는 순서를 추적한 것입니다. 인수로 지정하는 배열의 범위(색칠된 영역)의 변화에 주목하세요.

1단계

sortArray(a, 0, 6)이 호출됩니다.

a[0]	a[1]	a[2]	a[3]	a[4]	a[5]	a[6]
4	7	1	6	2	5	3

그림 8-26 sortArray 함수의 추적 1

2단계

divideArray(a, 0, 6)이 호출됩니다.

a[0]	a[1]	a[2]	a[3]	a[4]	a[5]	a[6]
2	3	1	4	6	5	7

그림 8-27 sortArray 함수의 추적 2

3단계

sortArray(a, 0, 2)가 호출됩니다.

a[0]	a[1]	a[2]	a[3]	a[4]	a[5]	a[6]
2	3	1	4	6	5	7

그림 8-28 sortArray 함수의 추적 3

4단계

divideArray(a, 0, 2)가 호출됩니다.

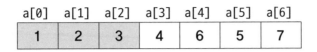

그림 8-29 sortArray 함수의 추적 4

5단계

sortArray(a, 0, 0)이 호출됩니다. 대상 요소가 하나이므로 이후의 재귀 호출은 이뤄지지 않습니다.

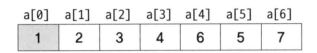

그림 8-30 sortArray 함수의 추적 5

6단계

sortArray(a, 2, 2)가 호출됩니다. 대상 요소가 하나이므로 이후의 재귀 호출은 이뤄지지 않습니다.

a[0]	a[1]	a[2]	a[3]	a[4]	a[5]	a[6]
1	2	3	4	6	5	7

그림 8-31 sortArray 함수의 추적 6

7단계

sortArray(a, 4, 6)이 호출됩니다.

a[0]	a[1]	a[2]	a[3]	a[4]	a[5]	a[6]
1	2	3	4	5	6	7

그림 8-32 sortArray 함수의 추적 7

8단계

divideArray(a, 4, 6)이 호출됩니다.

a[0]	a[1]	a[2]	a[3]	a[4]	a[5]	a[6]
1	2	3	4	5	6	7

그림 8-33 sortArray 함수의 추적 8

9단계

sortArray(a, 4, 4)가 호출됩니다. 대상 요소가 하나이므로 이후의 재귀 호출은 이뤄지지 않습니다.

a[0]	a[1]	a[2]	a[3]	a[4]	a[5]	a[6]
1	2	3	4	5	6	7

그림 8-34 sortArray 함수의 추적 9

10단계

sortArray(a, 6, 6)이 호출됩니다. 대상 요소가 하나이므로 이후의 재귀 호출은 이뤄지지 않습니다. 또한 이 시점에서 정렬 처리가 완료됩니다.

a[0]	a[1]	a[2]	a[3]	a[4]	a[5]	a[6]
1	2	3	4	5	6	7

그림 8-35 sortArray 함수의 추적 10

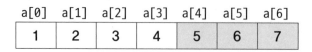

Quiz **퀵 정렬이 빠른 이유는?**

퀵 정렬의 퀵^{quick}은 '빠르다'는 뜻입니다. 삽입 정렬, 버블 정렬, 선택 정렬의 시간 복잡도가 $O(N^2)$인데 반해, 퀵 정렬 알고리즘의 시간 복잡도는 이상적인 경우 $O(\log_2 N \times N)$입니다. 다른 알고리즘에 비해 퀵 정렬이 빠른 이유는 무엇일까요? 또한 시간 복잡도가 이상적인 경우 $O(\log_2 N \times N)$이 되는 이유는 왜일까요?

정답은 400페이지에 있습니다.

8.2.3 프로그램을 이용한 알고리즘의 추적

퀵 정렬의 알고리즘 추적 프로그램은 sortArray 및 divideArray 함수(메소드)가 호출되는 순서를 추적하는 방식으로 살펴보겠습니다.

C

코드 8–10은 C로 작성한 퀵 정렬 알고리즘의 추적 프로그램입니다. QuickSortTrace.c라는 파일명으로 저장하세요.

코드 8–10 퀵 정렬 알고리즘 추적

```c
// 배열 a[head]~a[tail]을 그룹으로 나누는 함수
int divideArray(int a[], int head, int tail) {
  int left, right, temp;
  printf("divideArray(a, %d, %d)이(가) 호출되었습니다.\n", head, tail);
  … (이하 생략) …
}


// 배열 a[start]~a[end]를 오름차순으로 정렬하는 함수
void sortArray(int a[], int start, int end) {
  printf("sortArray(a, %d, %d)이(가) 호출되었습니다.\n", start, end);
  … (이하 생략) …
}
```

자바

코드 8–11은 자바로 작성한 퀵 정렬 알고리즘의 추적 프로그램입니다. QuickSortTrace.java라는 파일명으로 저장하세요.

코드 8–11 퀵 정렬 알고리즘 추적

```java
public class QuickSortTrace {
  // 배열 a[head]~a[tail]을 그룹으로 나누는 메소드
  public static int divideArray(int[] a, int head, int tail) {
    System.out.printf("divideArray(a, %d, %d)가 호출되었습니다.\n", head, tail);
    … (이하 생략) …
  }
```

```
  // 배열 a[start]~a[end]를 오름차순으로 정렬하는 메소드
  public static void sortArray(int[] a, int start, int end) {
    System.out.printf("sortArray(a, %d, %d)가 호출되었습니다.\n", start, end);
    … (이하 생략) …
  }
  … (이하 생략) …
}
```

코드 설명

실제 추적 코드는 divideArray 및 sortArray 함수 정의 후 맨 앞에 어떤 인수를 지정해 실행하는지 알려주는 한 줄을 추가할 뿐입니다. 따라서 핵심 부분만 소개했습니다.

실행 결과

```
[4][7][1][6][2][5][3]
sortArray(a, 0, 6)이(가) 호출되었습니다.
divideArray(a, 0, 6)이(가) 호출되었습니다.
sortArray(a, 0, 2)이(가) 호출되었습니다.
divideArray(a, 0, 2)이(가) 호출되었습니다.
sortArray(a, 0, 0)이(가) 호출되었습니다.
sortArray(a, 2, 2)이(가) 호출되었습니다.
sortArray(a, 4, 6)이(가) 호출되었습니다.
divideArray(a, 4, 6)이(가) 호출되었습니다.
sortArray(a, 4, 4)이(가) 호출되었습니다.
sortArray(a, 6, 6)이(가) 호출되었습니다.
[1][2][3][4][5][6][7]
```

sortArray 및 divideArray 함수(메소드)가 호출되는 순서를 직접 추적해 본 결과와 같습니다. 인수로 지정한 배열의 범위도 동일합니다.

tip 만약 추적 중간에 배열의 변화를 알고 싶다면 제공하는 예제 파일의 QuickSortTrace.c나 QuickSortTrace. java를 살펴보기 바랍니다. sortArray 함수 안 pivot 정의 부분 아래 printArray 함수 코드를 주석 해제하고 실행해 보기 바랍니다.

확인 문제

문제1 **다음 설명이 맞으면 ○, 올바르지 않다면 ×를 표시하세요.**

① 일반적으로 재귀 호출은 일반 반복에 비해 처리 시간이 짧고 메모리 소비량도 적다.

② 0의 계승까지 구하는 본문의 factorial 함수에서는 5의 계승을 5 × 4 × 3 × 2 × 1 × 1이라는 계산으로 구하고 있다.

③ 본문의 퀵 정렬 프로그램은 divideArray 함수 처리 내에서 divideArray 함수를 재귀 호출하고 있다.

④ 퀵 정렬은 하나의 함수 처리 속에서 배열의 앞쪽을 대상으로 한 재귀 호출과, 뒤쪽을 대상으로 한 재귀 호출을 수행한다.

⑤ 퀵 정렬의 재귀 호출은 함수에 지정된 배열의 요소 수가 2 이상이면 종료된다.

정답은 403페이지에 있습니다.

문제 2 **다음은 퀵 정렬을 실시하는 sortArray 함수를 의사코드로 작성한 것입니다. 인수의 의미나, 처리 내에서 호출하는 divideArray 함수의 기능은 이 장에서 작성한 프로그램과 동일합니다. 빈칸에 적절한 단어와 연산자를 기입하세요.**

○ sortArray(정수형: a[], 정수형: start, 정수형: end)
○ 정수형: pivot   /* 배열을 그룹으로 나누는 기준값의 인덱스 위치 */
　[(1)   ]
　/* 기준값과의 대소 관계에 따라 그룹 나누기 */
　· pivot ← divideArray(a, start, end)
　/* 기준값보다 작은 앞쪽 그룹에 동일한 처리를 적용한다(재귀 호출) */
　· sortArray(a, start, [(2)   ])
　/* 기준값보다 큰 뒤쪽의 그룹에 동일한 처리를 적용한다(재귀 호출) */
　· sortArray(a, [(3)   ], end)

정답은 403페이지에 있습니다.

[1][7][5][6][2][4][3]이라는 배열을 퀵 정렬으로 오름차순 정렬한다고 생각해 보죠. 이 장에서는 '배열 첫 요소를 기준값으로 한다'는 알고리즘을 사용했습니다. 그럼 최초의 그룹 나누기에서는 [1]이 기준값이 됩니다. 하지만 [1]은 최솟값이므로 나머지 요소는 모두 기준값보다 큰 그룹에 들어갑니다. 따라서 다음과 같이 그룹 나누기가 정상적으로 수행되지 않습니다.

> [1][7][5][6][2][4][3] ······ 그룹 나누기 전
> [1][7][5][6][2][4][3] ······ 그룹 나누기 후

퀵 정렬을 효율적으로 수행하려면 배열 요소의 중간값을 기준값으로 하는 것이 좋습니다. 그러나 배열의 요소를 모두 확인해 중간값을 구하려면 처리에 시간이 많이 걸려 효율적이지 않습니다. 그래서 적절한(중간 근처) 기준값을 고르는 방법으로 '임의로 선택한 3개 요소의 중간값을 기준으로 한다'는 알고리즘이 있습니다. 이 알고리즘을 사용하면 완벽하지는 않지만 중간에 가까운 값을 기준값으로 할 수 있습니다.

앞 예로 시도해 보겠습니다. 여기서는 '배열 첫 번째 요소부터 세 요소의 중간값을 기준으로 한다'로 하겠습니다. [1][7][5]에서 가운데는 [5]입니다. [5]는 정중앙이 아니지만(정중앙은 [4]입니다) 적당히 중간에 가까운 값입니다. [5]를 기준으로 하면 다음처럼 분류할 수 있습니다. 이 정도면 퀵 정렬을 효율적으로 할 수 있습니다.

> [1][7][5][6][2][4][3] ······ 그룹 나누기 전
> [1][3][4][2][5][6][7] ······ 그룹 나누기 후

그러나 그룹을 나누면서 요소 수가 적어지면 세 요소 가운데 중간값을 선택하는 처리가 쓸모없습니다. 그래서 실용적인 프로그램에서는 퀵 정렬로 그룹을 나누는 요소 수가 10개 정도가 되면, 중간값 앞쪽은 삽입 정렬을 사용하도록 알고리즘을 수정할 수 있습니다. 두 알고리즘을 구별해 적재적소에서 사용합시다.

Chapter 9

동적 계획법과
배낭 문제

이 장의 전반부에는 피보나치 수를 예로 들어 동적 계획법을 배우고 후반부에서는 동적 계획법을 활용하는 배낭 문제를 풉니다.

동적 계획법은 '분할한 문제의 답을 저장해 재사용함으로써 같은 문제를 여러 번 푸는 낭비를 막는다'라는 프로그래밍 기법입니다. 재귀 호출을 사용하여 피보나치 수열을 구현했을 때 생기는 낭비를 동적 계획법으로 막는 구조에 주목하세요.

배낭 문제는 배낭에 담을 수 있는 최대 무게에 따라 배낭에 넣을 물건의 가치가 최대가 되는 조합을 구하는 것입니다. 동적 계획법을 활용하면 모든 조합을 확인하지 않고도 효율적으로 최적의 해결 방법을 얻을 수 있습니다.

9.1 동적 계획법

- **Point** 재귀 호출의 문제점과 동적 계획법에 의한 해결
- **Point** 재귀 호출과 동적 계획법의 조합

9.1.1 재귀 호출로 피보나치 수 구하기

8장에서 배운 재귀 호출을 제대로 이해했는지 확인하기 위해서 '피보나치 수'를 구하는 함수 fibonacci를 만들어 봅시다. 피보나치^{Leonardo Fibonacci}는 중세 이탈리아 수학자의 이름이며, 피보나치 수는 '피보나치 수열^{Fibonacci numbers}'을 구성하는 값입니다.

피보나치 수열은 '맨 처음은 0, 다음은 1, 그 이후는 앞 두 수를 더한 값'이라는 규칙을 갖는 수열입니다. 0, 1, 1, 2, 3, 5, 8, 13, 21, …의 순서로 숫자가 나열됩니다. 맨 처음을 0으로 두는 경우, 세 번째 피보나치 수는 첫 번째와 두 번째 숫자를 더한 1 + 1 = 2가 됩니다. 네 번째 피보나치 수는 두 번째와 세 번째를 더한 1 + 2 = 3입니다.

> **Quiz** **토끼 쌍의 수는?**
>
> 피보나치 수열은 처음 접하면 신기하게 여겨질 수 있지만 자연 속에서 자주 발견됩니다. 흔한 예로 '암수 한 쌍의 새끼 토끼'가 있습니다. 새끼 토끼는 한 달이 지나면 부모 토끼가 되고, 또 한 달이 지나면 새끼 토끼 한 쌍을 낳습니다. '6개월 후에는 토끼가 몇 쌍입니까?'라는 문제를 풀어 보세요.
>
> **정답은 400페이지에 있습니다.**

의사코드

*n*번째 피보나치 수를 반환하는 함수(메소드)를 정수형: fibonacci(정수형: n) 구문으로 만들어 봅시다. '맨 처음은 0, 다음은 1, 그 이후는 앞의 두 수를 더한 값'이라는 규칙은 **재귀 호출**을 사용하기 적합합니다.

코드 9-1은 의사코드로 작성한 fibonacci 함수입니다.

코드 9-1 피보나치 수를 계산하는 알고리즘의 의사코드

```
/* 인수 n의 피보나치 수를 반환하는 함수(여기부터) */
○ 정수형: fibonacci(정수형: n)
    n = 0
    /* 0번째 피보나치 수는 0 */
    · return 0

        n = 1
        /* 1번째 피보나치 수는 1 */
        · return 1

        /* 이후는 앞의 두 수를 더한 값 */
        · return fibonacci(n - 1) + fibonacci(n - 2)

/* 인수 n의 피보나치 수를 반환하는 함수(여기까지) */
```

fibonacci(n - 1) + fibonacci(n - 2) 부분에서 재귀 호출을 사용해 '앞의 두 수를 더한 값'을 구하는 것이 핵심입니다.

C

코드 9-2는 인수가 n일 때의 피보나치 수를 계산하는 의사코드를 C로 작성한 것입니다. FibonacciRec.c라는 파일명으로 저장하세요.

코드 9-2 피보나치 수 계산 알고리즘

```c
#include <stdio.h>

// 인수 n의 피보나치 수를 반환하는 함수
int fibonacci(int n) {
  if (n == 0) {
    // 0번째 피보나치 수는 0
    return 0;
  } else if (n == 1) {
    // 1번째 피보나치 수는 1
    return 1;
  } else {
    // 이후는 앞의 두 수를 더한 값
```

```
    return fibonacci(n - 1) + fibonacci(n - 2);
  }
}

// 프로그램 실행의 시작점인 main 함수
int main() {
  int n;

  // 0~8번째 피보나치 수를 표시
  for (n = 0; n <= 8; n++) {
    printf("%d, ", fibonacci(n));
  }
  printf("\n");

  return 0;
}
```

자바

코드 9-3은 피보나치 수를 계산하는 fibonacci 메소드입니다. FibonacciRec.java라는 파일명으로 작성하세요.

코드 9-3 피보나치 수 계산 알고리즘

```
public class FibonacciRec {
  // 인수 n의 피보나치 수를 반환하는 메소드
  public static int fibonacci(int n) {
    if (n == 0) {
      // 0번째 피보나치 수는 0
      return 0;
    } else if (n == 1) {
      // 1번째 피보나치 수는 1
      return 1;
    } else {
      // 이후는 앞의 두 수를 더한 값
      return fibonacci(n - 1) + fibonacci(n - 2);
    }
  }
```

```
// 프로그램 실행의 시작점인 main 메소드
public static void main(String[] args) {
  int n;

  // 0~8번째 피보나치 수를 표시
  for (n = 0; n <= 8; n++) {
    System.out.printf("%d, ", fibonacci(n));
  }
  System.out.printf("\n");
}
}
```

코드 설명

피보나치 수의 정의인 '맨 처음은 0, 다음은 1, 그 이후는 앞의 두 수를 더한 값'에서 조건이
세 가지라는 점을 떠올릴 수 있는 것이 중요합니다. 즉, if~else if~else 문을 사용한다는 의
미입니다.

첫 번째 if 문은 '맨 처음은 0'이라는 조건을 설정한 것입니다. n == 0이라는 조건일 때 0을 반
환합니다. 두 번째 else if 문은 '다음은 1'이라는 조건을 설정한 것입니다. n == 1이라는 조건
일 때 1을 반환합니다. 나머지는 '앞의 두 수를 더한 값'이므로 별도의 조건없이 fibonacci(n -
1) + fibonacci(n - 2);를 반환합니다. 이때 재귀 호출을 사용했습니다. main 함수(메소드)에
서는 n이 0~8번째일 때의 피보나치 수를 표시합니다.

실행 결과

```
0, 1, 1, 2, 3, 5, 8, 13, 21,
```

0~8번째 피보나치 수인 0, 1, 1, 2, 3, 5, 8, 13, 21이 표시됩니다.

9.1.2 동적 계획법으로 피보나치 수 구하기

8장에서 설명한 재귀 호출을 사용하여 계승을 구하는 factorial 함수의 처리 내용에는 군더
더기가 없지만, 앞에서 설명한 피보나치 수를 구하는 fibonacci 함수의 처리 내용에는 쓸모없

는 부분이 있습니다. 이를 살펴보기 위해 인수로 5가 주어진 경우를 예로 들어 factorial 및 fibonacci 함수의 재귀 호출이 어떻게 이루어지는지 비교해 봅시다.

먼저 인수로 5를 지정하고 factorial 함수를 호출하면 그림 9-1처럼 재귀 호출이 이루어집니다.

그림 9-1 인수로 5를 지정한 경우의 factorial 함수 재귀 호출

factorial(5)~factorial(0)이 각각 한 번씩 총 6번 호출됩니다. 같은 인수로 factorial 함수를 호출하는 부분이 없으므로 낭비가 줄어듭니다.

인수로 5를 지정하여 fibonacci 함수를 호출하면 그림 9-2처럼 재귀 호출이 이루어집니다.

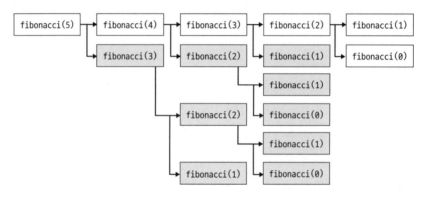

그림 9-2 인수로 5를 지정한 경우의 fibonacci 함수 재귀 호출

함수 호출 횟수는 fibonacci(5)와 fibonacci(4)는 1번뿐입니다. 하지만 fibonacci(3)은 2번, fibonacci(2)는 3번, fibonacci(1)은 5번, fibonacci(0)은 3번 호출됩니다. 총 15번의 호출 중 9번(색칠된 부분)은 동일한 인수로 fibonacci 함수를 호출합니다. 같은 인수이면 반환값도 동일하므로 여러 번 같은 인수로 fibonacci 함수를 호출하는 것은 낭비입니다.

이 문제는 '동적 계획법Dynamic Programming(DP로 줄여서 표기하기도 함)'으로 해결할 수 있습니다. 동적 계획법은 '분할한 문제의 답을 기억해 두고, 이를 재사용함으로써 같은 문제를 여러 번 푸는 낭비를 방지한다'라는 프로그래밍 기법입니다. 설명만으로는 개념을 파악하기 힘들기 때문에 구체적인 예를 살펴봅시다.

의사코드

코드 9-4는 동적 계획법으로 피보나치 수를 구하는 `fibonacci` 함수의 의사코드입니다.

코드 9-4 동적 계획법을 적용한 피보나치 수 계산 알고리즘의 의사코드

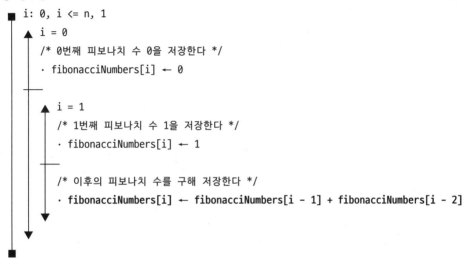

```
/* 피보나치 수를 기억하는 배열(최대 100번째까지) */
○ 정수형: fibonacciNumbers[100]

/* 인수 n의 피보나치 수를 반환하는 함수(여기부터) */
○ 정수형: fibonacci(정수형: n)
○ 정수형: i
  i: 0, i <= n, 1
      i = 0
        /* 0번째 피보나치 수 0을 저장한다 */
        · fibonacciNumbers[i] ← 0

        i = 1
        /* 1번째 피보나치 수 1을 저장한다 */
        · fibonacciNumbers[i] ← 1

        /* 이후의 피보나치 수를 구해 저장한다 */
        · fibonacciNumbers[i] ← fibonacciNumbers[i - 1] + fibonacciNumbers[i - 2]


/* 피보나치 수를 반환한다 */
 · return fibonacciNumbers[n]
/* 인수 n의 피보나치 수를 반환하는 함수(여기까지) */
```

재귀 호출이 아니라 루프 카운터를 사용한 일반적인 반복 처리를 하고 있습니다. 0부터 n까지 차례로 피보나치 수를 구하고 이를 배열 `fibonacciNumbers`에 저장합니다.

주목할 부분은 '· `fibonacciNumbers[i]` ← `fibonacciNumbers[i - 1]` + `fibonacciNumbers[i - 2]`'입니다. `i`번째 피보나치 수를 구할 때 이미 구한 `i - 1`번째와 `i - 2`번째 피보나치 수를 이용하는 것입니다. 이것이 동적 계획법의 '분할한 문제의 답을 기억해 두고, 이를 재사용함으로써 같은 문제를 여러 번 푸는 낭비를 방지한다'는 프로그래밍 기법의 핵심입니다.

C

코드 9-5는 인수가 n일 때 동적 계획법으로 피보나치 수를 계산하는 의사코드를 C로 작성한 것입니다. FibonacciDP.c라는 파일명으로 저장하세요.

코드 9-5 동적 계획법을 적용한 피보나치 수 계산 알고리즘

```c
#include <stdio.h>
#define LENGTH 100

// 피보나치 수를 저장하는 배열(최대 100번째까지)
int fibonacciNumbers[LENGTH];

// 인수 n의 피보나치 수를 반환하는 함수
int fibonacci(int n) {
  for (int i = 0; i <= n; i++) {
    if (i == 0) {
      // 0번째 피보나치 수 0을 저장
      fibonacciNumbers[i] = 0;
    } else if (i == 1) {
      // 1번째 피보나치 수 1을 저장
      fibonacciNumbers[i] = 1;
    } else {
      // 이후의 피보나치 수를 구해 저장
      fibonacciNumbers[i] = fibonacciNumbers[i - 1] + fibonacciNumbers[i - 2];
    }
  }
  // 피보나치 수를 반환
  return fibonacciNumbers[n];
}

// 프로그램 실행의 시작점인 main 함수
int main() {
  // 0~8번째 피보나치 수를 표시
  for (int n = 0; n <= 8; n++) {
    printf("%d, ", fibonacci(n));
  }
  printf("\n");

  return 0;
}
```

자바

코드 9–6은 인수가 n일 때 동적 계획법으로 피보나치 수를 계산하는 의사코드를 자바로 작성한 것입니다. FibonacciDP.java라는 파일명으로 저장하세요.

코드 9–6 동적 계획법을 적용한 피보나치 수 계산 알고리즘

```java
public class FibonacciDP {
  // 피보나치 수를 기억하는 배열(최대 100번째까지)
  public static int[] fibonacciNumbers = new int[100];

  // 인수 n의 피보나치 수를 반환하는 메소드
  public static int fibonacci(int n) {
    for (int i = 0; i <= n; i++) {
      if (i == 0) {
        // 0번째 피보나치 수 0을 저장
        fibonacciNumbers[i] = 0;
      } else if (i == 1) {
        // 1번째 피보나치 수 1을 저장
        fibonacciNumbers[i] = 1;
      } else {
        // 이후의 피보나치 수를 구해 저장
        fibonacciNumbers[i] = fibonacciNumbers[i - 1] + fibonacciNumbers[i - 2];
      }
    }
    // 피보나치 수를 반환
    return fibonacciNumbers[n];
  }

  // 프로그램 실행의 시작점인 main 메소드
  public static void main(String[] args) {
    // 0~8번째 피보나치 수를 표시
    for (int n = 0; n <= 8; n++) {
      System.out.printf("%d, ", fibonacci(n));
    }
    System.out.printf("\n");
  }
}
```

코드 설명

기존 재귀 호출을 이용하는 코드와의 차이점은 배열 크기 n에 맞게 요솟값을 탐색 및 저장하려고 기존 if~else if~else 문이 for 문 안에서 반복 실행된다는 점입니다. 또한 피보나치 수를 배열에 저장할 때 재귀 호출을 사용하지 않습니다.

else 문을 살펴보면 재귀 호출을 사용했던 `fibonacci(n - 1) + fibonacci(n - 2)` 부분이 `fibonacciNumbers[i] = fibonacciNumbers[i - 1] + fibonacciNumbers[i - 2]`와 같이 배열 요소를 사용하도록 바뀐 것을 알 수 있습니다. 즉, 기존의 재귀 호출 함수는 인수에 따라 앞 연산 결과가 필요하므로 계속 함수를 호출해야 합니다. 하지만, 현재 코드는 배열에 피보나치 수를 저장하고 인덱스에 맞는 요솟값을 바로 불러오거나 저장하므로 재귀 호출보다 더 효율적인 것입니다.

실행 결과

```
0, 1, 1, 2, 3, 5, 8, 13, 21,
```

방금 전과 마찬가지로 0~8번째 피보나치 수를 구했습니다. 0, 1, 1, 2, 3, 5, 8, 13, 21이라는 적절한 값이 표시되었습니다.

9.1.3 재귀 호출과 동적 계획법을 조합하여 피보나치 수 구하기

재귀 호출과 동적 계획법을 함께 사용하면 더욱 효율적인 처리를 만들 수 있습니다. 이를 위해 초기화 처리하는 initFibonacciNumbers 함수를 추가하겠습니다.

의사코드

코드 9-7은 배열 fibonacciNumbers와 initFibonacciNumbers 함수를 의사코드로 작성한 것입니다.

코드 9-7 피보나치 수 저장 배열을 초기화하는 initFibonacciNumbers 함수의 의사코드

```
/* 피보나치 수를 기억하는 배열(최대 100번째까지) */
○ 정수형: fibonacciNumbers[100]
```

```
/* 피보나치 수를 기억하는 배열을 초기화하는 함수(여기부터) */
○ initFibonacciNumbers()
○ 정수형: i
▪ i: 0, i < 100, 1
  · fibonacciNumbers[i] ← -1
▪

/* 피보나치 수를 저장하는 배열을 초기화하는 함수(여기까지) */
```

initFibonacciNumbers 함수는 피보나치 수를 기억한 배열 fibonacciNumbers의 요솟값을 모두
-1로 초기화합니다. -1은 피보나치 수가 구해지지 않았음을 나타냅니다. -1로 한 이유는
피보나치 수는 0 이상의 값이기 때문입니다.

fibonacci 함수의 처리 내용도 변경합니다. 코드 9-8은 의사코드로 작성한 fibonacci 함수입
니다.

코드 9-8 재귀 호출과 동적 계획법을 함께 사용하는 fibonacci 함수의 의사코드

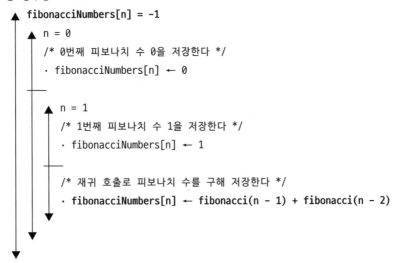

```
/* 인수 n의 피보나치 수를 반환하는 함수(여기부터) */
○ 정수형: fibonacci(정수형: n)
○ 정수형: i
▲ fibonacciNumbers[n] = -1
  ▲ n = 0
    /* 0번째 피보나치 수 0을 저장한다 */
    · fibonacciNumbers[n] ← 0

  ▲ n = 1
    /* 1번째 피보나치 수 1을 저장한다 */
    · fibonacciNumbers[n] ← 1

    /* 재귀 호출로 피보나치 수를 구해 저장한다 */
    · fibonacciNumbers[n] ← fibonacci(n - 1) + fibonacci(n - 2)


/* 피보나치 수를 반환한다 */
· return fibonacciNumbers[n]
/* 인수 n의 피보나치 수를 반환하는 함수(여기까지) */
```

fibonacciNumbers[n]값을 확인하여 −1이면 재귀 호출로 피보나치 수를 구하고, 그 결과를 fi
bonacciNumbers[n]에 저장합니다. −1이 아니면 재귀 호출을 하지 않고 fibonacciNumbers[n]
값을 반환합니다. 그러면 같은 인수로 여러 번 fibonacci 함수를 호출하는 낭비를 피할 수 있
습니다. 동적 계획법으로 재귀 호출의 낭비를 피하는 것입니다.

C

코드 9-9는 인수가 n일 때 재귀 호출과 동적 계획법을 함께 사용해 피보나치 수를 계산하는
의사코드를 C로 작성한 것입니다. FibonacciRecDP.c라는 파일명으로 저장하세요.

코드 9-9 재귀 호출과 동적 계획법을 함께 사용하는 피보나치 수 계산

```c
#include <stdio.h>
#define LENGTH 100

// 피보나치 수를 저장하는 배열(최대 100번째까지)
int fibonacciNumbers[LENGTH];

// 피보나치 수를 저장하는 배열을 초기화
void initFibonacciNumbers() {
  for (int i = 0; i < LENGTH; i++) {
    fibonacciNumbers[i] = -1;
  }
}

// 인수 n의 피보나치 수를 반환하는 함수
int fibonacci(int n) {
  // 함수가 호출된 것을 확인
  printf("fibonacci(%d)이(가) 호출되었습니다.\n", n);

  if (fibonacciNumbers[n] == -1) {
    if (n == 0) {
      // 0번째 피보나치 수 0을 저장
      fibonacciNumbers[n] = 0;
    } else if (n == 1) {
      // 1번째 피보나치 수 1을 저장
      fibonacciNumbers[n] = 1;
    } else {
      // 재귀 호출에서 피보나치 수를 찾고 저장
```

```
      fibonacciNumbers[n] = fibonacci(n - 1) + fibonacci(n - 2);
    }
  }

  // 피보나치 수를 반환
  return fibonacciNumbers[n];
}

// 프로그램 실행의 시작점인 main 함수
int main() {
  // 피보나치 수를 저장하는 배열을 초기화
  initFibonacciNumbers();

  // 5번째 피보나치 수를 표시
  printf("5번째 피보나치 수 = %d\n", fibonacci(5));

  return 0;
}
```

자바

코드 9-10은 인수가 n일 때 재귀 호출과 동적 계획법을 함께 사용해 피보나치 수를 계산하는 의사코드를 자바로 작성한 것입니다. FibonacciRecDP.c라는 파일명으로 저장하세요.

코드 9-10 재귀 호출과 동적 계획법을 함께 사용하는 피보나치 수 계산

```
public class FibonacciRecDP {
  // 피보나치 수를 저장하는 배열(최대 100번째까지로 함)
  public static int[] fibonacciNumbers = new int[100];

  // 피보나치 수를 저장하는 배열을 초기화
  public static void initFibonacciNumbers() {
    for(int i = 0; i <fibonacciNumbers.length; i ++) {
      fibonacciNumbers[i] = -1;
    }
  }

  // 인수 n의 피보나치 수를 반환하는 메소드
  public static int fibonacci(int n) {
```

```java
    // 메소드가 호출된 것을 확인
    System.out.printf("fibonacci(%d)이(가) 호출되었습니다.\n", n);

    if(fibonacciNumbers[n] == -1) {
      if(n == 0) {
        // 0번째 피보나치 수 0을 저장
        fibonacciNumbers[n] = 0;
      }
      else if(n == 1) {
        // 1번째 피보나치 수 1을 저장
        fibonacciNumbers[n] = 1;
      }
      else {
        // 재귀 호출에서 피보나치 수를 찾고 저장
        fibonacciNumbers[n] = fibonacci(n - 1) + fibonacci(n - 2);
      }
    }

    // 피보나치 수를 반환
    return fibonacciNumbers[n];
  }

  // 프로그램 실행의 시작점인 main 메소드
  public static void main(String[] args) {
    // 피보나치 수를 저장하는 배열을 초기화
    initFibonacciNumbers();

    // 5번째 피보나치 수를 표시
    System.out.printf("5번째 피보나치 수 = % d\n", fibonacci(5));
  }
}
```

코드 설명

먼저 기존 동적 계획법만 적용한 코드는 fibonacci 함수(메소드) 안에 인수 n만큼 배열 안에 바로 피보나치 수를 요솟값으로 저장했습니다. 하지만 이번에는 initFibonacciNumbers 함수 (메소드)를 별도로 만들고 요솟값으로 −1을 저장해 별도로 초기화했습니다. 기존 동적 계획법의 fibonacci 함수 안에 있는 for 문은 없어졌습니다.

이러한 점은 fibonacci 함수에도 반영되어 기존 배열 안에 요솟값이 저장되는지 아닌지를 확인하도록 했습니다. 배열 fibonacciNumbers 안에 피보나치 수가 저장되어 있는지를 확인하는 fibonacciNumbers[n] == -1이라는 조건을 둔 if 문으로 기존 if~else if~else 문을 다시 감싼 것입니다. 또한 fibonacci 함수 안에는 fibonacci 함수가 호출되었음을 표시하는 처리인 "fibonacci(%d)가 호출되었습니다.\n", n을 추가했습니다.

핵심은 else 문입니다. 기존에는 fibonacciNumbers 배열의 요솟값으로 피보나치 수를 구하도록 했다면 이번에는 fibonacciNumbers[n] = fibonacci(n - 1) + fibonacci(n - 2), 즉 재귀 호출을 사용해 피보나치 수를 구하고 이를 해당 배열의 요솟값으로 저장하도록 변경했습니다.

main 함수(메소드)에서는 initFibonacciNumbers();로 배열을 초기화하고 0~8번째 피보나치 수가 아닌, 5번째 피보나치 수만 구하고 있습니다. 이 장에서 처음에 만든 프로그램과 비교하기 위해서입니다.

실행 결과

```
fibonacci(5)이(가) 호출되었습니다.
fibonacci(4)이(가) 호출되었습니다.
fibonacci(3)이(가) 호출되었습니다.
fibonacci(2)이(가) 호출되었습니다.
fibonacci(1)이(가) 호출되었습니다.
fibonacci(0)이(가) 호출되었습니다.
fibonacci(1)이(가) 호출되었습니다.
fibonacci(2)이(가) 호출되었습니다.
fibonacci(3)이(가) 호출되었습니다.
5번째 피보나치 수 = 5
```

5번째 피보나치 수를 구하기 위해 fibonacci 함수(메소드)가 모두 9번 호출되고 있습니다. 참고로 이 장에서 처음 만들었던 재귀 호출만 적용된 fibonacci 함수는 5번째 피보나치 수를 구하는 데 15번을 호출합니다. 동적 계획법으로 낭비를 제법 많이 피했음을 알 수 있습니다.

tip 예제 파일의 FibonacciRec 및 FibonacciDP 관련 파일을 살펴보면 fibonacci 함수 바로 아래에 함수가 호출되었음을 표시하는 코드를 주석 처리해 두었습니다. 또한 main 함수(메소드)의 for 문 안에도 함수 호출 회수를 확인하기 편하도록 코드를 추가(기존 for 문 안 코드는 주석 처리하고 실행)해 두었습니다. 해당 코드들의 주석 처리를 해제한 후 실행하면 실제 함수 호출을 몇 번 했는지를 출력 결과로 알려줍니다.

9.2 배낭 문제

- **Point** 동적 계획법으로 배낭 문제를 푸는 방법 알아보기
- **Point** 동적 계획법으로 배낭 문제를 푸는 프로그램 만들기

9.2.1 배낭 문제와 동적 계획법

'배낭 문제knapsack problem'는 다음 조건의 문제를 해결하는 것입니다.

- 배낭에 담을 수 있는 최대 무게가 정해져 있고 무게와 가치가 표시된 물건이 여러 개 있습니다.
- 배낭의 최대 무게를 넘지 않도록 물건을 선택하여 배낭에 담습니다.
- 물건 가치의 합이 최대가 되는 조합을 구합니다.

여기서 예로 드는 배낭 문제의 조건은 다음과 같습니다.

- 배낭의 최대 무게를 6kg으로 하며 물건은 A~E의 5종류가 있습니다.
- 물건 A는 1kg이고 100원, 물건 B는 2kg이고 300원, 물건 C는 3kg이고 350원, 물건 D는 4kg이고 500원, 물건 E는 5kg이고 650원입니다.
- 같은 물건을 여러 개 고를 수는 없습니다. 즉 물건 A~E를 선택하느냐 선택하지 않느냐의 문제입니다.

이러한 배낭 문제의 조건은 그림 9-3처럼 나타낼 수 있습니다.

그림 9-3 배낭 문제의 예

만약 모든 경우의 수를 확인한다면 물건 5종류의 각각을 선택한다/선택하지 않는다는 두 가지 사항이 있으므로 총 $2 \times 2 \times 2 \times 2 \times 2 = 32$가지가 됩니다. 물건의 종류가 N이라면 시간 복잡도는 $O(2^N)$입니다. 이처럼 N을 지수로 둔 시간 복잡도를 갖는 알고리즘은 '지수 시간Exponential time 알고리즘'이라고 하며 데이터 수가 많아지면 컴퓨터를 사용해도 처리에 상당한 시간이 소요됩니다.

동적 계획법으로 배낭 문제(지수 시간 알고리즘)를 풀면 효율적인 해결 방법을 얻습니다. 동적 계획법은 '분할한 문제의 답을 기억해 두고 이를 재사용함으로써 같은 문제를 여러 번 푸는 낭비를 방지한다'는 프로그래밍 기법이기 때문에 작은 문제의 해답을 기억해 더 큰 문제를 풀 수 있기 때문입니다.

여기서는 '최대 무게 6kg의 배낭 하나에 5종류의 물건을 선택해서 채웠을 때의 최댓값을 얻는다'는 문제를 '최대 무게 0kg~6kg의 배낭 7개에 1~5종류의 물건을 선택해 채웠을 때의 최댓값을 얻는다'는 문제로 분할하여 해결합니다. 최대 무게 0kg의 배낭은 물건을 넣을 수 없지만, 다른 배낭과 비교하기 위해 사용됩니다.

9.2.2 동적 계획법으로 배낭 문제를 푸는 구조

나중에 작성할 프로그램은 배낭 문제 해결뿐만 아니라 비슷한 문제를 해결하는 구조를 설명하는 내용으로 되어 있습니다. 먼저 다음과 같은 프로그램의 실행 결과를 보고 동적 계획법으로 배낭 문제를 푸는 방법을 알아봅시다.

```
<A, 1kg, 100원을 고려한 결과>
0kg     1kg     2kg     3kg     4kg     5kg     6kg
0원     100원    100원    100원    100원    100원    100원
없음     A       A       A       A       A       A


<B, 2kg, 300원을 고려한 결과>
0kg     1kg     2kg     3kg     4kg     5kg     6kg
0원     100원    300원    400원    400원    400원    400원
없음     A       B       B       B       B       B


<C, 3kg, 350원을 고려한 결과>
0kg     1kg     2kg     3kg     4kg     5kg     6kg
0원     100원    300원    400원    450원    650원    750원
없음     A       B       B       C       C       C
```

```
<D, 4kg, 500원을 고려한 결과>
0kg      1kg      2kg      3kg      4kg      5kg      6kg
0원      100원    300원    400원    500원    650원    800원
없음     A        B        B        D        C        D


<E, 5kg, 650원을 고려한 결과>
0kg      1kg      2kg      3kg      4kg      5kg      6kg
0원      100원    300원    400원    500원    650원    800원
없음     A        B        B        D        C        D


<배낭에 들어 있는 물건을 조사>
6kg의 배낭에 마지막으로 넣은 물건은 D입니다.
  D, 4kg, 500원
  6kg - 4kg = 2kg입니다.
2kg의 배낭에 마지막으로 넣은 물건은 B입니다.
  B, 2kg, 300원
  2kg - 2kg = 0kg입니다.


<정답을 표시>
무게의 합계 = 6kg
가치의 최댓값 = 800원
```

프로그램을 실행하면 부분 문제를 푼 결과가 '〈A, 1kg, 100원을 고려한 결과〉' ~ '〈E, 5kg, 650원을 고려한 결과〉'의 다섯 가지로 나누어 표시됩니다. 아래에 표시되는 '0kg~6kg'은 배낭 7개의 최대 무게입니다. 그 아래의 '100원', '300원' 등은 배낭에 담긴 물건 가치의 최댓값입니다. 이 최댓값은 각 부분 문제의 정답입니다. 또한 그 아래에 있는 'A', 'B' 등은 배낭에 마지막으로 넣은 물건의 이름입니다. 마지막에 넣은 물건의 정보는 최종 정답을 나타낼 때 사용합니다. 이 배낭 문제에서는 물건 B와 D를 선택하여 총 무게는 6kg이 되고, 가치의 최댓값이 800원이 된다는 정답을 얻었습니다.

프로그램의 실행 결과와 대조하여 각 부분 문제를 푸는 방식을 설명합니다. 첫 번째 '〈A, 1kg, 100원을 고려한 결과〉'는 모든 배낭이 비어 있는 상태에서 물건 A만 있는 경우입니다. 상품 A의 무게는 1kg이므로 1~6kg의 배낭에 물건 A를 넣어, 가치의 최댓값은 100원이 됩니다.

다음으로 '〈B, 2kg, 300원을 고려한 결과〉'는 물건 A를 고려한 뒤 물건 B가 추가된 경우의 정답입니다. 1kg의 배낭에는 2kg의 물건 B가 들어가지 않으므로, 2~6kg의 배낭에만 물건 B를 넣을지를 고려합니다. 2kg의 배낭에는 원래 들어 있던 물건 A를 꺼낸 뒤 물건 B를 넣어, 가치의 최댓값은 300원입니다. 3~6kg의 배낭에는 원래 들어 있던 물건 A를 꺼내지 않고 물건 B를 넣을 수 있으므로 가치의 최댓값은 400원이 됩니다.

그 이후도 동일하게 '〈C, 3kg, 350원을 고려한 결과〉', '〈D, 4kg, 500원을 고려한 결과〉', '〈E, 5kg, 650원을 고려한 결과〉'의 차례로 물건 C, D, E를 넣을지를 고려합니다. 이를 좀 더 구체적으로 정리하면 표 9-1과 같습니다.

표 9-1 배낭 무게에 따라 들어 있는 물건과 가치

A, 1kg, 100원을 고려한 결과

배낭 무게	0kg	1kg	2kg	3kg	4kg	5kg	6kg
들어 있는 물건	–	A	A	A	A	A	A
총 가치	–	100원	100원	100원	100원	100원	100원

B, 2kg, 300원을 고려한 결과

배낭 무게	0kg	1kg	2kg	3kg	4kg	5kg	6kg
들어 있는 물건	–	A	B	A + B	A + B	A + B	A + B
총 가치	–	100원	300원	400원	400원	400원	400원

C, 3kg, 350원을 고려한 결과

배낭 무게	0kg	1kg	2kg	3kg	4kg	5kg	6kg
들어 있는 물건	–	A	B	A + B	A + C	B + C	A + B + C
총 가치	–	100원	300원	400원	450원	650원	750원

D, 4kg, 500원을 고려한 결과

배낭 무게	0kg	1kg	2kg	3kg	4kg	5kg	6kg
들어 있는 물건	–	A	B	A + B	D	B + C	B + D
총 가치	–	100원	300원	400원	500원	650원	800원

E, 5kg, 650원을 고려한 결과

배낭 무게	0kg	1kg	2kg	3kg	4kg	5kg	6kg
들어 있는 물건	—	A	B	A + B	D	B + C or E	B + D
총 가치	—	100원	300원	400원	500원	650원	800원

배낭을 0~6kg으로 나누어 물건을 하나씩 추가하는 것은 물건을 넣을지 판단할 정보를 얻기 위함입니다. 예를 들어 그림 9-4와 같은 '〈D, 4kg, 500원을 고려한 결과〉'에서 5kg의 배낭을 봅시다.

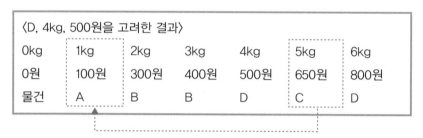

- 〈C, 3kg, 350원을 고려한 결과〉에서 5kg 배낭 가치의 최댓값은 A, B를 함께 넣은 750원입니다.
- 5kg의 배낭에 4kg의 빈 공간을 만들면 1kg만큼 물건을 넣을 수 있습니다.
- 1kg만큼 물건 가치의 최댓값은, 1kg의 배낭을 보면 100원임을 알 수 있습니다.
- 100원에 물건 D의 500원을 더하면 600원이 됩니다.
- 600원은 650원보다 작으므로, 물건 D를 넣으면 안 됩니다.
- 물건 D을 넣지 않으므로, 5kg 배낭 가치의 최댓값은 650원인 채 변하지 않았습니다.

그림 9-4 5kg의 배낭에 물건 D를 넣을지 판단하는 방법

〈C, 3kg, 350원을 고려한 결과〉의 5kg 배낭과 비교하면 가치의 최댓값이 650원이고, 마지막에 넣은 물건이 C이므로 아무것도 변하지 않았습니다. 물건 D를 넣지 않았기 때문입니다. 물건 D를 넣지 않는다고 판단한 것은 물건 D를 넣기 위해 4kg의 빈 공간을 만들어 거기에 물건 D를 넣어도, 가치의 최댓값이 원래의 650원보다 크지 않기 때문입니다.

5kg의 배낭에 4kg의 빈 공간을 만들면 1kg만큼 물건을 넣을 수 있습니다. 1kg만큼의 물건 가치 최댓값은 1kg의 배낭을 보면 100원이라는 것을 알 수 있습니다. 이 100원에 물건 D의 500원을 더해도 600원밖에 되지 않습니다.

한편 '〈D, 4kg, 500원을 고려한 결과〉'의 6kg 배낭에서는 그림 9-5와 같이 물건 D를 넣어야 한다고 판단해야 합니다.

〈D, 4kg, 500원을 고려한 결과〉

	0kg	1kg	2kg	3kg	4kg	5kg	6kg
	0원	100원	300원	400원	500원	650원	800원
물건	A	B	B	D	C	D

- 〈C, 3kg, 350원을 고려한 결과〉에서 6kg 배낭 가치의 최댓값은 B를 함께 넣은 650원입니다.
- 6kg의 배낭에 4kg의 빈 공간을 만들면 2kg만큼의 물건을 넣을 수 있습니다.
- 2kg만큼 물건 가치의 최댓값은, 2kg의 배낭을 보면 300원임을 알 수 있습니다.
- 300원에 물건 D의 500원을 더하면 800원이 됩니다.
- 800원은 750원보다 크므로 물건 D를 넣어야 합니다.
- 물건 D를 넣으므로, 6kg 배낭 가치의 최댓값은 800원으로 바뀝니다.

그림 9-5 6kg의 배낭에 물건 D를 넣을지 판단하는 방법

물건 D를 넣을지 고려하기 전 가치의 최댓값은 750원입니다. 그리고 물건 D를 넣기 위해 4kg의 빈 공간을 만들면, 2kg만큼 물건을 넣을 수 있습니다. 2kg만큼의 물건 가치 최댓값은 2kg의 배낭을 보면 300원임을 알 수 있습니다. 이 300원에 물건 D의 500원을 더하면 800원입니다. 이것은 원래 750원보다 크므로 물건 D를 넣어야 합니다.

최종 정답으로 6kg 배낭 가치의 최댓값은 800원이 되었습니다. 즉, **배낭에 들어 있는 물건이 무엇인지 조사할 때 각 배낭에 마지막으로 넣은 물건의 정보를 사용합니다.** 이 구조는 그림 9-6과 같으며 프로그램의 실행 결과에서 확인할 수 있습니다.

〈배낭에 들어 있는 물건을 조사〉
6kg 배낭에 마지막으로 넣은 물건은 D입니다.

   D, 4kg, 500원

   6kg − 4kg = 2kg입니다.

2kg 배낭에 마지막으로 넣은 물건은 B입니다.

   B, 2kg, 300원

   2kg − 2kg = 0kg입니다.

〈정답을 표시〉
무게의 합계 = 6kg
가치의 최댓값 = 800원

그림 9-6 6kg 배낭에 들어 있는 물건을 조사하여 정답을 표시

6kg 배낭에 마지막으로 넣은 것은 물건 D입니다. 물건 D는 4kg이므로 나머지는 6kg − 4kg = 2kg입니다. 2kg의 배낭에 마지막으로 넣은 것은 물건 B입니다. 물건 B는 2kg이고 나머지는 2kg − 2kg = 0kg이므로 물건이 더 이상 들어 있지 않습니다.

9.2.3 동적 계획법으로 배낭 문제를 푸는 프로그램

지금부터 배낭 문제를 푸는 프로그램을 C와 자바로 구현해 봅니다.

C

코드 9–11은 동적 계획법으로 배낭 문제를 푸는 프로그램을 C로 작성한 것입니다. KnapsackDP.c라는 파일명으로 저장하세요.

코드 9–11 동적 계획법으로 배낭 문제를 푸는 프로그램

```c
#include <stdio.h>

// 배낭의 최대 무게
#define KNAP_MAX 6

// 물건의 종류
#define ITEM_NUM 5

// 물건의 명칭
char name[] = { 'A', 'B', 'C', 'D', 'E' };

// 물건의 무게
int weight[] = { 1, 2, 3, 4, 5 };

// 물건의 가치
int value[] = { 100, 300, 350, 500, 650 };

// 물건을 넣을지 판단한 직후의 최대 가치
int maxValue[ITEM_NUM][KNAP_MAX + 1];

// 마지막에 넣은 물건
int lastItem[KNAP_MAX + 1];
```

```c
// item번째 물건을 넣을지 판단한 직후 배낭의 내용을 표시하는 함수
void showKnap(int item) {
  int knap;    // 0~6kg의 배낭을 가리킴

  // 넣을지 말지 판단할 물건의 정보를 표시
  printf("<%c, %dkg, %d원을 고려한 결과>\n", name[item], weight[item], value[item]);

  // 각 배낭의 무게를 표시
  for (knap = 0; knap <= KNAP_MAX; knap++) {
    printf("%dkg\t", knap);
  }
  printf("\n");

  // 배낭에 담긴 상품 가치의 합계를 표시
  for (knap = 0; knap <= KNAP_MAX; knap++) {
    printf("%d원\t", maxValue[item][knap]);
  }
  printf("\n");

  // 배낭에 마지막으로 넣은 물건을 표시
  for (knap = 0; knap <= KNAP_MAX; knap++) {
    if (lastItem[knap] != -1) {
      printf("%c\t", name[lastItem[knap]]);
    } else {
      printf("없음\t");
    }
  }
  printf("\n\n");
}

// 프로그램 실행의 시작점인 main 함수
int main() {
  int item;          // 물건 번호
  int knap;          // 0~6kg의 배낭을 가리킴
  int selVal;        // 임시로 물건을 선택한 경우의 가치 합계
  int totalWeight;   // 물건 무게의 합계

  // 0번째 물건을 넣을지 판단
  item = 0;
  // 0~KNAP_MAX kg의 배낭을 고려
```

```
for (knap = 0; knap <= KNAP_MAX; knap++) {
  // 최대 무게 이하면 선택
  if (weight[item] <= knap) {
    maxValue[item][knap] = value[item];
    lastItem[knap] = item;
  }
  // 최대 무게 이하가 아니면 선택하지 않음
  else {
    maxValue[0][knap] = 0;
    lastItem[knap] = -1;
  }
}
showKnap(item);

// 1번째~ITEM_NUM - 1번째 물건을 고려
for (item = 1; item < ITEM_NUM; item++) {
  // 0~KNAP_MAX kg의 배낭을 고려
  for (knap = 0; knap <= KNAP_MAX; knap++) {
    // 최대 무게 이하의 경우
    if (weight[item] <= knap) {
      // 선택한 경우의 가치를 구함
      selVal = maxValue[item - 1][knap - weight[item]] + value[item];
      // 가치가 크면 선택
      if (selVal > maxValue[item - 1][knap]) {
        maxValue[item][knap] = selVal;
        lastItem[knap] = item;
      }
      // 가치가 크지 않으면 선택하지 않음
      else {
        maxValue[item][knap] = maxValue[item - 1][knap];
      }
    }
    // 최대 무게 이하가 아니면 선택하지 않음
    else {
      maxValue[item][knap] = maxValue[item - 1][knap];
    }
  }
  showKnap(item);
}
```

```
  // 배낭에 들어 있는 물건을 조사하여 정답을 표시
  printf("<배낭에 들어 있는 물건을 조사>\n");
  totalWeight = 0;
  for (knap = KNAP_MAX; knap > 0; knap -= weight[item]) {
    item = lastItem[knap];
    printf("%dkg의 배낭에 마지막으로 넣은 물건은 %c입니다.\n", knap, name[item]);
    totalWeight += weight[item];
    printf(" %c, %dkg, %d원\n", name[item], weight[item], value[item]);
    printf(" %dkg - %dkg = %dkg입니다.\n", knap, weight[item], knap - weight[item]);
  }
  printf("\n<정답을 표시>\n");
  printf("무게의 합계 = %dkg\n", totalWeight);
  printf("가치의 최댓값 = %d원\n", maxValue[ITEM_NUM - 1][KNAP_MAX]);

  return 0;
}
```

자바

코드 9-12는 동적 계획법으로 배낭 문제를 푸는 프로그램을 자바로 작성한 것입니다. Knap sackDP.java라는 파일명으로 저장하세요.

코드 9-12 동적 계획법으로 배낭 문제를 푸는 프로그램

```java
public class KnapsackDP {
  // 배낭의 최대 무게
  public static final int KNAP_MAX = 6;

  // 물건의 종류
  public static final int ITEM_NUM = 5;

  // 물건의 명칭
  public static char[] name = { 'A', 'B', 'C', 'D', 'E' };

  // 물건의 무게
  public static int[] weight = { 1, 2, 3, 4, 5 };

  // 물건의 가치
  public static int[] value = { 100, 300, 350, 500, 650 };
```

```java
// 물건을 넣을지 판단한 직후의 최대 가치
public static int[][] maxValue = new int[ITEM_NUM][KNAP_MAX + 1];

// 마지막에 넣은 물건
public static int[] lastItem = new int[KNAP_MAX + 1];

// item번째 물건을 넣을지 판단한 직후 배낭의 내용을 표시하는 메소드
public static void showKnap(int item) {
  int knap;     // 0~6kg의 배낭을 가리킴

  // 넣을지 말지 판단할 물건의 정보를 표시
  System.out.printf("<%c, %dkg, %d원을 고려한 결과>\n",
                name[item], weight[item], value[item]);

  // 각 배낭의 무게를 표시
  for (knap = 0; knap <= KNAP_MAX; knap++) {
    System.out.printf("%dkg\t", knap);
  }
  System.out.printf("\n");

  // 배낭에 담긴 상품 가치의 합계를 표시
  for (knap = 0; knap <= KNAP_MAX; knap++) {
    System.out.printf("%d원\t", maxValue[item][knap]);
  }
  System.out.printf("\n");

  // 배낭에 마지막으로 넣은 물건을 표시
  for (knap = 0; knap <= KNAP_MAX; knap++) {
    if (lastItem[knap] != -1) {
      System.out.printf("%c\t", name[lastItem[knap]]);
    } else {
      System.out.printf("없음\t");
    }
  }
  System.out.printf("\n\n");
}

// 프로그램 실행의 시작점인 main 메소드
public static void main(String[] args) {
  int item;              // 물건 번호
```

```
int knap;              // 0~6kg의 배낭을 가리킴
int selVal;            // 임시로 물건을 선택한 경우의 가치 합계
int totalWeight;       // 중량의 합계

// 0번째 물건을 넣을지 판단
item = 0;
// 0~KNAP_MAX kg의 배낭을 고려
for (knap = 0; knap <= KNAP_MAX; knap++) {
  // 최대 무게 이하면 선택
  if (weight[item] <= knap) {
    maxValue[item][knap] = value[item];
    lastItem[knap] = item;
  }
  // 최대 무게 이하가 아니면 선택하지 않음
  else {
    maxValue[0][knap] = 0;
    lastItem[knap] = -1;
  }
}
showKnap(item);

// 1번째~ITEM_NUM-1번째 물건을 고려
for (item = 1; item < ITEM_NUM; item++) {
  // 0kg~KNAP_MAXkg의 배낭을 고려
  for (knap = 0; knap <= KNAP_MAX; knap++) {
    // 최대 무게 이하의 경우
    if (weight[item] <= knap) {
      // 선택한 경우의 가치를 구함
      selVal = maxValue[item - 1][knap - weight[item]] + value[item];
      // 가치가 크면 선택
      if (selVal > maxValue[item - 1][knap]) {
        maxValue[item][knap] = selVal;
        lastItem[knap] = item;
      }
      // 가치가 크지 않으면 선택하지 않음
      else {
        maxValue[item][knap] = maxValue[item - 1][knap];
      }
    }
    // 최대 무게 이하가 아니면 선택하지 않음
```

```
      else {
        maxValue[item][knap] = maxValue[item - 1][knap];
      }
    }
  }
  showKnap(item);
}


// 배낭에 들어 있는 물건을 조사하여 정답을 표시
System.out.printf("<배낭에 들어 있는 물건을 조사>\n");
totalWeight = 0;
for (knap = KNAP_MAX; knap > 0; knap -= weight[item]) {
  item = lastItem[knap];
  System.out.printf("%dkg의 배낭에 마지막으로 넣은 물건은 %c입니다.\n",
                    knap, name[item]);
  totalWeight += weight[item];
  System.out.printf(" %c, %dkg, %d원\n", name[item], weight[item], value[item]);
  System.out.printf(" %dkg - %dkg = %dkg입니다.\n",
                    knap, weight[item], knap - weight[item]);
}
System.out.printf("\n<정답을 표시>\n");
System.out.printf("무게의 합계 = %dkg\n", totalWeight);
System.out.printf("가치의 최댓값 = %d원\n", maxValue[ITEM_NUM - 1][KNAP_MAX]);
  }
}
```

코드 설명

꽤 긴 프로그램이므로 의사코드를 생략하고 C와 자바 프로그램을 살펴봅니다. 프로그램은 배낭의 최대 무게, 물건의 종류, 명칭, 무게, 가치 등을 배열 등으로 정의한 필드^{Field}, item번째 물건을 넣을지 판단한 직후 배낭의 내용을 표시하는 showKnap 함수(메소드), 배낭에 들어 있는 물건을 조사하여 정답을 표시하는 main 함수(메소드)로 구성되어 있습니다. 배낭 문제를 푸는 구조를 설명하기 위한 것이므로 최소한 프로그램의 개요를 꼭 이해하기 바랍니다.

분할한 부분 문제의 정답은 2차원 배열 maxValue[][]에 저장합니다. 배낭 각각에 마지막으로 넣은 물건은 배열 lastItem[]에 저장합니다. showKnap 함수는 물건을 넣을지 판단한 직후의 maxValue[][] 내용을 표시합니다.

showKnap 함수는 for 문 3개로 배낭 내용을 표시합니다. 배낭 모두를 고려하므로 반복 조건은 knap = 0; knap <= KNAP_MAX; knap++임을 기억하세요. 출력하는 값 각각은 main 함수에서 연산합니다. 배낭 안 물건은 숫자가 아니므로 if~else 문으로 물건이 있을 때와 0kg 배낭의 물건이 없을 때를 고려했습니다.

main 함수는 먼저 0번째 물건을 넣는 처리를 따로 구성합니다. 이는 별도의 비교할 대상이 없고 1kg, 100원의 가치인 물건 A를 배낭마다 넣는 처리이기 때문입니다. 기억할 부분은 반복할 처리가 아니므로 for 문 밖에서 showKnap(item);을 실행했다는 것입니다.

다음으로는 다중 반복문으로 물건을 하나씩 늘리면서 0~6kg의 최대 무게를 갖는 배낭 가치의 최댓값을 구한 후 그 결과를 maxValue[][]에 저장합니다. 이때 최대 무게 이하인지를 고려하는 if~else 문을 사용합니다. 또한 최대 무게 이하를 다루는 if 문((weight[item] <= knap) 조건) 안에 가치의 최댓값이 더 큰지(최댓값 변경, selVal > maxValue[item - 1][knap]) 크지 않은지(최댓값 유지)에 따라 처리를 나누는 if~else 문을 다시 사용합니다.

모든 물건의 가치 판단이 끝났을 때, 최대 무게 6kg의 배낭 가치(최댓값)는 maxValue[ITEM_NUM - 1][KNAP_MAX]에 저장되어 있습니다.

main 함수의 마지막에는 이 문제에서 해결하려는 6kg 배낭에 넣은 물건 가치의 최댓값을 구해 정답을 표시합니다. 배낭 안에 여러 개 물건이 들어 있을 가능성이 있으므로 우선 for 문을 사용해 배낭 안에 있는 모든 물건을 확인하게 합니다. 그리고 마지막으로 넣은 '물건'이 무엇인지 알리고, '물건', '무게', '가치 최댓값'부터 차례로 확인(실행 결과의 'D, 4kg, 500원' 부분)합니다. 마지막으로 배낭 무게에서 현재 선택한 물건의 무게를 뺀 값이 0이 아닌지 확인(실행 결과의 '6kg − 4kg = 2kg입니다.' 부분)합니다.

뺀 값이 0이 아니라면 해당 무게의 배낭을 다시 조사합니다(이 예에서는 2kg의 배낭입니다). 마지막으로 넣은 '물건'이 무엇인지, 물건, 무게, 가치 최댓값을 확인하는 과정은 같습니다. 그리고 현재 배낭 무게에서 현재 선택한 물건의 무게를 빼는 계산을 실행(2kg − 2kg = 0kg입니다)합니다. 이 무게가 0이라면 정답을 찾은 것이므로 각 배낭별 물건 무게의 합계와 가치의 최댓값 합계를 더한 것을 표시합니다.

실행 결과는 9.2.2에서 이미 소개했으므로 생략하겠습니다. 참고로 10장에서도 다른 방식으로 배낭 문제를 푸는 프로그램이 등장합니다.

확인 문제

다음 설명이 맞으면 ○, 올바르지 않다면 ×를 표시하세요.

① 재귀 호출로 계승을 구하면, 같은 인수로 여러 번 함수를 호출해 낭비가 발생한다.

② 동적 계획법은 분할된 문제에 대한 정답을 기억해 이를 재사용한다.

③ 재귀 호출과 동적 계획법을 함께 사용할 수 없다.

④ N을 지수로 한 시간 복잡도가 되는 알고리즘을 지수 시간 알고리즘이라고 부른다.

⑤ 모든 조합을 확인하는 알고리즘으로 배낭 문제를 풀면 시간 복잡도는 $O(N^2)$이다.

정답은 403페이지에 있습니다.

문제 2 다음은 동적 계획법을 사용해 인수 n의 피보나치 수를 반환하는 `fibonacci` 함수입니다. 빈 칸에 적절한 단어와 연산자를 입력하세요.

○ 정수형: fibonacciNumbers[100]

○ 정수형: fibonacci(정수형: n)
○ 정수형: i

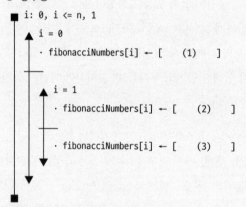

```
  i: 0, i <= n, 1
      i = 0
      · fibonacciNumbers[i] ← [    (1)    ]

      i = 1
      · fibonacciNumbers[i] ← [    (2)    ]

      · fibonacciNumbers[i] ← [    (3)    ]
```

· return fibonacciNumbers[n]

정답은 403페이지에 있습니다.

이 장에서 다룬 배낭 문제를 '탐욕 알고리즘(Greedy algorithm)'으로 풀 수 있습니다. 탐욕 알고리즘은 '가치가 큰 것부터 차례로 물건을 고른다'는 간단한 알고리즘입니다.

다음은 KnapsackGreedy.java의 예를 보여줍니다(C 프로그램은 예제 파일의 KnapsackGreedy.c를 확인하기 바랍니다).

```java
public class KnapsackGreedy {
  public static void main(String[] args) {
    final int KNAP_MAX = 6;      // 배낭의 최대 무게
    final int ITEM_NUM = 5;      // 물건의 종류
    int totalWeight = 0;         // 무게의 합계
    int totalValue = 0;          // 가치의 합계

    // 물건의 정보(가치가 큰 순서로 정렬)
    char[] name = { 'E', 'D', 'C', 'B', 'A' };
    int[] weight = { 5, 4, 3, 2, 1 };
    int[] value = { 650, 500, 350, 300, 100};

    // 가치가 큰 순서로 고르기
    for (int i = 0; i < ITEM_NUM; i++) {
      if (totalWeight + weight[i] <= KNAP_MAX) {
        System.out.printf("물건 %c를 선택.\n", name[i]);
        totalWeight += weight[i];
        totalValue += value[i];
      } else {
        break;
      }
    }

    // 결과를 표시
    System.out.printf("무게의 합계 = %dkg\n", totalWeight);
    System.out.printf("가치의 합계 = %d원\n", totalValue);
  }
}
```

실행 결과는 '물건 E를 선택하고, 가치의 합계가 650원'입니다. 최적의 정답은 '물건 D와 B를 선택하고, 가치의 합계가 800원'이므로 나름대로 좋은 답을 얻을 수 있습니다.

Chapter 10

유전 알고리즘과 배낭 문제

드디어 마지막 장입니다. 이번에는 분위기를 싹 바꾸어 아주 기발한 알고리즘을 소개합니다. 생물의 유전 현상을 컴퓨터로 시뮬레이션하여 최적화 문제를 푸는 '유전 알고리즘'입니다. 최적화 문제는 주어진 조건에서 가장 좋은 정답을 얻는 문제입니다. 9장에서 다룬 배낭 문제도 최적화 문제의 하나입니다.

이 장에서는 9장의 배낭 문제를 유전 알고리즘으로 풀어 봅니다. 보통 내 아이디어를 프로그램으로 구현하기 위해서는 그에 맞는 알고리즘을 생각해야 합니다. 이때 유전 알고리즘을 경험하면 프로그램을 구현하는 아이디어의 폭이 늘 것입니다. 어려운 일이지만 재미있습니다. '알고리즘을 생각하는 것은 즐겁다!'는 마음으로 이 장을 읽어 보기 바랍니다.

10.1 유전 알고리즘으로 배낭 문제를 푸는 구조

- **Point** 유전자의 진화를 시뮬레이션하기
- **Point** 적응도, 교차, 돌연변이

10.1.1 유전 알고리즘의 단계

'유전 알고리즘Genetic Algorithm, GA'은 지금까지 설명한 알고리즘에 비해 매우 기발합니다. 임의 생성한 정답 후보 여러 개를 '유전자gene'의 '개체individual'군으로 간주하여, '적응도fitness'에 따라 '도태select', '교차crossover', '돌연변이mutate'라는 형태로 '진화evolution'를 반복합니다. 그리고 진화를 통해 '여러 세대generation'가 경과한 뒤 적응도가 가장 높은 개체를 정답으로 삼습니다. 즉, 유전자가 환경 적응도에 따라 진화하는 모습을 컴퓨터로 시뮬레이션해 정답을 찾는 것입니다. 다양한 용어를 영어와 함께 소개한 이유는 뒤에서 설명할 프로그램에서 필드나 메소드 이름으로 사용하기 때문입니다.

유전 알고리즘에는 여러 가지 기법이 있으며, 항상 올바른 답을 얻을 수 있는 것은 아니지만 대부분 정답에 가까운 값을 얻을 수 있습니다. 여기에서는 다음처럼 간단한 유전 알고리즘 순서로 9장과 동일한 조건의 배낭 문제를 풉니다.

1. 초기 개체를 무작위로 8개 생성합니다.

2. 개체의 적응도를 계산한 후 적응도가 큰 순서로 정렬합니다.

3. 적응도 하위 50%를 도태시키기 위해, 상위 50%를 하위 50%에 복사합니다.

4. 복사된 후 바뀐 50%에 다시 교차와 돌연변이를 수행합니다.

5. 지정된 세대까지 2~4를 반복해 적응도가 가장 큰 개체를 정답으로 삼습니다.

배낭 문제에 유전 알고리즘을 적용할 때는 다음 사항을 기억하면 좋습니다.

- 상품 5개를 선택/선택하지 않는 패턴을 유전자에 비유합니다.
- 해당 패턴의 물건이 갖는 가치의 합계를 적응도로 합니다.
- 가장 적응도가 높은 패턴이 정답입니다.
- 배낭의 최대 무게를 초과하는 경우 적응도를 0으로 합니다.

유전자 하나는 다음처럼 요소 수 5개의 배열로 나타냅니다. 각 요솟값은 A, B, C, D, E라는 다섯 가지 물건의 선택 여부를 나타냅니다. 값이 1이면 선택하고 0이면 선택하지 않습니다.

물건 A를 선택

물건 C를 선택

물건 E를 선택 ✕

[1] [1] [1] [0] [0]

물건 B를 선택

물건 D를 선택 ✕

그림 10-1 유전자 하나를 나타내는 요소 수 5개의 배열 예

유전 알고리즘에는 생물학 용어를 그대로 사용하므로 다음과 같은 의미를 설명하겠습니다.

- **도태**: 적응도가 낮은 유전자를 제거하는 것입니다.
- **교차**: 적응도가 높은 두 유전자의 패턴(배열 요솟값)을 부분적으로 교환하는 것입니다.
- **돌연변이**: 적응도가 높은 유전자 패턴의 일부를 임의로 변화시키는 것입니다.

앞 세 가지를 반복(반복 횟수는 세대에 해당)하면 적응도가 높은 유전자만이 살아남을 것입니다.

10.1.2 유전 알고리즘의 구조를 설명하는 프로그램

이 장에서는 배낭 문제를 푸는 프로그램(KnapsackGA.c, KnapsackGA.java)을 유전 알고리즘으로 만듭니다. 이 프로그램을 실행하면 유전자가 진화해 나가는 모습이 표시되므로 유전 알고리즘의 구조를 알 수 있습니다. 프로그램의 내용은 이 장의 뒷부분에서 설명하므로 프로그램의 실행 결과와 대조하면서 유전 알고리즘의 구조를 설명합니다.

프로그램을 실행하면 '최대의 세대 ='가 표시됩니다. 우선 '3'을 입력한다고 가정하겠습니다. 이에 따라 1~3세대까지 유전자 개체의 진화가 표시됩니다. 다음은 초기 상태의 1세대입니다. 난수를 사용하므로 실행 결과는 프로그램을 시작할 때마다 달라집니다.

프로그램 실행 결과의 예(1세대)

```
최대의 세대 = 3

<1세대>
유전자              무게      가치      적응도
[1][1][1][0][0]   6kg      750원     750
[0][1][1][0][0]   5kg      650원     650
[0][0][0][1][0]   4kg      500원     500
[1][1][0][1][0]   7kg      900원      0
```

```
[0][0][1][1][0]   7kg      850원    0
[1][0][0][1][1]   10kg     1250원   0
[1][0][1][1][0]   8kg      950원    0
[1][1][1][1][1]   15kg     1900원   0
```

'유전자'로 표시된 부분에 가로로 늘어선 [1][1][1][0][0] 및 [0][1][1][0][0] 같은 요소 수 5개의 배열이 유전자 하나를 나타냅니다. 처음부터 순서대로 물건 A, B, C, D, E에 대응합니다. 요솟값이 1이면 물건을 선택한 것이고 0이라면 물건을 선택하지 않은 것입니다.

배열은 세로로 8개가 있으므로 유전자 개체는 총 8개고, 개체의 패턴은 무작위로 생성한 것입니다. 초기 상태에서는 임의의 유전자가 8개 있습니다(이 예제에서 개체 수를 8개라고 정했기 때문입니다). 이 8개의 유전자 사이에서 도태와 교차가 이루어집니다. 돌연변이를 일으키는 유전자도 있습니다.

예를 들어 [1][1][1][0][0]은 물건 A, B, C를 선택하고 물건 D, E를 선택하지 않은 것입니다. '무게', '가치', '적응도'는 유전자의 패턴(물건 각각을 선택/선택하지 않은 상태)에 따라 물건을 배낭에 넣었을 때의 총 무게, 총 가치, 적응도입니다.

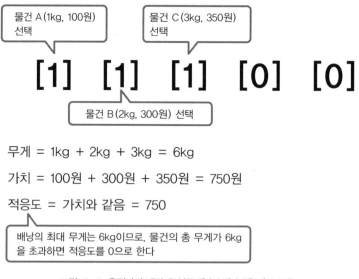

그림 10-2 유전자의 패턴에서 '무게', '가치', '적응도'를 얻음

실행 결과에서는 적응도가 높은 순서로 정렬하여 개체 8개를 표시하고 있습니다. 적응도가 높은 순서로 정렬하는 이유는 적응도가 낮은 유전자를 도태시키기 위함입니다.

1세대에서 2세대로 넘어가면 적응도 하위 50%가 도태됩니다. 구체적으로는 정렬된 상위 4개 배열의 내용을 하위 4개의 배열에 덮어씁니다. 그런 다음 하위 4개의 배열에 대해 교차와 돌연변이를 수행합니다. 따라서 적응도가 더 높은 개체로 진화할 것으로 예상됩니다(적응도가 낮아지는 경우도 있습니다).

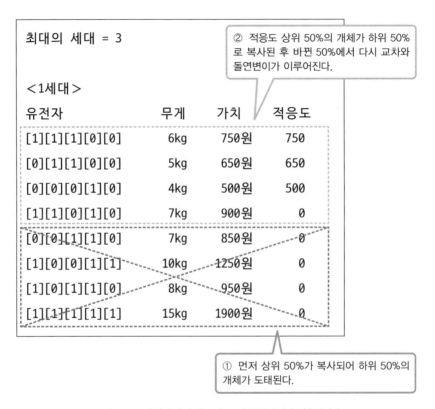

그림 10-3 세대가 바뀔 때 도태, 교차, 돌연변이가 이루어진다

1세대에서 2세대가 되면 어느 부분에서 교차와 돌연변이가 발생했는지 나타낸 뒤, 2세대의 개체가 표시됩니다. 예를 들어 '개체 4와 5를 2의 위치에서 교차했습니다'는 개체 4와 개체 5 배열의 두 번째 이후 요소를 교환했다'는 의미입니다.

'개체 5의 0 위치에서 돌연변이했습니다'는 개체 5 배열의 0번째 요솟값을 반전시켰다(0이면 1로 1이면 0으로 바꿈)는 뜻입니다. 그림 10-4의 예에서는 도태, 교차, 돌연변이로 1세대보다 2세대에서 적응도 높은 개체가 많아졌습니다.

```
하위 50%를 도태시켰습니다.

개체 4와 개체 5를 2의 위치에서 교차했습니다.

개체 6과 개체 7을 3의 위치에서 교차했습니다.

개체 5의 0 위치에서 돌연변이했습니다.

개체 5의 1 위치에서 돌연변이했습니다.


<2세대>

유전자                    무게        가치        적응도
[1][1][1][0][0]       6kg      750원       750
[1][1][1][0][0]       6kg      750원       750
[0][1][1][0][0]       5kg      650원       650
[0][0][0][1][0]       4kg      500원       500
[0][0][0][1][0]       4kg      500원       500
[1][0][1][0][0]       4kg      450원       450
[1][1][0][1][0]       7kg      900원        0
[1][1][0][1][0]       7kg      900원        0
```

> 1세대와 비교하면 2세대에서 적응도 높은 개체가 많아졌다.

그림 10-4 프로그램 실행 결과의 예(2세대)

다음은 2세대에서 3세대로 진화했을 때의 개체입니다. 프로그램을 실행했을 때 최대 세대를 '3'으로 설정했으므로 이 시점에서 가장 적응도가 높은 [0][1][0][1][0] 개체를 최종적인 정답으로 삼습니다.

[0][1][0][1][0]은 물건 B와 D를 선택하는 것을 의미합니다. 여기에서는 운좋게 최적의 정답 (9장의 동적 계획법에서 구한 것과 같은 정답)을 얻을 수 있었습니다.

```
하위 50%를 도태시켰습니다.
개체 4와 5를 1의 위치에서 교차했습니다.
개체 6과 7을 2의 위치에서 교차했습니다.
개체 4의 3 위치에서 돌연변이했습니다.
개체 7의 0 위치에서 돌연변이했습니다.
개체 7의 3 위치에서 돌연변이했습니다.


<3세대>
유전자                   무게      가치      적응도
[0][1][0][1][0]          6kg      800원      800
[1][1][1][0][0]          6kg      750원      750
[1][1][1][0][0]          6kg      750원      750
[1][1][1][0][0]          6kg      750원      750
[0][1][1][0][0]          5kg      650원      650
[0][0][0][1][0]          4kg      500원      500
[1][1][1][1][0]         10kg     1250원        0
[1][0][1][1][0]          8kg      950원        0

<배낭에 들어 있는 물건을 표시>
B, 2kg, 300원
D, 4kg, 500원

<정답을 표시>
무게의 합계 = 6kg
가치의 최댓값 = 800원
```

> 가장 적응도가 높은 개체를 최종 정답으로 삼는다.

그림 10-5 프로그램 실행 결과의 예(3세대)

10.1.3 유전 알고리즘의 구조를 설명하는 프로그램의 의사코드

유전 알고리즘에서 배낭 문제를 푸는 프로그램을 만들기 전에, 프로그램의 개요를 의사코드로 표시합니다. 코드 10-1은 프로그램의 main 함수를 의사코드로 나타낸 것입니다.

```
/* 프로그램 실행의 시작점인 main 함수(여기부터) */
```
○ main
- 키보드로 최대의 세대를 입력한다
- 무작위로 1세대 개체를 8개 생성한다
- 적응도를 계산한다
- 적응도가 큰 순서로 정렬한다
- 개체의 내용을 표시한다
- 다음 세대로 진행한다
■ 최대의 세대 이하면 반복한다
  - 적응도가 큰 순서로 정렬한다
  - 상위 50%의 개체를 하위 50%로 복사한 후 하위 50%를 도태시킨다
  - 하위 50%에 복사한 개체를 대상으로 교차시킨다
  - 하위 50%에 복사한 개체를 대상으로 돌연변이시킨다
  - 적응도를 계산한다
  - 적응도가 큰 순서로 정렬한다
  - 개체의 내용을 표시한다
  - 다음 세대로 진행한다
- 가장 적응도가 높은 개체를 배낭 문제의 정답으로 표시한다
```
/* 프로그램 실행의 시작점인 main 함수(여기까지) */
```

키보드로 최대 세대를 입력해 지정된 세대의 수만큼 도태, 교차, 돌연변이를 반복하여 각 세대에서 개체의 내용을 표시합니다. 반복이 끝나면 그 시점에서 가장 적응도가 높은 개체를 배낭 문제의 정답으로 표시합니다. 여기에서는 변수와 함수를 명시하지 않고 문장으로 처리 내용을 보여줍니다.

> **Quiz** **유전 알고리즘은 어디에서 사용되나요?**
>
> 오른쪽 그림의 열차는 기존 열차에 비해 상당한 속도 향상을 실현하고 있습니다. 이 설계에는 터널의 소음을 억제하기 위해 유전 알고리즘을 활용하고 있습니다. 어떤 부분의 설계일까요?

정답은 401페이지에 있습니다.

10.2 유전 알고리즘으로 배낭 문제를 푸는 프로그램 만들기

- **Point** 프로그램을 구성하는 필드의 역할
- **Point** 프로그램을 구성하는 함수(메소드)의 기능

10.2.1 프로그램을 구성하는 필드의 역할

여기에서는 KnapsackGA.c, KnapsackGA.java라는 이름으로 배낭 문제를 푸는 유전 알고리즘 프로그램을 만듭니다. 이 프로그램은 여러 가지 필드(자바는 KnapsackGA 클래스에 포함)와 함수가 있습니다. 꽤 긴 프로그램이므로 필드 및 함수(메소드)로 나누어 각각의 역할과 기능을 설명합니다. 전체 프로그램은 이 장의 마지막에 있습니다.

먼저 코드 10-2에서 필드의 역할을 살펴봅니다.

코드 10-2 유전 알고리즘 기반 배낭 문제의 필드 설정

```
// C
#define KNAP_MAX 6        // 배낭의 최대 무게
#define ITEM_NUM 5        // 물건의 종류
#define IND_NUM 8         // 개체 수
#define MUTATE_RATE 0.1   // 돌연변이 확률(10%)


char itemName[] = { 'A', 'B', 'C', 'D', 'E' };   // 물건의 이름
int itemWeight[] = { 1, 2, 3, 4, 5 };            // 물건의 무게
int itemValue[] = { 100, 300, 350, 500, 650 };   // 물건의 가치


int indGeneration;                // 개체의 세대
int indGene[IND_NUM][ITEM_NUM];   // 개체의 유전자
int indWeight[IND_NUM];           // 개체의 무게
int indValue[IND_NUM];            // 개체의 가치
int indFitness[IND_NUM];          // 개체의 적응도

// 자바
public static final int KNAP_MAX = 6;            // 배낭의 최대 무게
public static final int ITEM_NUM = 5;            // 물건의 종류
public static final int IND_NUM = 8;             // 개체 수
public static final double MUTATE_RATE = 0.1;    // 돌연변이 확률(10%)


public static char[] itemName = { 'A', 'B', 'C', 'D', 'E' };    // 물건의 이름
```

```
public static int[] itemWeight = { 1, 2, 3, 4, 5 };              // 물건의 무게
public static int[] itemValue = { 100, 300, 350, 500, 650 };     // 물건의 가치

public static int indGeneration;                                 // 개체의 세대
public static int[][] indGene = new int[IND_NUM][ITEM_NUM];       // 개체의 유전자
public static int[] indWeight = new int[IND_NUM];                // 개체의 무게
public static int[] indValue = new int[IND_NUM];                 // 개체의 가치
public static int[] indFitness = new int[IND_NUM];               // 개체의 적응도
```

배낭의 최대 무게 6kg을 KNAP_MAX, 물건 종류 5개를 ITEM_NUM으로 나타냈습니다. 만약 예제
와는 다른 조건의 문제를 풀고 싶은 경우에는 이 값을 바꾸기 바랍니다. 유전자의 개체 수는
적당히 8개로 정해 IND_NUM으로 나타냈습니다. 돌연변이 확률도 적당히 0.1(10%)로 정해,
MUTATE_RATE로 합니다.

배열 itemName, itemWeight, itemValue에는 각각 물건 명칭, 무게, 가치가 저장되어 있습니다.

indGeneration에는 프로그램 처음 실행시킬 때 키보드로 입력한 지정 세대 수가 저장됩니다.
배열 indGene는 요소 수 5개의 유전자가 8개 있음을 8×5의 2차원 배열로 나타냅니다. 배열
의 인덱스는 indGene[8개의 개체를 구별하는 인덱스][5개의 물건을 가리키는 인덱스]를 의미
합니다. 8개 개체의 무게, 가치, 적응도는 세대별로 계산되며 요소 수 8개의 배열 indWeight,
indValue, indFitness에 저장됩니다.

10.2.2 프로그램을 구성하는 함수(메소드)의 기능

프로그램에 있는 함수(메소드)의 기능을 설명합니다. 이 책의 앞에서 배운 기본적인 알고리즘
이 응용되는 부분도 있습니다. 프로그램의 내용은 기본적인 알고리즘을 결합하여 만들어집니
다. 기본적인 알고리즘을 확실히 마스터하면 긴 프로그램도 작성할 수 있다는 사실을 보여주려는 이유
도 있습니다.

개체 무작위 생성

먼저 개체를 무작위로 생성하는 코드 10-3을 살펴봅니다.

```c
// C
// 개체를 무작위로 생성하는 함수
void createIndividual() {
  int ind, item;    // 루프 카운터

  // 0 또는 1을 무작위로 저장
  for (ind = 0; ind < IND_NUM; ind++) {
    for (item = 0; item < ITEM_NUM; item++) {
      indGene[ind][item] = rand() % 2;
    }
  }
}
```

```java
// 자바
// 개체를 무작위로 생성하는 메소드
public static void createIndividual() {
  int ind, item;    // 루프 카운터

  // 0 또는 1을 무작위로 저장
  for (ind = 0; ind < IND_NUM; ind++) {
    for (item = 0; item < ITEM_NUM; item++) {
      indGene[ind][item] = Math.random() > 0.5 ? 0 : 1;
    }
  }
}
```

8개의 개체를 임의로 생성하여 그 결과를 2차원 배열 indGene에 저장합니다. C의 rand 함수
와 자바의 Math.random 함수는 0~0.9999… 범위의 난수를 반환합니다. 여기에서는 함수의
반환값이 0.5보다 크면 0(물건을 선택하지 않음), 그렇지 않으면 1(물건을 선택함)을 배열
indGene에 저장합니다. 따라서 물건 선택 여부가 50%인 임의의 유전자가 생성됩니다.

개체의 무게, 가치, 적응도 계산

코드 10-4는 개체의 무게, 가치, 적응도를 계산하는 함수입니다.

```c
// C
// 개체의 무게, 가치, 적응도를 계산하는 함수
void calcIndividual() {
  int ind, item;     // 루프 카운터

  for (ind = 0; ind < IND_NUM; ind++) {
    // 무게와 가치를 계산
    indWeight[ind] = 0;
    indValue[ind] = 0;
    for (item = 0; item < ITEM_NUM; item++) {
      if (indGene[ind][item] == 1) {
        indWeight[ind] += itemWeight[item];
        indValue[ind] += itemValue[item];
      }
    }

    // 적응도를 계산
    if (indWeight[ind] <= KNAP_MAX) {
      // 최대 무게 이하면 가치를 그대로 적응도로 삼음
      indFitness[ind] = indValue[ind];
    } else {
      // 최대 무게를 초과하면 적응도를 0으로 함
      indFitness[ind] = 0;
    }
  }
}
```

```java
// 자바
// 개체의 무게, 가치, 적응도를 계산하는 메소드
public static void calcIndividual() {
  int ind, item;     // 루프 카운터

  for (ind = 0; ind < IND_NUM; ind++) {
    // 무게와 가치를 계산
    indWeight[ind] = 0;
    indValue[ind] = 0;
    for (item = 0; item < ITEM_NUM; item++) {
      if (indGene[ind][item] == 1) {
        indWeight[ind] += itemWeight[item];
```

```c
        indValue[ind] += itemValue[item];
      }
    }

    // 적응도를 계산
    if (indWeight[ind] <= KNAP_MAX) {
      // 최대 무게 이하이면 가치를 그대로 적응도로 삼음
      indFitness[ind] = indValue[ind];
    } else {
      // 최대 무게를 초과하면 적응도를 0으로 함
      indFitness[ind] = 0;
    }
  }
}
```

개체 8개의 무게, 가치, 적응도를 계산하여 그 결과를 배열 indWeight, indValue, indFitness 에 저장합니다. 최대 무게 이하라면 가치를 그대로 적응도로 삼고, 최대 무게를 초과하면 적응도를 0으로 설정하고 있습니다.

개체 정보 표시

코드 10-5는 개체의 정보를 표시하는 함수입니다.

코드 10-5 개체의 정보를 표시

```c
// C
// 개체의 정보를 표시하는 함수
void showIndividual() {
  int ind, item;    // 루프 카운터

  // 세대를 표시
  printf("\n<%d세대>\n", indGeneration);

  // 유전자, 무게, 가치, 적응도를 표시
  printf("유전자\t\t무게\t가치\t적응도\n");
  for (ind = 0; ind < IND_NUM; ind++) {
    for (item = 0; item < ITEM_NUM; item++) {
      printf("[%d]", indGene[ind][item]);
    }
```

```
      printf("\t%2dkg\t%4d원\t%4d\n", indWeight[ind], indValue[ind], indFitness[ind]);
  }
  printf("\n");
}


// 자바
// 개체의 정보를 표시하는 메소드
public static void showIndividual() {
  int ind, item;     // 루프 카운터

  // 세대를 표시
  System.out.printf("\n<%d세대>\n", indGeneration);

  // 유전자, 무게, 가치, 적응도를 표시
  System.out.printf("유전자\t\t무게\t가치\t적응도\n");
  for (ind = 0; ind < IND_NUM; ind++) {
    for (item = 0; item < ITEM_NUM; item++) {
      System.out.printf("[%d]", indGene[ind][item]);
    }
    System.out.printf("\t%2dkg\t%4d원\t%4d\n",
                  indWeight[ind], indValue[ind], indFitness[ind]);
  }
  System.out.printf("\n");
}
```

indGeneration에 저장된 현재 세대, 다중 반복문을 이용하여 만든 유전자의 패턴(5개 요솟값, indGene[ind][item], 안쪽 for 문 이용), 유전자 패턴에 해당하는 무게(indWeight[ind]), 가치(indValue[ind]), 적응도(indFitness[ind], 모두 바깥쪽 for 문 이용)를 표시합니다. 유전자가 진화해 나가는 것을 확인할 수 있습니다.

적응도가 큰 순서로 개체 정렬

코드 10-6은 적응도가 큰 순서대로 개체를 정렬합니다.

코드 10-6 적응도가 큰 순서대로 개체 정렬

```
// C
// 적응도가 큰 순서대로 개체를 정렬하는 함수
void sortIndividual() {
```

```
    int pos;        // 삽입할 요소
    int ins;        // 삽입할 위치
    int item;       // 루프 카운터
    int tmp;        // 임시 변수

    // 삽입 정렬로 정렬
    for (pos = 1; pos < IND_NUM; pos++) {
      ins = pos;
      while (ins >= 1 && indFitness[ins - 1] < indFitness[ins]) {
        for (item = 0; item < ITEM_NUM; item++) {
          tmp = indGene[ins - 1][item];
          indGene[ins - 1][item] = indGene[ins][item];
          indGene[ins][item] = tmp;
        }

        tmp = indWeight[ins - 1];
        indWeight[ins - 1] = indWeight[ins];
        indWeight[ins] = tmp;

        tmp =  indValue[ins - 1];
        indValue[ins - 1] = indValue[ins];
        indValue[ins] = tmp;

        tmp = indFitness[ins - 1];
        indFitness[ins - 1] = indFitness[ins];
        indFitness[ins] = tmp;

        ins--;
      }
    }
}

// 자바
// 적응도가 큰 순서대로 개체를 정렬하는 메소드
public static void sortIndividual() {
  int pos;        // 삽입할 요소
  int ins;        // 삽입할 위치
  int item;       // 루프 카운터
  int tmp;        // 임시 변수
```

```
  // 삽입 정렬로 정렬
  for (pos = 1; pos < IND_NUM; pos++) {
    ins = pos;
    while (ins >= 1 && indFitness[ins - 1] < indFitness[ins]) {
      for (item = 0; item < ITEM_NUM; item++) {
        tmp = indGene[ins - 1][item];
        indGene[ins - 1][item] = indGene[ins][item];
        indGene[ins][item] = tmp;
      }

      tmp = indWeight[ins - 1];
      indWeight[ins - 1] = indWeight[ins];
      indWeight[ins] = tmp;

      tmp =  indValue[ins - 1];
      indValue[ins - 1] = indValue[ins];
      indValue[ins] = tmp;

      tmp = indFitness[ins - 1];
      indFitness[ins - 1] = indFitness[ins];
      indFitness[ins] = tmp;

      ins--;
    }
  }
}
```

개체(배열 indGene)를 정렬할 때는 4장에서 설명한 삽입 정렬 알고리즘을 사용하고 있습니다. 여기에서는 다중 반복문인데 2차원 배열을 사용하므로 삼중 반복문을 사용했음을 기억하기 바랍니다.

가장 바깥쪽의 for 문은 삽입 정렬의 형태대로 배열 첫 번째 요소가 있다고 가정하기 때문에 pos = 1을 적용한 것입니다. 핵심은 while 문입니다. ins >= 1 && indFitness[ins - 1] < indFitness[ins]는 배열 두 번째 요소부터 앞 요소보다 적응도가 낮다는 조건일 때 반복문을 실행하겠다는 뜻입니다. 즉, 적응도가 큰 순서(내림차순)대로 개체를 정렬한다는 조건의 핵심입니다. 가장 안쪽의 for 문은 while 문의 조건에 따라 2차원 배열의 유전자 패턴을 만드는 것입니다.

이후는 적응도가 큰 순서라는 조건에 맞으면 무게, 가치, 적응도를 하나 앞 요솟값으로 저장하는 것입니다. ins--는 조건에 맞는 요소를 찾은 뒤 다시 하나 앞 요소와 적응도를 비교해야 하기 때문에 설정한 것입니다.

도태 진행

코드 10-7은 도태를 수행합니다.

코드 10-7 도태 수행

```c
// C
// 도태를 수행하는 함수
void selectIndividual() {
  int ind, item;     // 루프 카운터

  // 적응도 상위 50%를 하위 50%로 복사(하위 50%를 도태시킴)
  for (ind = 0; ind < IND_NUM / 2; ind++) {
    for (item = 0; item < ITEM_NUM; item++) {
      indGene[ind + IND_NUM / 2][item] = indGene[ind][item];
    }
  }
  printf("하위 50%를 도태시켰습니다.\n");
}
```

```java
// 자바
// 도태를 수행하는 메소드
public static void selectIndividual() {
  int ind, item;     // 루프 카운터

  // 적응도 상위 50%를 하위 50%로 복사(하위 50%를 도태시킴)
  for (ind = 0; ind < IND_NUM / 2; ind++) {
    for (item = 0; item < ITEM_NUM; item++) {
      indGene[ind + IND_NUM / 2][item] = indGene[ind][item];
    }
  }
  System.out.printf("하위 50%를 도태시켰습니다.\n");
}
```

적응도 상위 50%의 개체(indGene[0~3][0~4])를 하위 50%의 개체(indGene[4~7][0~4])에 복사하는 방식으로 하위 50%의 개체를 도태시킵니다. 바로 앞에서 설명한 sortIndividual 함수를 실행한 상태라고 가정하므로 IND_NUM / 2라는 조건이 바로 적응도 상위 50% 개체를 선택하는 것이 됩니다.

교차 진행

코드 10-8은 교차를 수행합니다.

코드 10-8 교차 수행

```
// C
// 교차를 수행하는 함수
void crossoverIndividual() {
  int ind, item;          // 루프 카운터
  int crossoverPoint;     // 교차 수행 위치
  int tmp;                // 임시 변수

  // 하위 50%에 복사한 개체를 대상으로 함
  for (ind = IND_NUM / 2; ind < (IND_NUM - 1); ind += 2) {
    // 교차할 위치를 임의로 결정
    crossoverPoint = rand() % (ITEM_NUM - 1) + 1;
    for (item = crossoverPoint; item < ITEM_NUM; item++) {
      // 이웃 개체와 교차 수행
      tmp = indGene[ind][item];
      indGene[ind][item] = indGene[ind + 1][item];
      indGene[ind + 1][item] = tmp;
    }
    printf("개체 %d와 %d를 %d의 위치에서 교차했습니다.\n", ind, ind + 1, crossoverPoint);
  }
}

// 자바
// 교차를 수행하는 메소드
public static void crossoverIndividual() {
  int ind, item;          // 루프 카운터
  int crossoverPoint;     // 교차 수행 위치
  int tmp;                // 임시 변수
```

```
    // 하위 50%에 복사한 개체를 대상으로 함
    for (ind = IND_NUM / 2; ind < (IND_NUM - 1); ind += 2) {
        // 교차할 위치를 임의로 결정
        crossoverPoint = (int)(Math.random() * 10000) % (ITEM_NUM - 1) + 1;
        for (item = crossoverPoint; item < ITEM_NUM; item++) {
            // 이웃 개체와 교차 수행
            tmp = indGene[ind][item];
            indGene[ind][item] = indGene[ind + 1][item];
            indGene[ind + 1][item] = tmp;
        }
        System.out.printf("개체 %d와 %d를 %d의 위치에서 교차했습니다.\n",
                    ind, ind + 1, crossoverPoint);
    }
}
```

하위 50%에 복사한 개체를 대상으로 임의의 위치에서 교차시킵니다. crossoverPoint 안 계산(C는 rand() % (ITEM_NUM - 1) + 1, 자바는 (int)(Math.random() * 10000) % (ITEM_NUM - 1) + 1)은 난수 기반의 나머지 연산으로 교차할 임의의 위치를 설정하는 것입니다. 교차하는 방법에는 여러 가지가 있지만 여기에서는 crossoverPoint에서 끝까지의 배열 요소를 교환하고 있습니다.

돌연변이 만들기

코드 10-9는 돌연변이를 만듭니다.

코드 10-9 돌연변이 만들기

```
// C
// 돌연변이를 만드는 함수
void mutateIndividual() {
    int ind, item;    // 루프 카운터

    // 하위 50%에 복사한 개체를 대상으로 함
    for (ind = IND_NUM / 2; ind < IND_NUM; ind++) {
        for (item = 0; item < ITEM_NUM; item++) {
            // 미리 정해진 확률로 돌연변이 만들기
            if (rand() / (double)RAND_MAX <= MUTATE_RATE) {
                // 반전함
```

```
        indGene[ind][item] ^= 1;
        printf("개체 %d의 %d 위치에서 돌연변이를 만들었습니다.\n", ind, item);
      }
    }
  }
}


// 자바
// 돌연변이를 만드는 메소드
public static void mutateIndividual() {
  int ind, item;    // 루프 카운터

  // 하위 50%에 복사한 개체를 대상으로 함
  for (ind = IND_NUM / 2; ind < IND_NUM; ind++) {
    for (item = 0; item < ITEM_NUM; item++) {
      // 미리 정해진 확률로 돌연변이 만들기
      if (Math.random() <= MUTATE_RATE) {
        // 유전자 패턴을 반전함
        indGene[ind][item] ^= 1;
        System.out.printf("개체 %d의 %d 위치에서 돌연변이를 만들었습니다.\n", ind, item);
      }
    }
  }
}
```

하위 50%에 복사한 개체를 대상으로 MUTATE_RATE(10%)의 확률로 임의의 위치를 반전합니다. 돌연변이를 구현하는 과정입니다.

C의 rand() / (double)RAND_MAX는 rand 함수의 최대 범위인 RAND_MAX를 분모로 삼고 64비트 실수를 고려하도록 해 연산 결과가 백분율 범위가 되도록 하는 것입니다. 자바의 Math.random()은 처음부터 0.0~1.0 사이의 값을 반환하므로 자연스레 백분율 범위입니다. 즉, 임의의 수가 MUTATE_RATE로 설정한 10% 확률보다 낮으면 돌연변이를 만들겠다는 뜻입니다.

반전할 때는 비트 XOR 할당 연산자를 사용합니다. indGene[ind][item] ^= 1은 indGene[ind][item] = indGene[ind][item] ^ 1과 같습니다. 이때 indGene[ind][item]은 항상 0 혹은 1을 요솟값으로 갖게 되는 상황이고 XOR 연산자는 0 ^ 1 = 1, 1 ^ 1 = 0이므로 결론적으로 어떤 값이 오든 요솟값을 반대로 바꾸는 것이 됩니다.

main 함수(메소드)

코드 10-10은 앞에서 설명한 각 함수를 실행하는 main 함수입니다.

코드 10-10 main 함수 구현

```c
// C
// 프로그램의 실행의 시작점인 main 함수
int main() {
  int genMax;     // 최대 세대
  int item;       // 루프 카운터

  // 난수를 생성하는 시드값을 변경(1970/1/1로 변경)
  srand((unsigned int)time(NULL));

  // 키보드로 최대 세대를 입력
  printf("최대 세대 = ");
  scanf("%d", &genMax);

  // 1세대 개체를 생성
  indGeneration = 1;
  createIndividual();

  // 적응도를 계산
  calcIndividual();

  // 적응도가 큰 순서로 개체를 정렬
  sortIndividual();

  // 개체를 표시
  showIndividual();

  // 1세대씩 진화시키기
  indGeneration++;
  while (indGeneration <= genMax) {
    // 적응도가 큰 순서로 개체를 정렬
    sortIndividual();

    // 도태시킴
    selectIndividual();
```

```
    // 교차시킴
    crossoverIndividual();

    // 돌연변이시킴
    mutateIndividual();

    // 적응도를 계산
    calcIndividual();

    // 적응도가 큰 순서로 개체를 정렬
    sortIndividual();

    // 개체를 표시
    showIndividual();

    // 다음 세대로 나아감
    indGeneration++;
  }

  // 적응도가 가장 높은 개체를 정답으로 표시
  printf("<배낭에 들어 있는 물건을 표시>\n");
  for (item = 0; item < ITEM_NUM; item++) {
    if (indGene[0][item] == 1) {
      printf("%c, %dkg, %d원\n", itemName[item], itemWeight[item], itemValue[item]);
    }
  }
  printf("\n<정답을 표시>\n");
  printf("무게의 합계 = %dkg\n", indWeight[0]);
  printf("가치의 최댓값 = %d원\n", indValue[0]);

  return 0;
}

// 자바
// 프로그램 실행의 시작점인 main 메소드
public static void main(String[] args) {
  int genMax;    // 최대 세대
  int item;      // 루프 카운터

  // 키보드로 최대 세대를 입력
```

```
Scanner scn = new Scanner(System.in);
System.out.printf("최대 세대 = ");
genMax = scn.nextInt();
scn.close();

// 1세대 개체를 생성
indGeneration = 1;
createIndividual();

// 적응도를 계산
calcIndividual();

// 적응도가 큰 순서로 개체를 정렬
sortIndividual();

// 개체를 표시
showIndividual();

// 1세대씩 진화시키기
indGeneration++;
while (indGeneration <= genMax) {
  // 적응도가 큰 순서로 개체를 정렬
  sortIndividual();

  // 도태시킴
  selectIndividual();

  // 교차시킴
  crossoverIndividual();

  // 돌연변이시킴
  mutateIndividual();

  // 적응도를 계산
  calcIndividual();

  // 적응도가 큰 순서로 개체를 정렬
  sortIndividual();

  // 개체를 표시
```

```
    showIndividual();

    // 다음 세대로 나아감
    indGeneration++;
  }


  // 적응도가 가장 높은 개체를 정답으로 표시
  System.out.printf("<배낭에 들어 있는 물건을 표시>\n");
  for (item = 0; item < ITEM_NUM; item++) {
    if (indGene[0][item] == 1) {
      System.out.printf("%c, %dkg, %d원\n",
                    itemName[item], itemWeight[item], itemValue[item]);
    }
  }
  System.out.printf("\n<정답을 표시>\n");
  System.out.printf("무게의 합계 = %dkg\n", indWeight[0]);
  System.out.printf("가치의 최댓값 = %d원\n", indValue[0]);
}
```

프로그램 실행의 시작점인 main 함수에서는 키보드로 입력한 최대 세대만큼 도태, 교차, 돌연
변이를 수행하는 함수의 호출을 반복합니다. 키보드로 입력한 최대 세대를 변수 genMax에 저
장하고, 1세대 개체를 생성하는 indGeneration = 1을 정의한 후 2세대 이후의 while 문을 반
복하는 조건으로 설정한다는 점은 기억해두기 바랍니다. 이 조건이 있으므로 각 세대에서 개
체의 내용을 표시할 수 있습니다.

반복이 완료되면 그 시점에서 가장 적응도가 높은 개체를 배낭 문제의 정답으로 표시합니다.
눈여겨 볼 부분은 for 문 안 if 문의 조건인 indGene[0][item] == 1입니다. 배열 indGene은 유
전자 패턴을 나타내는 2차원 배열인데 1차원의 인덱스가 0으로 고정되어 있습니다. 이는 적
응도가 큰 순서로 정렬하는 sortIndividual 함수를 실행한 상황에서 정답에 해당하는 맨 위의
유전자 패턴을 지정한 것과 같습니다(무게의 합계와 가치의 최댓값에서도 같은 이유로 인덱
스 0의 요솟값을 출력하는 것입니다).

== 1은 정답인 유전자 패턴에서 물건이 들어 있는 상황을 의미합니다. 정답일 때 배낭에 들어
있는 물건 이름, 무게, 가치를 출력하는 조건입니다.

10.2.3 전체 프로그램

마지막으로 C와 자바 기반의 전체 프로그램을 소개합니다. 유전 알고리즘을 응용하는 새로운
테마가 생각나면 이 프로그램을 참고하여 자신만의 프로그램을 만들어 보세요. 코드 설명과
실행 결과는 앞에서 이미 했으므로 따로 하지 않습니다.

C

코드 10-11 유전 알고리즘을 이용한 배낭 문제 알고리즘

```c
#include <stdio.h>
#include <stdlib.h>
#include <time.h>
#define KNAP_MAX 6          // 배낭의 최대 무게
#define ITEM_NUM 5          // 물건의 종류
#define IND_NUM 8           // 개체 수
#define MUTATE_RATE 0.1     // 돌연변이 확률(10%)

char itemName[] = { 'A', 'B', 'C', 'D', 'E' };      // 물건의 이름
int itemWeight[] = { 1, 2, 3, 4, 5 };               // 물건의 무게
int itemValue[] = { 100, 300, 350, 500, 650 };      // 물건의 가치

int indGeneration;                      // 개체의 세대
int indGene[IND_NUM][ITEM_NUM];         // 개체의 유전자
int indWeight[IND_NUM];                 // 개체의 무게
int indValue[IND_NUM];                  // 개체의 가치
int indFitness[IND_NUM];                // 개체의 적응도

// 개체를 무작위로 생성하는 함수
void createIndividual() {
  int ind, item;      // 루프 카운터

  // 0 또는 1을 무작위로 저장
  for (ind = 0; ind < IND_NUM; ind++) {
    for (item = 0; item < ITEM_NUM; item++) {
      indGene[ind][item] = rand() % 2;
    }
  }
}
```

```
// 개체의 무게, 가치, 적응도를 계산하는 함수
void calcIndividual() {
  int ind, item;    // 루프 카운터

  for (ind = 0; ind < IND_NUM; ind++) {
    // 무게와 가치를 계산
    indWeight[ind] = 0;
    indValue[ind] = 0;
    for (item = 0; item < ITEM_NUM; item++) {
      if (indGene[ind][item] == 1) {
        indWeight[ind] += itemWeight[item];
        indValue[ind] += itemValue[item];
      }
    }

    // 적응도를 계산
    if (indWeight[ind] <= KNAP_MAX) {
      // 최대 무게 이하면 가치를 그대로 적응도로 삼음
      indFitness[ind] = indValue[ind];
    } else {
      // 최대 무게를 초과하면 적응도를 0으로 함
      indFitness[ind] = 0;
    }
  }
}

// 개체의 정보를 표시하는 함수
void showIndividual() {
  int ind, item;    // 루프 카운터

  // 세대를 표시
  printf("\n<%d세대>\n", indGeneration);

  // 유전자, 무게, 가치, 적응도를 표시
  printf("유전자\t\t무게\t가치\t적응도\n");
  for (ind = 0; ind < IND_NUM; ind++) {
    for (item = 0; item < ITEM_NUM; item++) {
      printf("[%d]", indGene[ind][item]);
    }
    printf("\t%2dkg\t%4d원\t%4d\n", indWeight[ind], indValue[ind], indFitness[ind]);
```

```
  }
  printf("\n");
}

// 적응도가 큰 순서대로 개체를 정렬하는 함수
void sortIndividual() {
  int pos;      // 삽입할 요소
  int ins;      // 삽입할 위치
  int item;     // 루프 카운터
  int tmp;      // 임시 변수

  // 삽입 정렬로 정렬
  for (pos = 1; pos < IND_NUM; pos++) {
    ins = pos;
    while (ins >= 1 && indFitness[ins - 1] < indFitness[ins]) {
      for (item = 0; item < ITEM_NUM; item++) {
        tmp = indGene[ins - 1][item];
        indGene[ins - 1][item] = indGene[ins][item];
        indGene[ins][item] = tmp;
      }

      tmp = indWeight[ins - 1];
      indWeight[ins - 1] = indWeight[ins];
      indWeight[ins] = tmp;

      tmp =  indValue[ins - 1];
      indValue[ins - 1] = indValue[ins];
      indValue[ins] = tmp;

      tmp = indFitness[ins - 1];
      indFitness[ins - 1] = indFitness[ins];
      indFitness[ins] = tmp;

      ins--;
    }
  }
}

// 도태를 수행하는 함수
void selectIndividual() {
```

```c
  int ind, item;     // 루프 카운터

  // 적응도 상위 50%를 하위 50%로 복사(하위 50%를 도태시킴)
  for (ind = 0; ind < IND_NUM / 2; ind++) {
    for (item = 0; item < ITEM_NUM; item++) {
      indGene[ind + IND_NUM / 2][item] = indGene[ind][item];
    }
  }
  printf("하위 50%를 도태시켰습니다.\n");
}


// 교차를 수행하는 함수
void crossoverIndividual() {
  int ind, item;          // 루프 카운터
  int crossoverPoint;     // 교차 수행 위치
  int tmp;                // 임시 변수

  // 하위 50%에 복사한 개체를 대상으로 함
  for (ind = IND_NUM / 2; ind < (IND_NUM - 1); ind += 2) {
    // 교차할 위치를 임의로 결정
    crossoverPoint = rand() % (ITEM_NUM - 1) + 1;
    for (item = crossoverPoint; item < ITEM_NUM; item++) {
      // 이웃 개체와 교차 수행
      tmp = indGene[ind][item];
      indGene[ind][item] = indGene[ind + 1][item];
      indGene[ind + 1][item] = tmp;
    }
    printf("개체 %d와 %d를 %d의 위치에서 교차했습니다.\n", ind, ind + 1, crossoverPoint);
  }
}


// 돌연변이를 만드는 함수
void mutateIndividual() {
  int ind, item;     // 루프 카운터

  // 하위 50%에 복사한 개체를 대상으로 함
  for (ind = IND_NUM / 2; ind < IND_NUM; ind++) {
    for (item = 0; item < ITEM_NUM; item++) {
      // 미리 정해진 확률로 돌연변이 만들기
      if (rand() / (double)RAND_MAX <= MUTATE_RATE) {
```

```
        // 유전자 패턴을 반전함
        indGene[ind][item] ^= 1;
        printf("개체 %d의 %d 위치에서 돌연변이를 만들었습니다.\n", ind, item);
      }
    }
  }
}

// 프로그램의 실행의 시작점인 main 함수
int main() {
  int genMax;     // 최대 세대
  int item;       // 루프 카운터

  // 난수를 생성하는 시드값을 변경(1970/1/1로 변경)
  srand((unsigned int)time(NULL));

  // 키보드로 최대 세대를 입력
  printf("최대 세대 = ");
  scanf("%d", &genMax);

  // 1세대 개체를 생성
  indGeneration = 1;
  createIndividual();

  // 적응도를 계산
  calcIndividual();

  // 적응도가 큰 순서로 개체를 정렬
  sortIndividual();

  // 개체를 표시
  showIndividual();

  // 1세대씩 진화시키기
  indGeneration++;
  while (indGeneration <= genMax) {
    // 적응도가 큰 순서로 개체를 정렬
    sortIndividual();

    // 도태시킴
```

```c
    selectIndividual();

    // 교차시킴
    crossoverIndividual();

    // 돌연변이시킴
    mutateIndividual();

    // 적응도를 계산
    calcIndividual();

    // 적응도가 큰 순서로 개체를 정렬
    sortIndividual();

    // 개체를 표시
    showIndividual();

    // 다음 세대로 나아감
    indGeneration++;
  }

  // 적응도가 가장 높은 개체를 정답으로 표시
  printf("<배낭에 들어 있는 물건을 표시>\n");
  for (item = 0; item < ITEM_NUM; item++) {
    if (indGene[0][item] == 1) {
      printf("%c, %dkg, %d원\n", itemName[item], itemWeight[item], itemValue[item]);
    }
  }
  printf("\n<정답을 표시>\n");
  printf("무게의 합계 = %dkg\n", indWeight[0]);
  printf("가치의 최댓값 = %d원\n", indValue[0]);

  return 0;
}
```

자바

```java
import java.util.Scanner;

public class KnapsackGA {
  public static final int KNAP_MAX = 6;              // 배낭의 최대 무게
  public static final int ITEM_NUM = 5;              // 물건의 종류
  public static final int IND_NUM = 8;               // 개체 수
  public static final double MUTATE_RATE = 0.1;      // 돌연변이 확률(10%)

  public static char[] itemName = { 'A', 'B', 'C', 'D', 'E' };     // 물건의 이름
  public static int[] itemWeight = { 1, 2, 3, 4, 5 };              // 물건의 무게
  public static int[] itemValue = { 100, 300, 350, 500, 650 };     // 물건의 가치

  public static int indGeneration;                                 // 개체의 세대
  public static int[][] indGene = new int[IND_NUM][ITEM_NUM];      // 개체의 유전자
  public static int[] indWeight = new int[IND_NUM];                // 개체의 무게
  public static int[] indValue = new int[IND_NUM];                 // 개체의 가치
  public static int[] indFitness = new int[IND_NUM];               // 개체의 적응도

  // 개체를 무작위로 생성하는 메소드
  public static void createIndividual() {
    int ind, item;     // 루프 카운터

    // 0 또는 1을 무작위로 저장
    for (ind = 0; ind < IND_NUM; ind++) {
      for (item = 0; item < ITEM_NUM; item++) {
        indGene[ind][item] = Math.random() > 0.5 ? 0 : 1;
      }
    }
  }

  // 개체의 무게, 가치, 적응도를 계산하는 메소드
  public static void calcIndividual() {
    int ind, item;     // 루프 카운터

    for (ind = 0; ind < IND_NUM; ind++) {
      // 무게와 가치를 계산
      indWeight[ind] = 0;
```

```
      indValue[ind] = 0;
      for (item = 0; item < ITEM_NUM; item++) {
        if (indGene[ind][item] == 1) {
          indWeight[ind] += itemWeight[item];
          indValue[ind] += itemValue[item];
        }
      }

      // 적응도를 계산
      if (indWeight[ind] <= KNAP_MAX) {
        // 최대 무게 이하면 가치를 그대로 적응도로 삼음
        indFitness[ind] = indValue[ind];
      } else {
        // 최대 무게를 초과하면 적응도를 0으로 함
        indFitness[ind] = 0;
      }
    }
  }

// 개체의 적응도를 표시하는 메소드
public static void showIndividual() {
  int ind, item;     // 루프 카운터

  // 세대를 표시
  System.out.printf("\n<%d세대>\n", indGeneration);

  // 유전자, 무게, 가치, 적응도를 표시
  System.out.printf("유전자\t\t무게\t가치\t적응도\n");
  for (ind = 0; ind < IND_NUM; ind++) {
    for (item = 0; item < ITEM_NUM; item++) {
      System.out.printf("[%d]", indGene[ind][item]);
    }
    System.out.printf("\t%2dkg\t%4d원\t%4d\n",
                      indWeight[ind], indValue[ind], indFitness[ind]);
  }
  System.out.printf("\n");
}

// 적응도가 큰 순서대로 개체를 정렬하는 메소드
public static void sortIndividual() {
```

```
    int pos;      // 삽입할 요소
    int ins;      // 삽입할 위치
    int item;     // 루프 카운터
    int tmp;      // 임시 변수

    // 삽입 정렬로 정렬
    for (pos = 1; pos < IND_NUM; pos++) {
      ins = pos;
      while (ins >= 1 && indFitness[ins - 1] < indFitness[ins]) {
        for (item = 0; item < ITEM_NUM; item++) {
          tmp = indGene[ins - 1][item];
          indGene[ins - 1][item] = indGene[ins][item];
          indGene[ins][item] = tmp;
        }

        tmp = indWeight[ins - 1];
        indWeight[ins - 1] = indWeight[ins];
        indWeight[ins] = tmp;

        tmp =  indValue[ins - 1];
        indValue[ins - 1] = indValue[ins];
        indValue[ins] = tmp;

        tmp = indFitness[ins - 1];
        indFitness[ins - 1] = indFitness[ins];
        indFitness[ins] = tmp;

        ins--;
      }
    }
}

// 도태를 수행하는 메소드
public static void selectIndividual() {
  int ind, item;    // 루트 카운터

  // 적응도 상위 50%를 하위 50%로 복사(하위 50%를 도태시킴)
  for (ind = 0; ind < IND_NUM / 2; ind++) {
    for (item = 0; item < ITEM_NUM; item++) {
      indGene[ind + IND_NUM / 2][item] = indGene[ind][item];
```

```
      }
    }
    System.out.printf("하위 50%를 도태시켰습니다.\n");
  }


// 교차를 수행하는 함수
public static void crossoverIndividual() {
  int ind, item;          // 루프 카운터
  int crossoverPoint;     // 교차 수행 위치
  int tmp;                // 임시 변수

  // 하위 50%에 복사한 개체를 대상으로 함
  for (ind = IND_NUM / 2; ind < (IND_NUM - 1); ind += 2) {
    // 교차할 위치를 임의로 결정
    crossoverPoint = (int)(Math.random() * 10000) % (ITEM_NUM - 1) + 1;
    for (item = crossoverPoint; item < ITEM_NUM; item++) {
      // 이웃 개체와 교차 수행
      tmp = indGene[ind][item];
      indGene[ind][item] = indGene[ind + 1][item];
      indGene[ind + 1][item] = tmp;
    }
    System.out.printf("개체 %d와 %d를 %d의 위치에서 교차했습니다.\n",
                ind, ind + 1, crossoverPoint);
  }
}


// 돌연변이를 만드는 메소드
public static void mutateIndividual() {
  int ind, item;     // 루프 카운터

  // 하위 50%에 복사한 개체를 대상으로 함
  for (ind = IND_NUM / 2; ind < IND_NUM; ind++) {
    for (item = 0; item < ITEM_NUM; item++) {
      // 미리 정해진 확률로 돌연변이 만들기
      if (Math.random() <= MUTATE_RATE) {
        // 유전자 패턴을 반전함
        indGene[ind][item] ^= 1;
        System.out.printf("개체 %d의 %d 위치에서 돌연변이를 만들었습니다.\n", ind, item);
      }
    }
```

```java
    }
}

// 프로그램의 실행의 시작점인 main 메소드
public static void main(String[] args) {
    int genMax;     // 최대 세대
    int item;       // 루프 카운터

    // 키보드로 최대 세대를 입력
    Scanner scn = new Scanner(System.in);
    System.out.printf("최대의 세대 = ");
    genMax = scn.nextInt();
    scn.close();

    // 1세대 개체를 생성
    indGeneration = 1;
    createIndividual();

    // 적응도를 계산
    calcIndividual();

    // 적응도가 큰 순서로 개체를 정렬
    sortIndividual();

    // 개체를 표시
    showIndividual();

    // 1세대씩 진화시키기
    indGeneration++;
    while (indGeneration <= genMax) {
        // 적응도가 큰 순서로 개체를 정렬
        sortIndividual();

        // 도태시킴
        selectIndividual();

        // 교차시킴
        crossoverIndividual();

        // 돌연변이시킴
```

```
      mutateIndividual();

      // 적응도를 계산
      calcIndividual();

      // 적응도가 큰 순서로 개체를 정렬
      sortIndividual();

      // 개체를 표시
      showIndividual();

      // 다음 세대로 나아감
      indGeneration++;
    }

    // 적응도가 가장 높은 개체를 정답으로 표시
    System.out.printf("<배낭에 들어 있는 물건을 표시>\n");
    for (item = 0; item < ITEM_NUM; item++) {
      if (indGene[0][item] == 1) {
        System.out.printf("%c, %dkg, %d원\n",
                    itemName[item], itemWeight[item], itemValue[item]);
      }
    }
    System.out.printf("\n<정답을 표시>\n");
    System.out.printf("무게의 합계 = %dkg\n", indWeight[0]);
    System.out.printf("가치의 최댓값 = %d원\n", indValue[0]);
  }
}
```

확인 문제

정답은 403페이지에 있습니다.

문제 1 **다음 설명이 맞으면 ○, 올바르지 않다면 ×를 표시하세요.**

① 유전 알고리즘을 사용하면 언제나 최적의 정답을 얻을 수 있다.

② 도태란 적응도가 높은 유전자를 제거하는 것이다.

③ 교차란 적응도가 높은 두 유전자의 패턴을 교환하는 것이다.

④ 돌연변이는 적응도가 높은 유전자의 패턴을 임의로 변화시키는 것이다.

⑤ 마지막 세대에서 가장 적응도가 높은 유전자 패턴을 정답으로 삼는다.

정답은 403페이지에 있습니다.

문제 2 **다음은 유전 알고리즘으로 배낭 문제를 푸는 의사코드 프로그램의 개요입니다. 빈칸에 적절한 단어나 문장을 입력하세요.**

○ main
- 키보드로 최대의 세대를 입력한다
- 무작위로 1세대 개체를 8개 생성한다
- 적응도를 계산한다
- 적응도가 큰 순서대로 정렬한다
- 개체의 내용을 표시한다
- 다음 세대로 진행한다
- 최대 세대 이하이면 반복한다
  - [(1)   ]가 큰 순서로 정렬한다
  - 상위 50%의 개체를 하위 50%로 복사하여 하위 50%를 [(2)   ]
  - 하위 50%에 복사한 개체를 교차시킨다
  - 하위 50%에 복사한 개체를 돌연변이시킨다
  - 적응도를 계산한다
  - 적응도가 큰 순서대로 정렬한다
  - 개체의 내용을 표시한다
  - [(3)   ]

정답은 403페이지에 있습니다.

세계 각국과 국내에서 개최되는 다양한 프로그래밍 대회, 취업 과정에서 진행하는 코딩 테스트에서는 알고리즘을 생각하는 능력을 묻습니다. 이 책을 읽은 후 여러분께 추천할 만한 대회나 훈련 사이트를 소개합니다. 예를 들어 실제 대회에 참가하지 않더라도 웹 사이트에 공개된 기출 문제를 푸는 방식으로 공부를 이어나갈 수 있습니다.

정보 올림피아드

세계 각국의 정보 올림피아드위원회 주관으로 개최되는 대회입니다. 보통 전 세계 고등학교 재학생까지 대상으로 합니다. 한국 정보 올림피아드의 과거 문제는 https://judge.koi.or.kr에서 구할 수 있습니다.

Baekjoon Online Judge

2010년 3월 19일부터 운영을 시작한 웹 사이트(https://www.acmicpc.net)입니다. 프로그래밍 문제를 해결한 다음, 소스를 제출하고 온라인으로 채점받을 수 있습니다. 주로 ICPC라는 국제 프로그래밍 대회를 준비할 때 사용합니다. 2021년 08월 27일 기준 전체 문제 21999개, 채점 가능한 문제 20581개, 풀린 문제 16980개가 있습니다. 채점 가능한 프로그래밍 언어는 총 75가지이고, 언어와 관련된 도움말은 언어 도움말(https://www.acmicpc.net/help/language)에서 볼 수 있습니다. 채점 환경과 관련된 도움말, 채점 방식에 대한 안내는 채점 도움말(https://www.acmicpc.net/help/judge)에서 볼 수 있습니다.

LeetCode

전 세계 프로그래머를 대상으로 Baekjoon Online Judge와 같은 프로그래밍 문제를 제공하는 웹 사이트(https://leetcode.com)입니다. 페이스북, 애플, 우버, 인텔, 아마존 등의 글로벌 IT 대기업과 제휴를 맺고 있습니다. 해당 기업을 지원하는 프로그래머의 코딩 테스트와 기술 면접 문제를 제공하는 것으로도 유명합니다.

코딩 테스트 문제의 예

다음은 코딩 테스트 문제의 예입니다.

문제 1 세뱃돈(3점)

A와 B는 형제고, 매년 각각 세뱃돈을 받고 있습니다. 사이가 아주 좋은 두 사람은 세뱃돈을 더해 절반으로 나누고 있습니다. 두 사람이 받는 세뱃돈 금액은 각각 1000의 배수입니다. 이때 A, B가 받을 금액이 주어졌을 때 1인당 얻게 될 금액을 출력하는 프로그램을 작성하세요.

입력 예	출력 예
1000 3000	2000

앞 예는 비교적 간단한 문제지만 문제의 배점이 커질수록 난이도가 높습니다.

Appendix

알고리즘
문제 해결로
실력 확인하기

이 책을 읽고 난 뒤에 꼭 도전했으면 하는 알고리즘 문제 두 가지를 소개합니다.
문제에 표시된 프로그램은 의사코드로 작성되어 있습니다. 문제당 30분을 기준으로 풀어 주세요.

힙의 성질을 이용한 데이터 정렬

힙의 성질을 이용하여 데이터를 오름차순으로 정렬하는 알고리즘을 생각해 보겠습니다. 힙은 이진 트리이며, 부모 노드는 1~2개의 자식 노드를 갖고, 부모 노드의 값은 자식 노드의 값보다 항상 크거나 같습니다. 그림 A-1은 힙의 예를 나타냅니다.

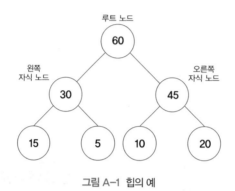

그림 A-1 힙의 예

동그라미는 노드를, 동그라미 안의 숫자는 노드가 보유한 값을 나타냅니다. 자식을 갖는 노드를 부모 노드라고 합니다. 부모 노드가 없는 노드를 루트 노드라고 하며 루트 노드는 최댓값을 갖습니다.

여기서 두 가지 프로그램을 소개합니다.

프로그램 1

프로그램 1의 주요 구조는 다음과 같습니다.

(1) 배열의 요소 번호는 0부터 시작합니다.

(2) 함수 makeHeap은 정수형의 1차원 배열 data에 저장되어 있는 hnum개(hnum > 0)의 데이터를 다음 1~3의 규칙으로 정수형의 1차원 배열 heap에 저장하고, 힙을 배열로 구현합니다.

  1. 배열 요소 heap[i](i = 0, 1, 2, …)는 노드에 해당합니다. 배열 요소 heap[i]의 요솟값에는 노드가 보유한 값을 저장합니다.

  2. 배열 요소 heap[0]은 루트 노드에 해당합니다.

  3. 배열 요소 heap[i](i = 0, 1, 2, …)에 해당하는 힙의 왼쪽 자식 노드는 배열 요소

heap[2 × i + 1]에 대응하고, 오른쪽 자식 노드는 배열 요소 heap[2 × i + 2]에 대응합니다. 자식 노드가 하나인 경우는 왼쪽 자식 노드로 취급합니다.

앞 규칙을 만족하는 상태를 '배열 heap은 힙의 성질을 만족한다'라고 합니다.

(3) 그림 A-1 힙의 예에 대응하는 배열 heap은 그림 A-2와 같습니다.

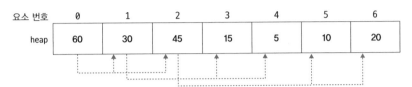

참고: 화살표 →는 시작점, 끝점의 두 요소에 대응하는 노드가 부모 자식 관계임을 나타냄

그림 A-2 그림 A-1 힙의 예에 대응하는 배열 heap의 내용

(4) 부모 노드의 요소 번호와 자식 노드의 요소 번호를 연관짓는 세 함수는 다음과 같습니다.

- **정수형: lchild(정수형: i)**

  요소 번호 i의 배열 요소에 대응하는 노드에서 왼쪽 자식 노드 배열 요소 번호 2 × i + 1을 계산하여 반환합니다.

- 정수형: rchild(정수형: i)

  요소 번호 i의 배열 요소에 대응하는 노드에서 오른쪽 자식 노드 배열 요소 번호 2 × i + 2를 계산하여 반환합니다.

- 정수형: parent(정수형: i)

  요소 번호 i의 배열 요소에 대응하는 노드에서 부모 노드의 배열 요소 번호 (i - 1) / 2(소수점 이하 버림)를 계산하여 반환합니다.

(5) 함수 swap은 두 배열 요소에 저장된 값을 교환합니다.

(6) 함수 makeHeap의 인수 정보는 표 A-1, 함수 swap의 인수 정보는 표 A-2와 같습니다.

표 A-1 함수 makeHeap의 인수 정보

인수	자료형	입출력	설명
data[]	정수형	입력	데이터가 저장된 1차원 배열
heap[]	정수형	출력	힙의 성질에 맞게 데이터를 저장하는 1차원 배열
hnum	정수형	입력	데이터의 개수

표 A-2 함수 swap의 인수 정보

인수	자료형	입출력	설명
heap[]	정수형	입출력	교환할 데이터가 저장되어 있는 1차원 배열
i	정수형	출력	교환할 요소 번호
j	정수형	입력	교환할 요소 번호

지금까지의 설명을 기반에 둔 프로그램 1의 의사코드는 다음과 같습니다.

○ 함수: makeHeap(정수형: data[], 정수형: heap[], 정수형: hnum)
○ 정수형: i, k

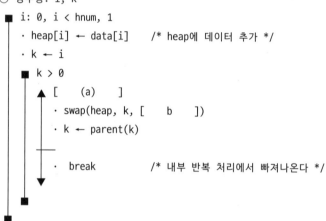

■ i: 0, i < hnum, 1
· heap[i] ← data[i]   /* heap에 데이터 추가 */
· k ← i
■ k > 0
[(a)   ]
· swap(heap, k, [b   ])
· k ← parent(k)

· break   /* 내부 반복 처리에서 빠져나온다 */

○ 함수: swap(정수형: heap[], 정수형: I, 정수형: j)
○ 정수형: tmp
· tmp ← heap[i]
· heap[i] ← heap[j]
· heap[j] ← tmp

문제 1 프로그램 1에서 [a]에 들어갈 정답을 선택하세요.

① heap[k] > heap[lchild(k)] ② heap[k] > heap[parent(k)]

③ heap[k] > heap[rchild(k)] ④ heap[k] < heap[lchild(k)]

⑤ heap[k] < heap[parent(k)] ⑥ heap[k] < heap[rchild(k)]

정답은 384페이지에 있습니다.

문제 2 프로그램 1에서 [b]에 들어갈 정답을 선택하세요.

① heap[hnum - 1]　　② heap[k]

③ parent(hnum - 1)　　④ parent(k)

정답은 384페이지에 있습니다.

프로그램 2

(1) 함수 heapSort는 먼저 함수 makeHeap을 사용하여 배열 heap에 데이터를 저장합니다. 배열 heap은 정렬 대상 영역과 정렬된 데이터 영역으로 나누어져 있습니다(그림 A-3 참고).

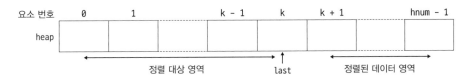

요소 번호　0　1　　k - 1　k　k + 1　　hnum - 1

heap

정렬 대상 영역　last　정렬된 데이터 영역

그림 A-3　배열 heap의 정렬 대상 영역과 정렬된 데이터 영역

last는 정렬 대상 영역의 마지막 배열 요소 번호를 나타냅니다. 처음에는 배열 heap 전체가 정렬 대상 영역이며 이때 last값은 hnum - 1입니다.

(2) 정렬 대상 영역이 힙의 성질을 만족시킬 때, heap[0]값은 이 영역에서의 최댓값입니다. heap[0]값과 heap[last]값을 교환하고, last값을 1 줄여서 정렬 대상 영역의 범위를 좁히고, 정렬된 데이터 영역을 넓힙니다. 값 교환으로 인해 정렬 대상 영역은 힙의 성질을 만족시키지 않으므로 함수 downHeap을 사용해 정렬 대상 영역의 데이터가 힙의 성질을 만족하도록 재구성합니다. 이를 반복하여 정렬된 데이터 영역에 오름차순으로 정렬된 데이터가 저장됩니다.

(3) 함수 heapSort의 인수 정보는 표 A-3과 같습니다.

표 A-3　함수 heapSort의 인수 정보

인수	자료형	입출력	설명
data[]	정수형	입력	정렬할 데이터가 저장된 1차원 배열
heap[]	정수형	출력	정렬된 데이터를 저장하는 1차원 배열
hnum	정수형	입력	데이터의 개수

(4) 함수 heapSort에서 사용하는 함수 downHeap의 인수 정보는 표 A-4와 같습니다.

표 A-4 함수 downHeap의 인수 정보

인수	자료형	입출력	설명
heap[]	정수형	입출력	정렬할 데이터를 저장할 1차원 배열
hlast	정수형	입력	정렬할 영역의 마지막 요소 번호

지금까지의 설명을 기반에 둔 프로그램 2의 의사코드는 다음과 같습니다.

함수 heapSort

```
01  ○ 함수: heapSort(정수형: data[], 정수형: heap[], 정수형: hnum)
02  ○ 정수형: last
03  · makeHeap(data, heap, hnum)
04  ■ last : hnum -1, last > 0, -1                ← α
05    · swap(heap, 0, last)         /* heap[0]과 heap[last]값을 교환 */
06    · downHeap(heap, last-1)      /* heap을 재구성 */
07  ■
```

함수 downHeap

```
01  ○ 함수: downHeap(정수형: heap[], 정수형: hlast)
02  ○ 정수형: n, tmp
03  · n ← 0
04  ■ lchild(n) <= hlast
05  · tmp ← lchild(n)
06  ▲ rchild(n) <= hlast
07  ▲ heap[tmp] <= heap[rchild(n)]
08      · tmp ← lchild(n)
09  
10  
11  ▲ heap[tmp] > heap[n]
12    · swap(heap, n, tmp)
13    · return      /* downHeap에서 빠져나온다 */
14  
15  · n ← tmp
16  ■
```

(5) 프로그램 2는 다음과 같이 동작합니다.

함수 heapSort 행 번호 03의 실행이 종료한 직후(α) 배열 heap은 그림 A−2와 같았습니다. 이때 함수 heapSort의 행 번호 04에서 07까지의 첫 번째 반복을 생각해 봅시다.

함수 heapSort 행 번호 05의 함수 swap 실행이 종료한 직후 heap[0]값은 [c](이)가 됩니다. 따라서 배열 heap의 요소 0부터 hnum − 2까지 데이터는, 루트 노트에 해당하는 heap[0]이 최댓값을 갖는다는 힙의 성질을 만족하지 않습니다.

함수 heapSort 행 번호 06에서 호출하는 함수 downHeap은 배열 heap 정렬 대상 영역의 요소 번호 0부터 hlast까지 데이터가 힙의 성질을 만족하도록, 해당 영역의 데이터를 다음 순서로 재구성합니다.

- 배열 요솟값의 크기를 비교할 때 사용하는 요소 번호를 n으로 하고 n의 초깃값을 0으로 합니다.
- 요소 번호 n의 배열 요소에 대응하는 왼쪽 자식 노드의 요소 번호를 tmp에 대입합니다. 요소 번호 n의 자식 노드가 2개 있으면(rchild(n) <= hlast), 오른쪽 자식 노드값이 왼쪽 자식 노드값 [d], 오른쪽 자식 요소 번호를 tmp에 대입합니다.
- 자식 노드에 대응하는 heap[tmp]값과 그 부모 노드에 해당하는 heap[n]값을 비교해 heap[tmp]값이 크면 heap[n]값과 heap[tmp]값을 교환하고, tmp를 다음 n으로 해 2로 돌아갑니다. 이때 함수 downHeap 행 번호 15에서 처음 n에 대입하는 tmp값은 [e]입니다.

문제 3 [(5) 프로그램 2의 동작]이 앞과 같을 때 [c]에 들어갈 정답을 선택하세요.

① 5   ② 10   ③ 15   ④ 20

정답은 384페이지에 있습니다.

문제 4 [(5) 프로그램 2의 동작]이 앞과 같을 때 [d]에 들어갈 정답을 선택하세요.

① 이하의 경우에는 ② 이상인 경우에는 ③ 보다 클 때는 ④ 보다 작은 경우에는

정답은 385페이지에 있습니다.

문제 5 [(5) 프로그램 2의 동작]이 앞과 같을 때 [e]에 들어갈 정답을 선택하세요.

① 1   ② 2   ③ 3   ④ 4   ⑤ 5   ⑥ 6

정답은 385페이지에 있습니다.

정답과 해설

이 문제의 주제가 되는 알고리즘은 '힙heap(퇴적물)'이라는 자료구조를 사용하여 정렬하는 '힙 정렬Heap sort'입니다. 힙은 6장에서 다룬 이진 탐색 트리처럼 이진 트리 구조를 기반으로 하지만, 데이터를 배치하는 규칙은 완전히 다릅니다. 힙은 자식 노드 요소의 좌우와 상관없이 자식 노드보다 부모 노드 요소가 크다는 규칙으로 데이터가 배치되어 있습니다(자식 노드보다 부모 노드 요소가 작다는 규칙의 힙도 있습니다). 루트 노드값이 전체 노드값 중 최대이므로, 루트 노드를 꺼내 힙을 재구성하는 것을 반복하면 노드값이 큰 순서대로 데이터를 꺼낼 수 있습니다. 이 문제에서는 꺼낸 요소를 배열의 마지막 요소로 교체하는 것을 반복하여 오름차순 정렬을 구현하고 있습니다.

문제 1

배열 heap의 끝에 추가된 데이터는 부모 노드보다 크면, 해당 데이터와 부모 노드를 교환하는 것을 반복합니다. 따라서 '데이터 > 부모'를 의미하는 heap[k] > heap[parent(k)]가 적합합니다. 정답은 ②입니다.

문제 2

여기서는 heap[k]와 heap[parent(k)]값을 교환하므로 swap(heap, k, parent(k)) 연산이 적합합니다. 정답은 ④입니다.

문제 3

1차 처리 시 last = 6이므로 함수 swap에 따라 heap[0]의 60과 heap[6]의 20이 교환됩니다. 따라서 heap[0]값은 20입니다. 정답은 ④입니다.

문제 4

이 설명은 함수 downHeap의 07행 heap[tmp] <= heap[rchild(n)]에 해당합니다. 5행에서 tmp에 lchild(n)을 대입하므로, 07행은 heap[lchild(n)] <= heap[rchild(n)]과 동일합니다. 따라서 '오른쪽 자식 노드값이 왼쪽 자식 노드값 이상일 때'라는 조건이 됩니다. **정답은 ②입니다.**

문제 5

1차 처리 시 heap[0]의 왼쪽 자식 노드는 heap[1] = 30이며, 오른쪽 자식 노드는 heap[2] = 45입니다. 이 값은 '오른쪽 자식 노드값이 왼쪽 자식 노드값 이상일 때'라는 조건과 맞으므로, 15행에서는 tmp에 오른쪽 자식 노드의 요소 번호 2가 저장되어 있습니다. **정답은 ②입니다.**

문자열 오류 검출

지금부터 문자열의 오류를 검출하기 위해 N가지의 문자에 $0, 1, \cdots, N - 1$의 정숫값을 고유하게 할당하여 검사 문자를 생성하는 프로그램을 소개합니다. 또한 문자열 끝에 검사 문자를 추가하여 문자열을 검증하는 프로그램도 소개합니다.

여기에서 다루는 30가지 문자 및 문자에 할당된 숫자는 표 A-5와 같습니다(공백은 " "로 표기합니다).

표 A-5 문자 및 문자에 할당된 숫자

문자	" "	.	,	?	a	b	c	d	e	f	g	h	i	j	k
숫자	0	1	2	3	4	5	6	7	8	9	10	11	12	13	14

문자	l	m	n	o	p	q	r	s	t	u	v	w	x	y	z
숫자	15	16	17	18	19	20	21	22	23	24	25	26	27	28	29

프로그램 설명

검사 문자 생성 및 검사 문자가 포함된 문자열의 검증 절차는 다음과 같습니다.

(1) 검사 문자 생성

1. 문자열의 마지막 문자를 첫 번째 문자로 하고, 문자열의 맨 앞을 향해 홀수 번째 문자에 할당된 숫자를 2배하여 N으로 나누고, 몫과 나머지의 합을 구하여 모두 더합니다.

2. 짝수 번째 문자에 할당된 숫자를 모두 더합니다.

3. 1과 2의 결과를 더합니다.

4. N부터 3에서 구한 총합을 N으로 나눈 나머지를 뺍니다. 또한 그 결과를 N으로 나누어 나머지를 구합니다. 구한 숫자에 대응하는 문자를 검사 문자로 합니다.

(2) 검사 문자가 포함된 문자열의 검증

1. 검사 문자가 포함된 문자열의 마지막 문자를 첫 번째 문자로 하고, 문자열의 맨 앞을 향해 짝수 번째 문자에 할당된 숫자를 2배하여 N으로 나누고, 몫과 나머지의 합을 구하여 모두 더합니다.

2. 홀수 번째 문자에 할당된 숫자를 모두 더합니다.

3. 1과 2의 결과를 더합니다.

4. 3에서 구한 총합이 N으로 나누어 떨어질 경우, 검사 문자가 포함된 문자열에 오류가 없다고 판정합니다.

5. N으로 나누어 떨어지지 않는 경우, 검사 문자가 포함된 문자열에 오류가 있다고 판정합니다.

(3) 검사 문자가 포함된 문자열의 생성 예

- 표 A-5와 '(1) 검사 문자 생성'의 설명에 따르면, 문자열 'ipa∨∨(∨는 공백을 뜻합니다. 즉, ipa 다음 공백 2개)'에 대해 생성되는 검사 문자는 'f'입니다.

- 검사 문자가 포함된 문자열은, 문자열 끝에 검사 문자를 추가하여 'ipa∨∨f'가 됩니다.

(4) 프로그램 사양

각 함수의 사양을 ①~④로 나타냅니다. 배열의 인덱스는 1부터 시작하는 것으로 가정합니다.

① 함수 calcCheckCharacter는 문자열과 문자열의 길이를 이용하여 생성한 검사 문자를 반환합니다. 함수 calcCheckCharacter의 인수 및 반환값의 사양은 표 A-6과 같습니다.

표 A-6 함수 calcCheckCharacter의 인수 및 반환값의 사양

인수	자료형	입출력	설명
input[]	문자형	입력	문자열이 저장된 1차원 배열
len	정수형	입력	문자열 길이(1 이상)
반환값	문자형	출력	생성한 검사 문자를 반환

참고로 함수 calcCheckCharacter는 함수 getValue, getChar를 사용합니다.

② 함수 validateCheckCharacter는 검사 문자가 포함된 문자열을 검증하고 검증 결과를 반환합니다. 함수 validateCheckCharacter의 인수 및 반환값의 사양은 표 A-7과 같습니다.

표 A-7 함수 validateCheckCharacter의 인수 및 반환값의 사양

인수	자료형	입출력	설명
input[]	문자형	입력	검사 문자가 포함된 문자열이 저장된 1차원 배열
len	정수형	입력	검사 문자가 포함된 문자열의 길이(2 이상)
반환값	문자형	입력	검사 문자가 포함된 문자열에 오류가 없다고 판단한 경우 true, 오류가 있다고 판단한 경우 false를 반환

참고로 함수 validateCheckCharacter는 함수 getValue를 사용합니다.

③ 함수 getValue는 표 A-5에 따라 인수로 주어진 문자에 할당된 숫자를 반환합니다.

④ 함수 getChar는 표 A-5에 따라 인수로 주어진 값에 해당하는 문자를 반환합니다.

지금까지 설명한 프로그램을 의사코드로 나타내면 다음과 같습니다.

○ 문자형 함수: calcCheckCharacter(문자: input[], 정수형: len)
○ 정수형: N, sum, i, value, check_value
○ 논리형: is_even
· N ← 30
· sum ← 0
· is_even ← false
■ i: len, i > 0, -1
　· value ← getValue(input[i])
　　is_even = [　　a1　　]
　　· sum ← sum + value
　　· sum ← sum + (value * 2) / N + (value * 2) % N

　· is_even ← not is_even

· check_value ← [　　b　　]
· return getChar(check_value)

○ 문자형 함수: validateCheckCharacter(문자: input[], 정수형: len)
○ 정수형: N, sum, i, value
○ 논리형: is_odd, ret_value
· N ← 30
· sum ← 0
· is_odd ← true

```
· ret_value ← true
■ i: len, i > 0, -1
  · value ← getValue(input[i])
  ▲ is_odd = [    a2    ]
  │  · sum ← sum + value
  │  · sum ← sum + (value * 2) / N + (value * 2) % N
  ▼

  · is_odd ← not is_odd
■
▲ [    C    ]
│ · ret_value ← false
▼

· return ret_value
```

문제1 다음 보기 중 앞 의사코드의 [a1]과 [a2]에 넣을 올바른 답을 고르세요.

	a1	a2
①	false	false
②	false	true
③	true	false
④	true	true

정답은 393페이지에 있습니다.

문제2 앞 의사코드의 [b]에 넣을 올바른 답을 고르세요.

① N - sum % N   ② sum % N

③ (N - sum % N) % N   ④ (sum - N) % N

정답은 393페이지에 있습니다.

앞 의사코드의 [c]에 넣을 올바른 답을 고르세요.

① sum / N = 0　　　② sum / N != 0

③ sum % N = 0　　　④ sum % N != 0

정답은 393페이지에 있습니다.

이 문제에서 설명하는 프로그램은 검사 문자가 포함된 문자열의 오류가 문자 하나면 오류를 검출할 수 있습니다. 하지만 여러 개 문자에 오류가 있는 경우 오류가 없다고 판정되는 경우가 있습니다. 예를 들어 함수 validateCheckCharacter로 다음 표에 나타낸 검사 문자가 포함된 문자열을 확인하면 오류가 없다고 판정되는 경우는 [　d　]. 여기에서 문자열 'ipa∨∨'에 대해 생성되는 검사 문자는 f입니다.

예	검사 문자가 포함된 문자열
①	ipa∨∨f
②	api∨∨f
③	pia∨∨f
④	∨∨apif

앞 설명에서 본문의 [d]에 넣을 올바른 답을 보기에서 선택하세요.

① 1, 2, 3, 4입니다　② 2입니다　③ 2, 3입니다

④ 2, 3, 4입니다　⑤ 2, 4입니다　⑥ 없습니다

정답은 393페이지에 있습니다.

문제 5 다음 그림처럼 길이가 같은 문자열 여러 개에 프로그램을 적용한다고 생각해 봅시다.

열

	1	2	3	4	5	6
1	i	p	a	∨	∨	
2	t	e	s	t	s	
3	m	a	k	e	∨	
4	i	t	.	∨	∨	
5						

(행)

앞 그림의 생각을 확장해 문자열의 길이가 n인 m개의 문자열을 생각해 보겠습니다. 문자열에 대해, (m + 1)행 (n + 1)열로 구성한 표를 검사 문자표로 합니다. 예를 들어 길이가 5인 다음 문자열 'ipa∨∨', 'tests', 'make∨', 'it.∨∨'를 앞 그림의 굵은 테두리 속처럼, 각 문자열의 시작 위치를 왼쪽에 맞추고, 윗줄부터 순서대로 저장하여 표를 작성합니다. 이 굵은 테두리 속의 각 행과 열을 각각 문자열로 간주하여, 검사 문자를 생성하고 맨 오른쪽 열과 맨 아래 행에 저장합니다. 이렇게 만든 검사 문자표는 다음 그림과 같습니다. 이때 작성한 검사 문자표의 5행 5열(음영 부분)의 검사 문자는 [e]입니다.

열

	1	2	3	4	5	6
1	i	p	a	∨	∨	f
2	t	e	s	t	s	i
3	m	a	k	e	∨	n
4	i	t	.	∨	∨	h
5	r	a	v	b		

(행)

참고로 앞 그림에서 작성한 검사 문자표의 맨 아래 행을 제외한 각 행과, 맨 오른쪽 열을 제외한 각 열을 문자열로 간주하여, 각각 함수 validateCheckCharacter에서 검증한다고 생각해 봅시다. 그 결과 전부 오류가 없다고 판정된 경우에는 검사 문자표에 오류가 없다고 판정합니다. 오류가 하나라도 있다고 판정된 경우, 검사 문자표에 오류가 있다고 판정합니다.

이때 본문의 [e]에 넣을 올바른 답을 선택하세요.

① j   ② k   ③ l   ④ m

정답은 394페이지에 있습니다.

문제 6
문제 5 두 번째 그림의 1행 문자열을 제거한 다음 그림과 같은 검사 문자표를 생각해 보겠습니다. 문제 4 표의 예 ①~④ 검사 문자가 포함된 문자열을 순서대로 다음 그림의 첫 번째 행에 저장해 검증한 경우, 검사 문자표에 오류가 없다고 판정되는 경우는 [f].

5행 5열(별색 부분)에 문제 5의
정답이 있다고 생각합니다

이때 본문의 [f]에 넣을 올바른 답을 선택하세요.

① 1, 2, 3, 4입니다   ② 2입니다   ③ 2, 3입니다

④ 2, 3, 4입니다   ⑤ 2, 4입니다   ⑥ 없습니다

정답은 394페이지에 있습니다.

정답과 해설

앞 문제처럼 문자열의 오류를 검출하기 위해 준비하는 문자를 '검사 문자$^{check\ character}$1'라고 합니다. 문자열의 오류란 데이터 통신이나 파일에 저장하는 상황 등에서 데이터의 일부가 변해 버리는 것입니다. 이를 감지하기 위해 문자열에 추가되는 문자가 '검사 문자'입니다. 간단한 예로 문자열을 구성하는 전체 문자 코드(문자에 할당된 숫자)를 더한 값을 검사 문자로 하는 '체크섬$^{check\ sum}$'이라는 알고리즘이 있습니다. 이 문제에서는 프로그램 설명을 읽고 검사 문자를 생성하는 알고리즘과 검사 문자가 포함된 문자열을 검증하는 알고리즘을 파악해 주세요.

---

1 옮긴이: 번호 끝에 1자리의 검증값을 부여해 중요도가 높은 번호의 입력 오류 또는 읽기 오류를 검증하는 체크 디지트(check digit)의 문자열용 개념입니다.

문제 1

is_even이 빈칸 a1과 같을 때, 단순히 문자에 해당하는 값을 더하는 처리를 실행하고 있습니다. 설명에서 '짝수 번째 문자에 할당된 숫자를 모두 더합니다'라고 했으므로, 빈칸 a1은 true입니다. is_odd가 빈칸 a2와 같을 때, 단순히 문자의 값을 더하는 처리를 실행하고 있습니다. 설명에서 '홀수 번째 문자에 할당된 숫자를 모두 더한다'고 했으므로, 빈칸 a2도 true입니다. 정답은 ④입니다.

문제 2

빈칸 b는 '(2) 검사 문자가 포함된 문자열의 검증'의 설명에 따라 N부터 3번 설명에서 구한 총합을 N으로 나눈 나머지를 뺍니다. 또한 그 결과를 N으로 나누어 나머지를 구하는 것과 같습니다. 이는 (N - sum % N) % N으로 표기할 수 있습니다. 정답은 ③입니다.

문제 3

빈칸 c의 조건이 true일 때 ret_value false가 저장되어 있습니다. 따라서 빈칸 c는 검사 문자가 포함된 문자열에 오류가 있는 조건이 들어갑니다. '(2) 검사 문자가 포함된 문자열의 검증'의 설명에 따라 3번 설명에서 구한 총합이 N으로 나누어 떨어질 경우, 검사 문자가 포함된 문자열에 오류가 없다고 판정합니다. 또한 N으로 나누어 떨어지지 않는 경우, 검사 문자가 포함된 문자열에 오류가 있다고 판정합니다. 이는 sum % N != 0으로 표기할 수 있습니다. 정답은 ④입니다.

문제 4

설명에 '여러 개 문자에 오류가 있는 경우 오류가 없다고 판정할 수 있다'고 되어 있으므로, 'ipaf∨∨'에 대해 여러 개 문자에 오류가 있는 'api∨∨f(예 ②)', 'pia∨∨f(예 ③)', '∨∨apif(예 ④)'를 확인합니다.

'api∨∨f(예 ②)'는 전부 더하면 60이 되고, 60은 N = 30으로 나누어 떨어지므로, 실제로는 오류가 있지만 오류가 없다고 판단됩니다.

'pia∨∨f(예 ③)'는 모두 더하면 38이 되고, 38은 N = 30으로 나눌 수 없기 때문에 오류가 있다고 적절히 판단됩니다.

'∨∨apif(예 ④)'는 모두 더하면 60이 되고 60은 $N = 30$으로 나누어 떨어지므로, 실제로는 오류가 있지만 오류가 없다고 판단됩니다. 따라서 실제로 오류가 있는데도 오류가 없다고 판단되는 것은 예 2와 예 4입니다. **정답은 ⑤입니다.**

문제 5

다섯 번째 열을 세로로 본 '∨s∨∨'라는 문자열의 검사 문자를 구합니다. 모두 더하면 15가 됩니다. 30에서, 15를 30으로 나눈 나머지인 15를 빼면 15가 됩니다. 이 15를 30으로 나눈 나머지 15에 해당하는 'l'이 검사 문자입니다. **정답은 ③입니다.**

문제 6

문제 4 표의 예는 모두 한 글자 이상의 오류가 있습니다. 따라서 문제 6의 그림 1행에 문제 4 표의 어떤 예를 넣어도, 열 방향에서 문자 하나의 오류가 발생하는 부분이 한 곳 이상 생깁니다. 함수 `validateCheckCharacter`는 오류가 문자 하나면 오류를 발견할 수 있습니다. 그리고 하나라도 오류가 있다고 판정된 경우에는, 검사 문자표에 오류가 있다고 판정하므로 검사 문자표에 오류가 없다고 판정되는 경우는 여기에는 없습니다. 따라서 **정답은 ⑥입니다.**

Explanation

Quiz와
확인 문제의
정답

Quiz 정답

1장 최소공배수를 구하려면?

048페이지

'최소공배수를 구하는 알고리즘을 생각해 보세요'라는 문제를 듣고 '최대공약수를 구할 때 유클리드 호제법이라는 기발한 알고리즘을 떠올렸을 것입니다. 그럼 최소공배수를 구할 때도 분명 무엇인가가 있을 것이다'라고 여기고 생각을 멈추지 않으셨나요?

최소공배수를 구하는 데는 기발한 알고리즘이 없습니다. 최소공배수는 정수 2개를 곱해서, 최대공약수로 나누면 구할 수 있습니다. 예를 들어 30과 50의 최대공약수는 10이므로 최소공배수는 30 × 50 ÷ 10 = 150입니다. 이 알고리즘에는 특별한 이름이 없습니다.

알고리즘은 스스로 생각하는 것이 가장 좋습니다. 이 책을 통해 다양한 알고리즘을 알았다고 만족하면 스스로 생각하지 않는 버릇이 생길 수 있고, 시간이 지나면 간단한 알고리즘도 떠올리지 못하게 됩니다. 그렇게 되지 않도록 주의하면 좋겠다는 것이 출제 의도입니다.

이 책 등으로 알게 된 다양한 지식은 스스로 알고리즘을 생각할 때 기초로 삼기 바랍니다. 또한 기초 지식을 응용하여 자신만의 알고리즘을 만들어 보세요. 예를 들어 1장에서 배운 유클리드 호제법의 개념은 직사각형의 긴 변을 잘라 정사각형을 만드는 것입니다.

이 지식을 응용하면 직사각형의 짧은 변을 2배, 3배, 4배, … 더해 큰 정사각형을 만들어 최소공배수를 구하는 알고리즘을 생각할 수 있습니다. 다음 예는 이 절차로 30과 50의 최소공배수를 구합니다.

1단계

30과 50을 비교하면 30이 더 작으므로, 30 + 30 = 60(30×2)으로 합니다. 50은 아무 것도 하지 않았으므로 그대로 둡니다.

```
30    50
 ↓     ↓
60    50
```

2단계

60과 50을 비교하면 50이 더 작으므로, 50 + 50 = 100(50×2)으로 합니다. 60은 아무 것도 하지 않았으므로 그대로 둡니다.

```
60    50
 ↓     ↓
60   100
```

3단계

60과 100을 비교하면 60이 더 작으므로, 60 + 30 = 90(30×3)으로 합니다. 100은 아무 것도 하지 않았으므로 그대로 둡니다.

$$
\begin{array}{cc}
60 & 100 \\
\downarrow & \downarrow \\
90 & 100
\end{array}
$$

4단계

90과 100을 비교하면 90이 더 작으므로, 90 + 30을 더해 120(30×4)으로 합니다. 100 은 아무것도 하지 않았으므로 그대로 둡니다.

$$
\begin{array}{cc}
90 & 100 \\
\downarrow & \downarrow \\
120 & 100
\end{array}
$$

5단계

120과 100을 비교하면 100이 더 작으므로, 100 + 50 = 150(50×3)으로 합니다. 120 은 아무것도 하지 않았으므로 그냥 둡니다.

$$
\begin{array}{cc}
120 & 100 \\
\downarrow & \downarrow \\
120 & 150
\end{array}
$$

6단계

120과 150을 비교하면 120이 더 작으므로, 120 + 30 = 150(30×5)으로 합니다. 150 은 아무것도 하지 않았으므로 그대로 둡니다.

$$
\begin{array}{cc}
120 & 150 \\
\downarrow & \downarrow \\
150 & 150
\end{array}
$$

이 시점에서 결과 숫자가 같습니다. 따라서 최소공배수는 150입니다.

2장 배열의 선두는 왜 0번인가?

056페이지

C와 자바에서 배열의 인덱스는 일반적인 숫자가 아닙니다. 첫 번째 요소에서 얼마나 떨어져 있는지를 표현하는 것입니다. 요소 수가 10개인 배열 a의 경우 첫 번째 요소는 맨 앞에서 0 개만큼 떨어져 있기 때문에 a[0]이며, 마지막 요소는 선두에서 9개만큼 떨어져 있기 때문에 a[9]인 것입니다.

2장 선형 검색을 효율화하는 보초법의 값은?

071페이지

배열에서 '53'이라는 값을 찾을 경우, 보초법의 값을 '53'으로 합니다. 보초법의 값이 없을 때 는 요소 하나에 대해 '53인가?'와 '끝인가?'라는 두 가지 사항을 확인합니다. 보초법을 사용하 면 '끝인가?'라는 확인이 불필요해집니다. 왜냐하면 배열의 중간에 '53'이 없더라도 끝에 '53' 이 존재하기 때문입니다.

배열의 맨 앞부터 '53인가?'라는 검사 하나만 실행하여 53이 발견된 시점이 배열의 도중이라면 53이 정말 발견된 것이고, 배열의 끝이라면 보초법의 값인 53이 발견되어 실제로 53은 발견되지 않은 것이 됩니다. 대상 데이터인 보초법의 값은 선형 탐색뿐 아니라 다양한 상황에서 활용할 수 있습니다.

3장 처음에 어떤 수를 말하면 합격입니까? 087페이지

1~100의 중간인 '50입니까?'라고 말하면 합격입니다. 1~100에는 짝수 데이터가 있으므로 정중앙은 없고, 50이나 51이 중간이지만 50이 깔끔한 느낌을 줍니다.

'50입니까?'라고 말했을 때 '더 작습니다'라는 힌트가 돌아왔다면, 검색 대상을 50의 앞쪽인 1~49로 좁힐 수 있습니다. '더 큽니다'라면 검색 대상을 50의 뒤쪽인 51~100으로 좁힐 수 있습니다. 그 다음에도 계속 검색 대상의 중간을 말하는 것을 반복합니다. 검색 대상의 중간을 확인하여 그에 따라 검색 대상을 분할해 나가는 것이 이진 검색 알고리즘입니다.

4장 오름차순을 내림차순으로 변경하려면? 127페이지

if(a[cmp] > temp)의 >를 <로 바꾸기만 하면 내림차순으로 정렬됩니다. '삽입할 값 temp가 a[cmp]보다 작으면 삽입 위치를 앞으로 이동한다'는 연산이 '삽입할 값 temp가 a[cmp]보다 크면 삽입 위치를 앞으로 이동한다'는 처리로 바뀌기 때문입니다.

4장 break를 사용하지 않고 반복문을 도중에 종료하려면? 127페이지

내부 반복문을 다음처럼 수정합니다. 수정 전 'cmp > = 0' 조건을 'cmp >= 0 && a[cmp] > temp'로 바꾸는 것이 핵심입니다. break를 사용한 프로그램과 다음 프로그램 중 어느 쪽을 선택할지는 프로그래머의 취향에 따라 다릅니다.

```
for (cmp = ins - 1; cmp >= 0 && a[cmp] > temp; cmp--) {
  a[cmp + 1] = a[cmp];
}
```

5장 삭제한 요소를 관리하려면? 175페이지

삭제한 요소를 잇는 연결 리스트를 준비합니다. 여기에서는 이 연결 리스트를 '삭제 리스트'로 부르겠습니다.

예를 들어 a[5]의 '광명'이 삭제된 경우에는, 삭제 리스트의 head에 'head: 5'를 설정하고, '광명'의 연결 정보에 'next: −1'을 설정합니다. 만약 a[1]의 '대전'이 삭제된 경우에는, 삭제 리스트 안 '광명'의 연결 정보를 'next: 1'로 설정하고, '대전'의 연결 정보에 'next: −1'을 설정합니다. 이런 식으로 삭제 리스트를 만듭니다.

삭제 리스트의 메모리 영역을 일반적인 리스트(삭제 리스트가 아닌 리스트)의 새 요소에 할당할 때는 삭제 리스트의 첫 번째 a[5]를 할당하고, 리스트의 head를 'head: 1'로 고칩니다. 이런 식으로 삭제 리스트의 선두부터 순서대로 할당해 갑니다. 덧붙여 프로그래밍 환경에서 제공하는 메모리의 동적 할당 기능을 이용하면 방금 설명한 단계가 자동화되어 있어서 함수 등에 간단하게 적용할 수 있습니다.

6장 노드의 길이, 경로, 크기, 차수와 트리의 높이, 차수는? 200페이지

① '1'의 길이는 4 → 2 → 1의 경로이므로 3입니다.

② '5'의 경로는 '4' → '6' → '5'입니다.

③ 예제 이진 탐색 트리의 높이는 리프 노드에 해당하는 길이가 모두 같으므로 3입니다.

④ '6'의 크기는 6, 5, 7이라는 3개의 노드가 포함되므로 3입니다.

⑤ '4'의 차수는 자식 노드가 '2'와 '6'이므로 2입니다.

7장 왜 해시라고 부르나요? 239페이지

'해시hash'라는 말을 처음 사용한 것은 IBM의 컴퓨터 과학자인 한스 피터 룬Hans Peter Luhn (1896~1964)이라는 가설이 유력합니다. 배열에 데이터를 균등하게 흩뿌려 저장하는 모습을 해시(잘게 다져 골고루 섞는다)라고 불렀다는 것입니다. 처음에는 동료끼리만 통하는 속어였습니다만 미국 컴퓨터 학회지에 개재된 논문에 해시라는 단어를 사용한 것이 계기가 되어 전문 용어로 인정받게 되었습니다. 영어 사전에서 hash는 '다진 고기 요리, 해시 요리, 저미다, 다지다, 잘게 썰다' 등으로 표시되어 있습니다. '다지다, 잘게 썰다'라는 단어가 알고리즘의 이미지와 맞아 떨어집니다.

8장 퀵 정렬이 빠른 이유는? 302페이지

선택 정렬과 퀵 정렬을 비교해 봅시다. 선택 정렬은 모든 데이터를 한 번 확인했을 때 가장 작은 데이터의 위치가 확정될 뿐입니다(오름차순으로 정렬한다고 가정합니다). 나머지 데이터는 그대로 내버려 둡니다.

반면에 퀵 정렬은 모든 데이터를 한 번 확인했을 때 기준값이 되는 데이터의 위치가 확정되고, 나머지 데이터는 2개의 그룹으로 나눕니다. 이 '나머지 데이터가 두 그룹으로 나뉘는' 만큼, 이후 처리가 효율적입니다. 이것이 퀵 정렬이 빠른 이유입니다.

퀵 정렬은 N개의 데이터에 대해서 분할($\log_2 N$)이 이뤄지므로, 시간 복잡도는 이상적인 경우 $O(\log_2 N \times N)$입니다. '이상적인 경우'라고 하는 이유는 기준값이 전체의 정중앙값이 되고, 나머지 데이터가 같은 숫자로 두 그룹으로 나누어질 때, $O(\log_2 N \times N)$이 되기 때문입니다. 사실 기준값이 전체의 정중앙값이 되는 경우는 거의 없을 것입니다. 최악의 경우로 계속 기준값이 최소 또는 최댓값(맨 끝 값)이 되면 퀵 정렬의 시간 복잡도는 선택 정렬과 같은 $O(N^2)$입니다. 그렇게 되지 않도록 8장의 컬럼에서 소개한 내용처럼 기준값의 선택을 여러 가지 방법으로 고려하고 있습니다.

9장 토끼 쌍의 수는? 308페이지

다음처럼 토끼 쌍(암수 쌍)의 수는 피보나치 수열이고, 6개월 후에는 13쌍이 됩니다. 여기에서는 [A]쌍의 자식을 [B]쌍, [B]쌍의 자식을 [C]쌍, [C]쌍의 자식을 [D]쌍으로 나타내고, 자식을 낳을 쌍을 음영으로 표시하고 있습니다. 이처럼 피보나치 수열은 자연 현상에 자주 나타납니다.

0개월	[A]	1쌍
1개월	[A]	1쌍
2개월	[A][B]	2쌍
3개월	[A][B][B]	3쌍

4개월	[A][B][B][B][C]	5쌍
5개월	[A][B][B][B][B][C][C][C]	8쌍
6개월	[A][B][B][B][B][B][C][C][C][C][C][C][D]	13쌍

10장 유전 알고리즘은 어디에서 사용되나요?

346페이지

열차 맨 앞 차량의 형상 설계에 유전 알고리즘이 활용되고 있습니다. 일반적으로 끝이 뾰족한 것이 공기 저항이 적다고 생각하기 쉽지만, 유전 알고리즘으로 시뮬레이션하여 둥근 것이 좋다는 결과를 얻을 수 있었습니다. 이처럼 유전 알고리즘의 돌연변이가 우연히 좋은 결과를 낳는 경우가 있습니다.

확인 문제 정답

1장
052페이지

문제 1	①	○	②	×	③	○	④	×	⑤	○
문제 2	①	!=	②	>						

2장
082페이지

문제 1	①	○	②	×	③	○	④	×	⑤	○
문제 2	①	−1	②	i	③	pos				

3장
105페이지

문제 1	①	○	②	×	③	×	④	×	⑤	○
문제 2	①	left <= right	②	pos ← middle	③	right ← middle - 1				

4장
165페이지

문제 1	①	×	②	○	③	×	④	○	⑤	×
문제 2	①	a[ins]	②	a[cmp + 1]	③	temp				

5장
192페이지

문제 1	①	○	②	○	③	×	④	×	⑤	×
문제 2	①	head	②	−1	③	list[idx].next				

6장
228페이지

문제1	①	○	②	×	③	×	④	○	⑤	○
문제2	①	rootIdx	②	tree[currentIdx].left	③	tree[currentIdx].right				

7장
274페이지

문제1	①	○	②	×	③	×	④	×	⑤	○
문제2	①	hashValue	②	pos + 1	③	hashValue				

8장
305페이지

문제1	①	×	②	○	③	×	④	○	⑤	×
문제2	①	start < end	②	pivot - 1	③	pivot + 1				

9장
336페이지

문제1	①	×	②	○	③	×	④	○	⑤	×
문제2	①	0	②	1	③	fibonacciNumbers[i - 1] + fibonacciNumbers[i - 2]				

10장
375페이지

문제1	①	×	②	×	③	○	④	○	⑤	○
문제2	①	적응도	②	도태	③	한 세대를 진행한다				

독자 여러분, 수고하셨습니다. 이 책으로 알고리즘을 처음 공부한 분은 지금까지 잘 몰랐던 코드 작성이 가능할 것입니다. 이는 자전거를 탈 수 있게 되거나, 악기를 연주할 수 있게 되는 것과 비슷합니다. 알고리즘은 자전거나 악기와 마찬가지로 자연스럽게 터득하는 것이기 때문입니다. 여러분도 '할 수 있게 되었다'고 실감할 것입니다.

부록의 알고리즘 문제까지 풀어 보고 정답을 맞출 수준까지 되었다면 이제는 코드를 잘 작성할 수 있도록 지속해서 노력하기 바랍니다. 10장의 칼럼에서 소개한 프로그래밍 테스트 문제에도 도전해 보기 바랍니다.

조금씩 수준을 높이면서 알고리즘을 즐겨 보세요!